INTRODUCTION TO
DEVELOPMENTAL
PSYCHOLOGY

ステップアップ
心理学シリーズ

発達心理学

こころの展開とその支援

HANAE SOMA　YOSHIHIRO ITAGUCHI
相馬花恵　板口典弘 ［編著］

JN046970

講談社

▶ 執筆者一覧

＊板口典弘
——————————————————— 慶應義塾大学文学部 助教 （3, 14章）

大久保圭介
—— 東京大学大学院教育学研究科附属発達保育実践政策学センター 特任助教 （8章）

金重利典
——————————————————— 大阪総合保育大学児童保育学部 講師 （6章）

児玉（渡邉）茉奈美
——————————— 株式会社イデアラボコンサルティング事業部 博士研究員 （10章）

小林　恵
——————————————————— 新潟大学人文学部 准教授 （4章）

＊相馬花恵
——————————————————— 駿河大学心理学部 准教授 （1, 9, 10章）

辻田匡葵
——————————————— 東京大学先端科学技術研究センター 特任助教 （12, 13章）

中島悠介
——————————— ブラウン大学認知言語心理学部 Postdoctoral Fellow （4章）

藤掛友希
——————————————————— 駿河大学心理学部 助教 （2章）

村上祐介
——————————————————— 関西大学文学部 准教授 （11章）

山田千晴
——————————— 早稲田大学人間総合研究センター 客員次席研究員 （7章）

山本寿子
——————————————————— 立命館大学総合心理学部 助教 （5章）

［五十音順，（　　）内は担当章，＊は編者］

「develop（発達する）」という言葉は「包み（velop）を解いて（de）姿をあらわす」ことを原義としています。巻物の紐が解かれ，そこに描かれる物語が次々と展開していくように，人間のこころも，生涯にわたってさまざまに発達・変化していきます。その発達・変化の様相やメカニズムを科学的に探究する学問が発達心理学です。そこで得られる知見は，「発達とは何か」を明らかにするだけでなく，医療や教育，福祉などの現場における発達支援の実践にも応用されています。

　本書は，公認心理師カリキュラムに準拠し，発達心理学の理論とその応用例をわかりやすく学べる入門書です。公認心理師を目指している方はもちろん，発達心理学を基礎から学びたいという方にとっても，わかりやすく興味をもって読んでもらえるよう作成しました。

本書の構成

▶ **発達を理解するための3つのPart**｜本書は，人間の発達を多角的にとらえるために，3つのPartにより構成されています。Part1では，生涯発達という視点から，人間のこころの発達を理解するための土台となる心理学理論を概説します。Part2では，知覚・認知機能とその生理学的基盤の発達に焦点を当て，驚くべき子どもの能力について豊富な研究知見に基づき詳説します。Part3では，社会のなかにおける発達という視点から，子ども虐待やいじめといった社会的問題や，発達障害などに関する理論や支援の実践例を紹介します。

　3つのPartはそれぞれ視点が異なりますが，独立しているわけではありません。たとえば，Part2で紹介された概念や理論が，Part3でも登場することがあります。そこで，他のPart・章との関連がわかるように，参照マーク をつけました。たとえば，「幼児期におけるあるこころの機能の発達が，その後の他者との関係にどのような影響を及ぼすのか」といったつながりを知ることによって，人間の発達に対する理解がさらに深まるでしょう。

本書の特徴

▶ **3つのステップ**｜本書は，同シリーズの既刊書に倣い，発達心理学に関する各トピックの解説をステップアップ方式で記述しています。ステップ1では，当該トピックを理解するうえで押さえておくべき概念の定義など，学びの基本となる知識を解説します。ステップ2では，各トピックを代表する研究を紹介しながら，人間の発達の様相を具体的に解説します。さらにステップ3では，最新の研究もふまえながら，それらにより明らかにされた知見が，発達支援の現場においてどのように活

かされているのか，などの発展的な内容を扱います。こうしたステップアップ方式をとることにより，修得した知識を実生活や臨床現場における支援の実践に結び付けるための視座を養うことが可能になります。

▶ **豊富な脚注とカラフルな図表** ｜ また，脚注の多さや図表のわかりやすさも本書の特徴です。とくに脚注では，"思わず誰かに話したくなる"内容の解説を盛り込みました。読者の皆さんには，ぜひ脚注にも目を向けて，本書を通して理解したことを他者と共有してもらいたいと願っています。こうした作業は，自身のこれまでの発達を振り返ったり，これから先の変化を思い描いたりしながら，自他の生涯発達への関心を高めることにもつながるでしょう。さらに，本書の図表はオールカラーですので，よりわかりやすく，直感的な理解を助けます。

　本書を執筆するにあたって，多くの方にご協力をいただきました。各章を執筆くださった先生方は，限られた紙幅のなかで，各専門分野に関する豊富な知見をわかりやすくまとめてくださいました。株式会社講談社サイエンティフィクの池上寛子氏には，「発達心理学の面白さを伝えたい」という編者の思いをくみ取っていただき，本書をよりよいものにすべく，多大なるご尽力をいただきました。心より御礼申し上げます。

　最後に…。本書を作成する期間中，我々編者のそれぞれの家庭に新しい命が誕生しました。一人の人間がこの世に生まれ，日に日に成長・変化していく様子を目の当たりにし，人間の発達に対する探究心がさらに大きくなっています。そうしたなかで本書の作成に取り組めたことは，非常に幸せでした。仕事と子育ての両立を果たすべく，ともに支え合いながら，本書の作成を見守り，励まし，手伝ってくれたパートナーに，そして産まれてきてくれた我が子に，心から感謝します。

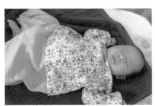 

図0-1　編者らの愛する我が子（左：生後16日目（相馬），右：生後10日目（板口））

　読者の皆さんにとって，本書が発達心理学研究とその応用への理解を深める一助になることを願っています。

2022年8月

相馬花恵・板口典弘

目次

本書の全体にかかわる用語およびその説明です。

▶ **ランダム化比較試験** (randomized controlled trial：RCT)

無作為化比較試験ともよばれます。臨床研究において，研究参加者を，ある治療や介入をおこなう群と，対照群（治療・介入をおこなわない群）にランダムに割り付ける研究を指します。ランダムに群に割り付けることによって，2つの群の参加者の性質を統計的には等しくすることができると考えられます。この作業によって，2群の実験結果の差が，参加者の性質に左右されたものではなく，治療・介入の効果によるものであるとより強く主張することができます。

▶ **メタ分析** (meta analysis)

メタ分析とは，あるトピックを検討した研究を複数集めて，それらを統合したデータを統計的に再分析する手法です。これによって，より信頼できる統計学的結論を得たり，結果に影響するさまざまな要因を検討したりすることができます。個々の研究では，研究対象者や測定方法が異なるため，限定的な示唆しか得られませんが，メタ分析をおこなうことによって，より普遍的あるいは包括的な視点から，研究結果を再検討することができます。

▶ **レビュー** (review)

レビュー論文，文献レビューともよばれます。日本語では総説と訳されます。レビューでは，あるトピックを対象に，すでに発表された研究の調査をおこない，そのトピックについての学術的認識を幅広く，かつ偏りなく概観します。また，既存研究の評価や，現時点における問題点やこれからの研究の展望も語られます。時には，既存のデータから新たな主張をすることもあります。原著論文と異なり，新しい実験結果を提示する必要はありません。

▶ **システマティックレビュー** (systematic review)

ランダム化比較試験のような質の高い研究をくまなく調査する系統的なメタ分析を指します。システマティックレビューではないメタ分析は，解析対象としている研究そのものの信頼性を必ずしも保証できません。そのため，その通常のメタ分析は，ある結論を導くための恣意的な分析になってしまっている危険性もあります。

▶ **妊娠週数**

妊娠期間を示す週数です。妊娠週数の考え方には，"受精後胎齢"と"月経後胎齢"の2つがあります。受精後胎齢は，受精した日を妊娠1日目（妊娠0週0日）として，満日数・満週数で表します。月経後胎齢は，最終月経の開始日を妊娠0週0日と数え，満日数・満週数で表します。両者の関係は，「受精後胎齢＝月経後胎齢－2週」となります。受精日や受精卵が着床した日にちを正確に特定することは難しいため，日本やアメリカでは，一般的に"月経後胎齢"により妊娠週数を算出します。なお，標準的な妊娠期間は，満日数280日目（40週0日）とされていますが，これは，月経週数が28日の人の妊娠期間になります。実際には，月経周期には個人差があるため，計算上の妊娠週数と正確な妊娠週数は多少前後します。

▶ 新生児

世界保健機構（WHO）では，生後28日未満の子どもを新生児としています。この時期はさらに，早期（生後0〜6日）と後期（生後7〜27日）に分けられます。とくに早期は，胎外での生活に適応する過程において，一時的な体重減少や生理的黄疸（皮膚や白目の色が黄色味を帯びる）などのさまざまな生理的現象が生じやすくなります。

▶ 乳児

児童福祉法（第4条）や母子保健法（第6条）では，乳児は「1歳未満の者」と定義されています。一方で発達心理学ではしばしば，子どものもつ能力を基にした分類をすることがあります。たとえば，日本語での乳児にあたる英単語の「infant」は，その語源が「物言わぬ存在」であり，言葉を話す前の子どもに用いられます。ただし，厳密にどこからどこまでが「infant」や「乳児」かという区分は明確ではなく，研究者によってとらえ方に幅があります。

▶ 保護者と養育者の区別

本書では，親権の有無にかかわらず，日常生活において子どもを監護（監督・保護）する立場にある者（里親，内縁の妻・夫なども含む）を「保護者」と表記します。また，保護者に限らず，子どもを養い育てる営みにかかわるさまざまな立場の者（保育士，幼稚園教諭なども含む）を「養育者」と表記します。

▶ ICD：疾病及び関連保健問題の国際統計分類
(International Statistical Classification of Diseases and Related Health Problem)

世界保健機構（WHO）が作成する疾病，傷害および死因（以下，疾病等）の分類です。身体的なものから精神的なものまで，あらゆる疾患について掲載されています。日本では，疾病等の統計分類として用いられています（統計法 第28条 第1項）。

2022年に，約30年ぶりとなる改訂版（ICD-11）が発効され，最新の医学的知見が反映された分類に整備されたほか，WHOが提供するウェブサイトから疾患名やその特徴，分類コードなどを調べることができるようになりました。

▶ DSM：精神疾患の診断・統計マニュアル
(Diagnostic and Statistical Manual of Mental Disorders)

アメリカ精神医学会が作成する，精神疾患の基本的な分類や診断基準などが書かれているマニュアルです。世界的に広く活用されており，日本においても精神疾患の診断に用いられています。最新版であるDSM-5（2013年刊行）では，各疾患の連続体（スペクトラム）を想定して，その重症度をパーセント表示で示す多元的診断（ディメンション診断）が導入されました。また，自閉スペクトラム症（第12章）や，注意欠如・多動症（第13章）などの一部の疾患には，名称や分類方法，診断基準に変更が加えられました。

Part 1

発達の基礎理論

第1章

発達・発達心理学とは

（相馬花恵）

1 発達のとらえ方

ステップ1

発達・発達心理学とは

　発達とは，"受精による個体の発生から死に至るまでの心身の変化の過程"を意味します。この人間の一生涯にわたる心身の変化やそのメカニズムを心理学における研究手法（p.8）により解明しようとするのが，発達心理学です。

　発達心理学の起源の1つは，児童心理学にあるといわれています。児童心理学では，おもに乳幼児から小学生くらいまでの子どもを研究対象にしています。実は，西欧において"子ども"とは，歴史的にみて比較的新しい概念です。フランスの歴史学者P.アリエスは，著書『〈子供〉の誕生』のなかで"子ども"という観念が誕生したのは16～17世紀であると主張しています。それまで，西欧諸国では自分で身の回りのことができないか弱い時期のみが子どもとみなされ，7歳前後になると，法的にも経済的にも大人と同じように，すなわち"小さな大人"として扱われていました[1]。この時代，児童期の子どもの特徴がとくに重視されることはなかったのです。しかしその後，18世紀の思想家J.J.ルソー[2]によって，子どもは成人とは異なる存在であることが主張され，児童期の子どもへの注目が集まるようになりました。

　こうした歴史的な流れのなかで，19世紀末にドイツの生理学者であったW.T.プライヤー[3]は，自身の子どもを生後約3年間観察し，その記録を著書

1　日本においても，以前は数え年12歳頃に元服がおこなわれていましたが，7歳前後で大人とみなしたという西欧の歴史には驚かされます。

2　ルソーは，著書『エミール』において，子どものもって生まれた善良さを文明社会の悪影響から守り育てる教育理念の重要性を訴えました。ルソーの子ども観は，のちに教育者のJ.H.ペスタロッチや，幼稚園の創始者であるF.W.A.フレーベルによって継承されました。

3　プライヤーと後述するホールは，進化論の提唱者で『種の起源』を著したことで知られるC.R.ダーウィンから影響を受けていました。プライヤーは，子どもの観察において，①同一の子どもを繰り返し観察する，②多くの子どもを観察する，③動物行動と人間行動を比較する，④人類学的な比較をする，⑤健常な発達と病的な発達を比較する，といった重要な視点を提案しました。

『子どもの精神』にまとめました。これが，児童心理学の始まりといわれています。また，アメリカでは，G.S.ホール[4]が，"児童研究運動（child study movement）"を呼びかけ，この運動を契機に，ヨーロッパを中心とする世界各国においても，子どもの発達に関する科学的関心が高まっていきました。

1960年代後半になると，生涯発達心理学（life-span developmental psychology）が台頭するようになります。人間は，子ども時代においてのみ発達するわけではありません。成人期以降も，生活のなかで生じるさまざまな出来事（就職，結婚，出産，大病などのライフイベント）に適応するために，心理的な発達・変化を続けます。また，高齢化し続ける現代社会[5]ではとくに，高齢者の心理的発達や変化への注目が集まっています。今日，生涯発達は人間のこころを研究するうえで重要な視点の1つとなっています。

生涯にわたって生じる心身のさまざまな変化のなかには，いわゆる"成長"だけでなく，今までできていたことができなくなるという"衰退"も含まれます。発達心理学は，これらすべてを発達の重要な一側面ととらえ，人間の一生涯にわたるこころの変遷を科学する学問です。

······ ステップ 2 ······

発達をとらえる視点

人間の発達のとらえ方は，研究者が提唱する理論によりさまざまです。本ステップではまず，発達を次の3つの視点から考えていきます[6]。

第一の視点は，加齢（aging）に伴う変化です。先述のとおり，発達心理学では人間の一生涯を研究の対象とします。具体的には，発達期を①胎児期（妊娠期），②新生児期（生後4週間），③乳児期（1歳半頃まで），④幼児期（1歳半〜就学まで），⑤児童期（小学生），⑥青年期（中学生〜20歳代），⑦成人期（30歳代〜65歳頃），⑧老年期（65歳以降）と区分し，各発達期に特有の課題に取り組むなかで心理的な変化が生じるととらえます[7]。本書で

----

4 1891年に，ホールは発達心理学研究のための学術雑誌『The Pedagogical Seminary』（現在の『The Journal of Genetic Psychology』）を創刊しました。子どもの発達を実証的に研究するための土壌をつくったといえます。

5 今日の日本は，"超高齢社会"に突入しています。超高齢社会とは，高齢化率（総人口に占める65歳以上の人口の割合）が21％以上を占めている社会を指します。老年期における発達やその支援に関しては，第2章で紹介します。

6 子安，In 臨床発達心理学の基礎 第2版，2016を参考にしています。

7 一生涯をどのように区分するかに関しては，その時代や文化などの影響も受けるため，各発達理論間で多少のずれがあります。

は，第2章において，こうした生涯発達に関する理論を紹介します。

　第二の視点は，発達の定型─非定型（typical-atypical）です。ここでいう"非定型"とは，なんらかの障害を有している状態を指します[8,9]。本書では，第12章から第14章を中心に，発達に関する心身のさまざまな障害とその支援について紹介します。なお，**インクルージョンやユニバーサルデザイン**[10]**といった言葉で表されるような，障害の有無（定型─非定型）にかかわらず，すべての人が社会に参加することを重視した発達支援の実践**が求められていることも忘れてはなりません。

　第三の視点は，発達が生ずる場としての個人─社会（individual-society）です。発達をとらえる際は，個人の生物学的な特徴やその変化にのみ着目するのではなく，個人が生活する家庭や学校，職場といった社会（環境）から受ける影響にも目を向ける必要があります。このような，個人を取り巻く社会的環境が発達へ与える影響を仮定した理論が，アメリカで活躍した発達心理学者U.ブロンフェンブレンナーの，生態学的システム理論です（**図1-1**）。本書では，まず，個人の心身の発達を，神経系，視知覚，認知機能，思考，

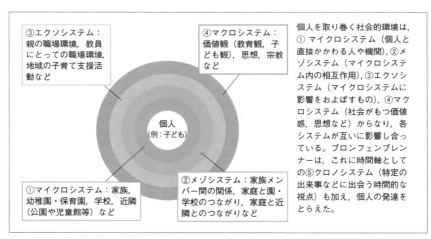

図1-1　ブロンフェンブレンナーの生態学的システム理論

- -

8　かつては"正常─異常"と表現されていましたが，不必要な価値意識を避けるため，今日では"定型─非定型"という表現が用いられています。なお，決まった型を連想させる"定型"よりも，比較的多くの人の平均的発達という意味で"典型"という表現を用いたほうがよいという指摘もあります（本郷，In 発達心理学Ⅱ，2013）。

9　"定型発達（児・者）"という用語は，自閉スペクトラム症（第12章）や注意欠如・多動症（第13章）をはじめとする発達障害を有しない人を意味します。

10　前者は，個人の属性や特性によって排除されることなく，社会参加することができる状態を指します。後者は，同じく個人の属性や特性を問わずに利用することができる施設・製品・情報のデザインを指します。

言語の各側面から紹介します（第3章から第7章）。そのうえで，社会における発達として，家庭や学校等での他者とのかかわりのなかで生じる心理的発達や心理的問題などを紹介します（おもに第8章から第11章）[11]。

　ここまでみてきたように，人間の発達を理解するためには，加齢という時間的変化以外にも多くの視点をもつ必要があることがわかります。本書で紹介するさまざまな発達理論は，人間の一生涯（あるいはその一部）を各理論特有の視点からながめ，体系的にまとめたものであるといえるでしょう。

生涯発達をもたらす要因：遺伝的要因と環境的要因

　次に，生涯発達に影響をおよぼす要因に関する理論を紹介します。ドイツの発達心理学者P.B.バルテス[12]は，個人の発達を，**生物学的要因（遺伝的要因）と環境的要因**の両方に焦点を当ててとらえました。

　図1-2には，バルテスが仮定した人間の一生涯における発達に影響をおよぼす要因が曲線・直線で示されています。まず，人間は乳幼児期に心身ともに急激な発達を遂げることから，この時期の①**年齢による影響（標準年齢的要因）**は大きくなります。その後，年齢の影響は，児童期以降はゆるやかとなり，老年期にかけて再びその影響力が強くなっていることがわかります。また，②**歴史的な影響（標準歴史的要因）**は，青年期にかけて大きくなりますが，そこから加齢とともに影響力が小さくなっていきます。この影響力の

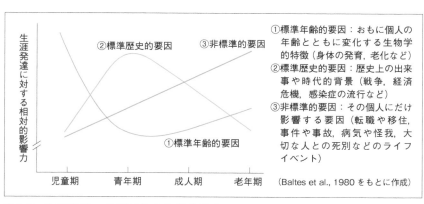

図1-2　生涯発達への影響力の年齢的変化

- -

11　第3～第7章でも，他者とのかかわりのなかで生じる発達について取り上げます。たとえば，第7章（言語の発達）では，親をはじめとする他者とのコミュニケーションを通してみられる言語発達にも焦点を当てます。

12　バルテスは，"獲得（成長）と喪失（衰退）"という視点から生涯発達をとらえました。とくに老年期以降においては，心身機能は衰退するだけではなく，そのときの環境へ適応するために成長し続けると考えました（第2章第3節参照）。

変化には，「社会的出来事などが直接影響をおよぼさないよう，低年齢児や高齢者は社会や家庭により保護されている」というバルテス独自の考えが反映されています[13]。いっぽう，個人的なライフイベントは，加齢とともに直面する機会が増えるため，③個人にだけかかわる要因による影響（非標準的要因）は右上がりの直線として描かれています。

　バルテスは，生涯にわたる発達・変化は，これらの生物学的・環境的要因が互いに影響をおよぼし合うことによりもたらされると考えました。なお，発達に影響をおよぼす要因に関するそのほかの理論については，次節でも取り上げます。

発達のプロセス：連続的か非連続的か

　続いて，生涯における発達のプロセスに関する代表的な2つのとらえ方を紹介します。1つ目は，**発達は連続的に変化する**というとらえ方です。たとえば，身体の大きさ，語彙や記憶容量の増減といった量的な変化は，この立場から理解されます。この発達の連続的・量的な変化は，発達曲線で表されます。**図1-3**は，R.E. スキャモンが提唱した発達曲線[14]です。身体の各部位

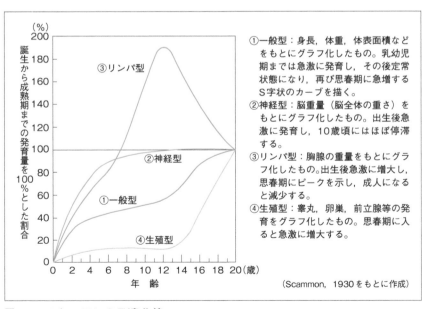

図1-3　スキャモンの発達曲線

13　水野，公認心理師ベーシック講座　発達心理学, 2021

を4つの型に分け，それぞれの発達の様相を曲線で示しています。

　いっぽう，人間の発達には，それまではみられなかった新たな行動パターンが出現するといった**非連続的・質的な変化**もみられます。こうした質的な変化をいくつかの段階に分ける発達段階説は，発達心理学においてさまざまに提唱されてきました。代表的なものに，**S.フロイトの心理性的発達理論**，**E.H.エリクソン**の**心理社会的発達理論**（p.23），J.ピアジェの**認知発達理論**（p.91）などがあります。

発達段階説の特徴

　各発達段階説が焦点を当てる発達的側面はそれぞれ異なりますが，次の2つの共通点があります[15]。すなわち，①ある発達段階に到達すれば，物理的な領域（例：物体の運動や重力に関する知識）や社会的な領域（例：他者の感情や意図の理解）などのあらゆる領域にかかわる思考や行動が，どの子どもも同じように発達・変化する点（**領域一般性**），②発達段階の順序性は一定であり，どの文化や社会に属する人も同様な変化をたどる点（**発達段階の普遍性**）です。

　しかしながら，これらの共通点に対しては，時代や文化，社会を超えて適用できるのか，という指摘もなされています。たとえば，ピアジェは子どもの認知発達に関して4段階を想定し，各段階をたどる順序性はどの文化においても共通していると想定しました。これに対して，認知発達はむしろ特定の状況や場面に依存した，領域独自の特徴を有するという主張もなされています（**領域固有性**）。具体的には，同じ課題であっても，子どもが生活する文化や生活環境に馴染みのあるものであるか否かにより，その課題の達成度は異なることが知られています[16]。

　このように，本書で紹介する発達理論のなかには，時代の変遷のなかで批判の対象となり，当時の理論に代わる新たな理論が提唱されているものもあります。ただし，たとえ現在では強い批判があるとしても，今日に至るまでこれらの理論が発達心理学の発展に大きな影響をもたらした事実は変わりま

14　この発達曲線は，身体の各部位の重量をもとに描かれています。しかし，同じリンパ型に属するとされている甲状腺や脳の下垂体の重量は，図1-3とは異なる曲線を描くことが知られています。スキャモンの発達曲線は，あくまでもある一部の身体部位から導かれたモデル曲線ととらえたほうがよいでしょう（詳細は，藤井，スポーツ健康科学研究，2013を参照）。
15　木下，In 臨床発達心理学の基礎，2019
16　ストリートチルドレンを対象とした路上計算の成績が例として挙げられます。路上で物売りをするという特定の状況では，代金やおつりの計算が速く正確にできる子どもでも，異なる状況（学校での算数のテスト）では，同レベルの計算成績が大幅に落ちることが示されました（Carraher, *Br J Dev Psychol*, 1985）。

せん。現代に生きる私たちは，過去の理論やそれに対する批判を正しく理解し，発達心理学をさらに発展させるための研究とそれに基づく発達支援の実践を積み重ねていく必要があります。

発達を科学する方法

　最後に，発達を科学的に理解するために必要な4つの代表的な研究手法を紹介します。

▶ **実験法**｜実験法では，ある事象の原因と考えられる変数（独立変数）を研究者が操作し，その影響を受けると考えられる変数（従属変数）の変化を測定します。たとえば，保育園での乳児とのかかわり（保育体験）が，子育て経験のない青年期の親性にどのように影響をおよぼすかを知りたいとしましょう[17]。この場合，参加者を"保育体験をする群"と"保育体験をしない群"の2群に分けることで"保育体験の有無"という独立変数が，"親性の程度"という従属変数に与える影響を検討することができます。なお，親性の程度には，独立変数である保育体験以外にも，性別や年下のきょうだいの有無なども影響をおよぼすと考えられます。このような要因を剰余変数，または交絡変数といいます。そこで心理学実験では，剰余変数の影響をなるべく排除し，独立変数の影響を正確に測定するために，群・条件間に偏りが出ないように参加者を振り分ける（**カウンターバランスをとる**），あるいは，ランダムに参加者を群・条件に割り振る（**無作為割り付けをする**）などの工夫をおこないます。

▶ **観察法**｜観察法は，対象の行動や反応を観察・記録する方法を指します。観察法をその形態により分類すると，研究者が対象者にかかわりながら観察をおこなう**参与観察**と，ビデオカメラなどを用いて客観的に観察をおこなう**非参与観察（自然観察法）**に分けられます[18]。たとえば，幼児を観察する際，前者では幼児が通う園での生活に研究者自身が参加し，そこで生じる事象を長期にわたり記録します。いっぽう後者では，研究者は幼児集団とはか

17　ここでいう"親性"とは，子どもを慈しみ育もうとする性質を意味します。これは，性別や妊娠・出産の経験の有無にかかわらず備わり，また発達するものととらえられています。これと類似した概念として，"養護性（nurturance）"があります（詳細は，大橋・浅野，家族看護学研究，2009参照）。

18　この分類のほかに，観察場面やサンプル（標本）の抽出方法，記録方法の違いによる分類もあります。たとえば，サンプルの抽出方法による分類では，時間見本法（一定時間ごとに観察），場面見本法（対象行動が生起しやすい特定場面を観察），事象見本法（特定の事象の生起や変化を観察），日誌法（特定の個人を日常生活のなかで観察）に分けられます。

かわらず，第三者として観察します。具体的には，幼児の集団遊びの様子を一定の期間毎日撮影・記録し，言語的なやりとりがどのように変化していくのかを観察したりします。

▶ **調査法**｜調査法は，人の態度，意識，行動傾向などに関する質問紙（アンケート用紙）を配布し，それを通して回答者の情報を得る方法です。一度に多くのデータが得られるなどの利点もありますが，言語発達が未熟な乳幼児や言語理解に困難を示す対象者に対しては，実施することができません。低年齢児に関する調査をする場合は，保護者や保育者・教師を対象に質問紙調査をおこなうこともありますが，その回答が当該児の様子を客観的に表しているとは限らないといった点には注意が必要です。

▶ **面接法**｜面接法は，面接者が対象者に直接質問し，口頭で回答を得る方法です。あらかじめ決められた内容と順番で質問をおこなう構造化面接，あらかじめ質問項目は決めるが，会話の流れに応じて質問の追加などをおこない，対象者の自由な反応を引き出す半構造化面接，質問項目をとくに用意せず，対象者の反応に応じ自由に方向づけをする非構造化面接があります。なお，質問紙を用いた調査と同様，低年齢児を対象とする場合は，言語を用いたコミュニケーションが難しいこともあります。その際は，保護者などの周囲の大人を対象に面接をおこない，子どもに関する情報を得ていきます[19]。

横断的方法と縦断的方法

人間の発達的変化を研究するうえで用いられる研究法として，横断的方法と縦断的方法があります（**図1-4**）。

横断的方法は，ある一時点において，異なる年齢集団を対象に調査することにより，発達的変化を検討する方法を指します。この方法は，短期間で多くのデータを集められるという利点がありますが，得られたデータには，調査対象の世代が異なることによる影響が含まれるという欠点もあります[20]。

縦断的方法は，同じ対象を一定期間にわたって継続的に調査することにより，対象の発達的変化やその原因を探る方法を指します。ある現象の加齢に

19　たとえば，自閉スペクトラム症（第12章）の特性と支援ニーズを評価するアセスメントツールであるPARS-TR（Parent-interview ASD Rating Scale-Text Revision：親面接式自閉スペクトラム症評定尺度　テキスト改訂版）では，対象児・者の母親（または他の主保護者）に対する半構造化面接をおこないます。なお，アセスメントとは，面接や観察，心理検査などを通して，クライエントの状態や特性，そしてクライエントが抱えている問題を把握することを指します。

20　たとえば，2020年度時点において20歳の人（2000年生まれ）と，60歳の人（1960年生まれ）を比較して年齢の影響を検討したい場合，各集団が特有の時代・文化・環境からの影響を受けるため，純粋に年齢による違いだけを検討することは困難です。

図1-4　横断的方法と縦断的方法のイメージ

伴う発達・変化のプロセスを詳細にとらえることが可能という利点がありますが，時間・労力がかかり，また一度に多くの対象者を追跡することの難しさもあります。なお，縦断的方法のなかでも，同時期に生まれ育ち，共通した時代背景（COVID-19の世界的な流行など）を経験している集団（コホート）を対象に，長期間にわたって追跡調査する方法をコホート研究とよびます。

　これらの研究方法に関する知識は，本書で紹介するさまざまな発達心理学研究の面白さを理解するためにも重要です。また，読者である皆さん自身が研究者となり，人間の発達を科学するための一歩を踏み出すうえでは必要不可欠な知識といえるでしょう。

2　発達の規定要因

　今日，人間の発達は遺伝的要因と環境的要因の相互作用により影響を受けるという考えをもとに研究が進められています。いっぽう，この見解にたどり着く以前は，遺伝的要因と環境的要因のどちらのほうが発達に影響を及ぼすのかという議論，すなわち"氏か育ちか（nature or nurture）"といった二項対立的な視点から議論が繰り広げられていました。

········ ステップ 1 ········

遺伝論 vs. 環境論

▶ **成熟優位説** | まず，遺伝論は，"人間の発達は，遺伝をはじめとする先天的な要因（もって生まれた能力や特徴）に大きく左右される"と主張します。

アメリカの心理学者A.L.ゲゼル[21]は，一卵性双生児を対象とした実験をおこない，遺伝論の代表格とされる成熟優位説を提唱しました。その実験とは，一卵性双生児の子どもに階段昇りの訓練を実施し，その訓練の効果を調べるというものでした[22]。実験の際，双生児の一方（A）は生後45週目から訓練を始め，もう片方（B）は，Aが訓練を終えた後の生後53週目から訓練を始めました。実験の結果，Aは課題をクリアするまでに25回の訓練を要したいっぽうで，Bはわずか9回の訓練でクリアしました。生まれた後の環境のみが発達に影響するならば，遺伝的に同一である2人において，訓練開始時期が早かったAは，Bよりも成績がよくなるはずです。しかし実験では，早期からの訓練の効果は低く，身体的な成熟を待ったBのほうが短期間で階段昇りができるようになったことが示されました。この結果をもとに，ゲゼルは"生まれてからの経験（実験では階段昇り訓練）が発達におよぼす影響よりも，個人内の成熟（身体的成熟などの遺伝的にプログラムされた要因）がもたらす影響のほうが大きい"という理論を構築しました。

また，ゲゼルは，個人が学習をするためには十分な成熟が必要であるという考えから，学習の準備状態を意味するレディネスという概念も提案しています[23]。

▶ **環境優位説** | いっぽう，環境論を主張する立場では，"人間の発達は生まれてからの環境や個人の経験に基づく学習によってもたらされる"ととらえます（環境優位説）。この立場の代表格は，アメリカの心理学者であり，行動主義[24]を提唱したJ.B.ワトソンです。

ワトソンがおこなった実験のなかでも有名なのが，生後11カ月の男児を

---

21 ゲゼルは，アマラとカマラという2人の野生児に関する報告をまとめた『狼にそだてられた子』の著者としても有名です。しかしこの話の信びょう性は低く，2人は今でいう自閉スペクトラム症あるいは精神障害の孤児であったと推測されています。興味のある方は『増補　オオカミ少女はいなかった』（鈴木，2015）を読んでみてください。

22 Gesell & Thompson, *Genet Psychol Monogr*, 1929

23 レディネスが整うのを待てば，人は勝手に学習・発達するというわけではありません。ロシアの心理学者L.S.ヴィゴツキーは，"一人の力ではクリアできないけれど，他者の助けがあればできる"という領域を"発達の最近接領域"と提唱し，この領域にこそ教育的な働きかけをおこなうべきであると主張しました（p.99）。

24 ワトソンは，心理学研究の対象として，客観的に観察できる行動とその変化のみを扱うべきと主張し，"刺激と反応（行動）"の関係を分析することを重視しました。

はじめは白ネズミに興味を　　白ネズミと大きな音を対呈示　　白ネズミに対して恐怖反応
示していたが…　　　　　　　することを繰り返すと…　　　を示すようになった

図1-5　アルバート坊やの実験

対象とした1920年の“**アルバート坊やの実験**”です[25]。実験開始前，アルバートは，健康状態も良好で情緒的にも安定している乳児でした。また，白ネズミのような小動物にも興味を示し，自ら手を伸ばして触ろうとする行動も見せていました（**図1-5左**）。ここでワトソンは，アルバートの手が白ネズミに触れたそのとき，彼の背後で鋼鉄の棒を金づちでたたき大きな音を出したのです。アルバートは，その音に驚き，白ネズミから手を引っ込めました。これを何度か繰り返すとどうなったでしょうか…。白ネズミを触ろうとするたびに鳴る大きな音に対し，アルバートは激しく泣き出すようになりました（図1-5中央）。やがて，白ネズミを見せても手を伸ばそうとしなくなり，しまいには，白ネズミを見せるだけで（大きな音はしていないのに）泣きはじめる，すなわち恐怖反応を示すようになったのです[26]（図1-5右）。

　この実験から，ワトソンは“恐怖”という基本的な情動さえも，生まれてからの経験により学習されるものであると主張しました。そして，こうした学習の繰り返しにより，人間は次第に複雑な感情をもつようになると考えたのです[27]。人間を，生まれてからの環境や経験によりどのようにも変わりうる存在であるととらえたワトソンの考えは，ゲゼルとは対照的なものでした。

折衷論：遺伝も環境も

　上述の“氏（遺伝）か育ち（環境）か”という論争のなか，両者の要因を考慮した新たな立場が登場します。

▶ **輻輳説**｜ドイツの心理学者W.シュテルン[28]は，“遺伝的要因と環境的要因

....

25　Watson & Rayner, *J Exp Psychol*, 1920

26　ある刺激（大きな音）に対して起こる反応（恐怖）が，ともに呈示された別の刺激（白ネズミ）に対しても生じるようになる学習を“レスポンデント（古典的）条件づけ”といいます。

27　イギリスの哲学者のJ.ロックは，“人間は白紙（タブラ・ラサ）の状態で生まれてくる”と主張しました。ワトソンの考え方は，この経験論の流れを汲むものともとらえることができます。

は，それぞれが独立に寄り集まって（輻輳して）発達に影響を与える"という輻輳説を唱えました。この考えを図示したのがJ.H.ルクセンブルガーです。なお，図1-6は，彼のオリジナルではなく，それに修正を加えたものになります[29]。

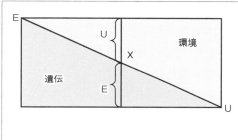

この模式図では，X（発達的現象）＝E（遺伝的要因）＋U（環境的要因）という足し算で発達をとらえている。中央にひかれた縦線は，遺伝的要因と環境的要因が半分ずつ影響を与えていることを示している。中央線よりも左寄りにくる発達的現象には遺伝的要因が，右寄りにくる発達的現象には環境的要因が大きな影響を与えることを示す。

（Luxenburger, 1937 を岡田，1954 が修正したものをもとに作成）

図1-6　遺伝的要因と環境的要因の輻輳

▶ **環境閾値説** │ 輻輳説と同様に遺伝と環境の双方を考慮した説として環境閾値説があります。この説では，"遺伝的要因と環境的要因は，互いに影響して発達を規定している"という相互作用説の立場をとります。アメリカの心理学者A.R.ジェンセンは，発達の遺伝的な可能性（能力）が現れるために必要な環境的要因の程度に着目し，それを環境閾値とよびました。図1-7は，ジェンセンの考えを図示したものです[30]。

······· ステップ 2 ·······

行動遺伝学からみる遺伝と環境

遺伝と環境が互いに発達に影響をおよぼすという理論が提示されて以降，双方の要因が，発達の各側面にどのように影響をおよぼすのかを追究する研

28　シュテルンは，輻輳説のほか，言語発達における"一語文（p.103）"や，"IQ（intelligence quotient：知能指数）"といった概念を提唱したことでも知られています。

29　ルクセンブルガーは，人間の発達全般に影響を与える要因を説明するためではなく，精神病が「遺伝病」であるか否かを説明するためにオリジナルの図を作成したと考えられています（詳細は，伊藤，神奈川大学心理・教育研究論集，2013を参照）。

30　多くの発達心理学のテキストでは，環境閾値説を，知能以外の能力（絶対音感など）や身体的特徴（身長など）といった例を用いて説明しています。しかしジェンセンは，おもに知的能力に関する研究を通して，自身の理論を提唱しました。環境閾値説は，ジェンセンの理論をわかりやすく説明するために修正を加えたものととらえたほうがよいでしょう。

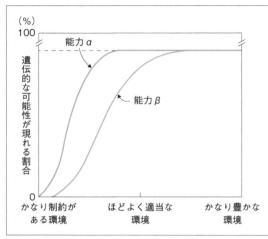

横軸は環境的要因の適切さ（豊かさ）を表し，縦軸は遺伝的な可能性（能力）が現れる割合を表す。テストＡにより測定される能力 α は，比較的環境が貧弱でも現れることを示す。テストＢにより測定される能力 β は，能力 α に比べて能力が現れるためにより豊かな環境が必要であることを示す。

(Jensen, 1968 をもとに作成)

図1-7　遺伝的な可能性が現れる程度と環境の質との関係

究がなされるようになりました。その代表的な研究領域が行動遺伝学です。行動遺伝学とは，ある家系内の2人の類似性に，遺伝と環境がそれぞれどのように影響しているかを研究する学問です。

　本学問の手法のなかでも代表的なものが，同一家庭で育てられた一卵性双生児と二卵性双生児の類似性を比較する双生児法[31]です。一卵性双生児は，互いに遺伝子を100％共有していますが，二卵性双生児の遺伝的な類似度は50％です。いっぽうで，2人とも同じ環境（家庭環境）で育っている点で，どちらのタイプの双生児でも環境要因はほぼ同等だと考えられます。これらをふまえると，ある心理的・行動的特徴に遺伝からの影響が関与している場合は，一卵性双生児どうしの類似度が二卵性双生児どうしの類似度を上回ると考えられます。また，双生児が一緒に育った共有環境からの影響が関与している場合は，ある特徴に関する一卵性と二卵性の類似度には差がないと考えられます。そして，ある特徴が個人独自の環境である非共有環境[32]から影響を受ける場合は，同一の遺伝子と家庭環境を共有する一卵性双生児どうしであっても類似しないと考えられます。

31　双生児を遺伝の研究対象として用いることを着想したのは，進化論を提唱したダーウィンのいとこであるF.ゴールトンでした。彼は，個人差の大部分が遺伝によるとし，"優れた"人の子孫を優先的に残すことで，人類・社会を進歩させようとする"優生学"の考えをつくり出しました。この優生学は，後のナチス・ドイツ政権による政治体制に影響を与えたことから強く批判されています。なお，ゴールトンは，統計学における"相関係数"の概念を提唱したことでも知られています。

32　ともに生活する家族メンバー間で共有していない環境を指します。園や学校生活におけるそれぞれの友人関係などが代表的です。

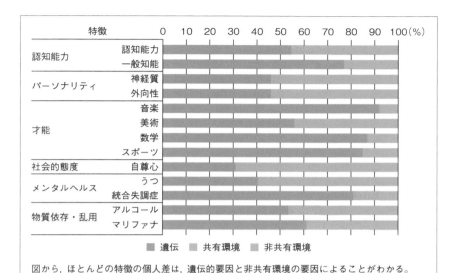

図から，ほとんどの特徴の個人差は，遺伝的要因と非共有環境の要因によることがわかる。

（安藤，2014 をもとに作成）

図1-8 心理的・行動的特徴の個人差を説明する遺伝，共有環境，非共有環境の相対的寄与率[33]

　このような手法を用いることによって，さまざまな心理的・行動的特徴に対して，遺伝，共有環境，非共有環境がそれぞれどのように影響をおよぼしているのかを明らかにすることができます（図1-8）。

········ ステップ 3 ········

エピジェネティクスへの注目

　遺伝と環境に関する議論をさらに推し進める概念として，エピジェネティクスに注目が集まっています。エピジェネティクスは，"出生以降に生じるDNAの化学的変性による遺伝情報発現の調整メカニズム"を意味します[34]。もっと簡単にいうと，"ある遺伝子を働かせるか止めるかのスイッチのオン・オフにかかわる機能"を指します。

···························

[33] 各要因が個人の特徴におよぼす影響に関して，E.タークハイマーは以下に示す"行動遺伝学の三原則"をまとめました。第一原則：遺伝要因の普遍性（ヒトの行動特性はすべて遺伝的である），第二原則：共有環境の希少性（同じ家庭で育てられた影響は遺伝子の影響より小さい），第三原則：非共有環境の偏在性（複雑なヒトの行動特性のばらつきのかなりの部分が遺伝子や家族では説明できない）

[34] そうしたメカニズムを研究する学術分野そのものを指す用語として用いられる場合もあります。

▶ **双生児とエピジェネティクス** | ヒトのDNAの塩基配列は，原則として一生変わりません。にもかかわらず，遺伝的には同一である一卵性双生児が，成長するにつれて類似性が低くなっていくのは，なんらかの遺伝子的な調整が働いた（ある遺伝情報の発現にかかわるスイッチが，一卵性双生児のいっぽうではオン，もういっぽうではオフであった）と考えなければ説明できません。今日では，一卵性双生児を対象に，このようなエピジェネティックな変化の差異，すなわちスイッチのオン・オフの差異が，ある疾患の発症にどのように関与するのかを明らかにする研究がなされています（**不一致一卵性研究**）。

こうした研究を通して，自閉スペクトラム症や，うつ病・双極性障害，統合失調症，アルコール依存，攻撃行動などの心理的特徴に対するエピジェネティクスの影響が徐々に明らかになってきています[35]。

▶ **DOHaD仮説** | 近年，胎児期の状態や幼少期の環境などが，その子どもの将来の健康，そして次世代の子どもの健康に影響を与える可能性を示すエビデンスが集まっています。具体的には，母親の健康状態，栄養不足，薬剤摂取，ウイルス感染，そして幼少期の薬剤投与などの，胎児期から幼少期にかけての環境が，成人期の体質変化に影響を与えるとする仮説です[36]。この仮説はDOHaD（Developmental Origins of Health and Disease）仮説とよばれ，エピジェネティクスの見地からそのメカニズムの研究が進められています。

DOHaD仮説が注目されるようになったきっかけの1つとして，第二次世界大戦時にオランダで起こった飢餓問題に関する疫学調査が挙げられます[37]。飢餓を経験した母親から生まれた子どもの多くは，出生時はやはり低体重で虚弱でした。しかし，成長後は高頻度で肥満を呈していたことが明らかになったのです[38]。さらに驚くことに，母親の栄養不足が孫の代にまで伝わっていた可能性（世代間伝搬）も報告されています（**図1-9**）。なお，このDOHaD仮説に関しては，ヒトを対象とした検証は緒に就いたばかりです。今後，三世代を対象としたさらに詳細な研究が求められています。

これまで，体質などはDNAの塩基配列によって"生まれつき決まってい

<hr>

35 詳細は，安藤，「心は遺伝する」とどうしていえるのか，2017を参照。

36 胎児期の環境要因として，父親の精子の質も子どもの将来の発育や健康に影響をおよぼす可能性が指摘されています（鵜木・佐々木，もっとよくわかる！エピジェネティクス，2020）。

37 1980年代後半から90年代にかけて，母親の栄養不足と子どもの健康状態の関係について研究したD. バーカーが，"胎児期に種々のストレスが加わることにより，その後の疾患発症がプログラミングされる"という仮説（胎児プログラミング仮説）を提唱しました。この仮説を拡張したものがDOHaD仮説であるといえます。

38 Ravelli et al., *N Engl J Med*, 1976

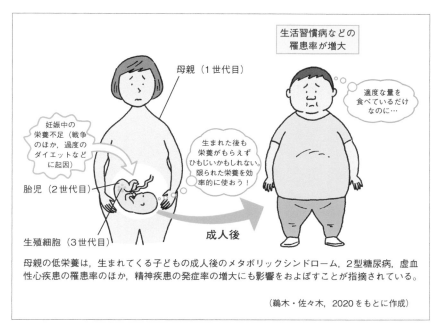

生活習慣病などの
罹患率が増大

母親（1世代目）

妊娠中の
栄養不足（戦争
のほか，過度の
ダイエットなど
に起因）

適度な量を
食べているだけ
なのに…

生まれた後も
栄養がもらえず
ひもじいかもしれない。
限られた栄養を効
率的に使おう！

胎児（2世代目）

生殖細胞（3世代目）

成人後

母親の低栄養は，生まれてくる子どもの成人後のメタボリックシンドローム，2型糖尿病，虚血
性心疾患の罹患率のほか，精神疾患の発症率の増大にも影響をおよぼすことが指摘されている。

（鵜木・佐々木，2020をもとに作成）

図1-9 DOHaD仮説

る”と考えられてきましたが，研究が進むなかで，胎児期から幼少期の環境
による影響に適応するために遺伝子のオン・オフがコントロールされる可能
性が指摘されるようになりました。今日では，精神疾患や発達障害などの発
症にも胎児期の環境が影響をおよぼす可能性が指摘され，DOHaDの視点か
らの検討が進められています[39]。

　本章では，発達のとらえ方や発達の規定要因などに関するさまざまな理論
を紹介してきました。これらの理論は，人間の一生涯にわたる発達・変化を
理解するための土台となるものです。次章からは，人間が実際にたどる発達
について，各側面に焦点を当てながらより詳細に紹介していきます。

生涯発達

（藤掛友希）

胎児期・新生児期

…… ステップ1 ……

生まれるまでの発達

　人間の発達は，母親のおなかから生まれたときに始まるわけではありません。母胎にいる間にもめまぐるしい発達が生じています。本ステップでは生まれる前の赤ちゃんがどのように発達しているかについて紹介します。

▶ **胎児の身体と運動機能の発達** | 受精から出生までの期間を胎生期とよび，胎生期はさらに卵体期，胎芽期，胎児期の3つの時期に分けられます。卵体期（受精〜妊娠3週頃まで）[1]は，受精卵（約0.2mmの大きさ）が細胞分裂を繰り返し，子宮内膜に着床するまでの期間です。続く胎芽期（妊娠4週頃〜8週頃まで）は，主要な身体器官が発生し，人間らしい形態に近づいていく期間です。胎芽期には心臓など主要な臓器も発生，機能しはじめます。脳の発達がはじまるのもこの時期です[2]。このように人間らしい身体構造ができあがると，胎芽は胎児とみなされるようになります。胎児期（妊娠9週頃〜出生）に入った時点では頭の先からお尻までの長さは3cm，体重は5g程度ですが，出生時には約50cm，3,000gまで大きくなります（図2-1）。

　胎児期に入ると自発的に四肢や体幹を動かす全身運動（ジェネラルムーブメント）がみられはじめ，母親も妊娠18週（早い場合には妊娠15週）くらいから胎動を感じるようになります。

▶ **胎児の感覚の発達** | 身体や運動機能だけでなく，感覚も胎内にいる間から発達します。たとえば，眼球は妊娠6週頃から形成されはじめ，視覚刺激を受け取れるようになります。ただし，暗い胎内では受け取ることができる視覚刺激は限られているため，外から当てられた光の明るさを感じられるのはおよそ妊娠27週以降です。p.69 第5章

1　細胞期ともよばれます。
2　脳は，胎芽期から胎児期にかけてだけでなく，乳児期以降まで長い時間をかけて発達していきます。脳の発達は，運動能力や感覚の発達と関連しています。

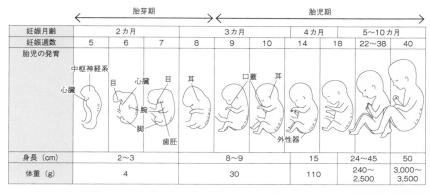

		胎芽期				胎児期					
妊娠月齢		2カ月			3カ月			4カ月		5〜10カ月	
妊娠週数	5	6	7	8	9	10	14	18	22〜38	40
胎児の発育											
身長（cm）		2〜3			8〜9			15		24〜45	50
体重（g）		4			30			110		240〜2,500	3,000〜3,500

（Moore & Persaud, 1973 をもとに作成）

図2-1　母胎内での胎芽・胎児の発達

········ ステップ 2 ········

新生児〜乳児の能力

生後28日までの赤ちゃんを新生児，それから1歳ぐらいの赤ちゃんを乳児，さらにそこから就学前の子どもを幼児とよびます。本ステップでは，生後6カ月頃までの赤ちゃんの能力について取り上げます。

▶ **外界の情報処理** ｜赤ちゃんが外の世界に飛び出すと，母親の胎内にいたときとは大きく異なる情報を受け取るようになります。視覚は五感のうちもっとも長い時間をかけて発達します。出生直後の赤ちゃんの視力は，養育者の胸に抱かれたときにその顔が見える程度（約0.02）です。しかし，生後半年には約0.2まで上昇します。視力の発達はその後ゆるやかとなり，成人と同じレベルに達するのは10歳頃です。生後2カ月頃から色の弁別[3]が可能になり，淡色よりも原色を好みます[4]。形については，妊娠32週で生まれた早産児[5]であっても形が大きく異なれば弁別可能です[6]。なお，奥行きを知覚できるようになるのは，生後6カ月以降です。 第4章

視覚に比べると，そのほかの感覚の発達は早いことが知られています。聴覚については，生後1〜2週の時点で音の大小や高低を聞き分けることがで

3　類似した刺激について，ある刺激と，それとは別の刺激とが区別できることです。
4　Bornstein, *J Exp Child Psychol*, 1975
5　出生時の状態として，妊娠37〜41週での出生を正期産，それ以前を早産，それ以後を過期産とよびます。出生時の体重について，2,500 g未満は低出生体重，1,500 g未満は極低出生体重，1,000 g未満は超低出生体重と分類されます。
6　Miranda, *J Exp Child Psychol*, 1970

きます。味覚についても，たとえば，妊娠後期にニンジンジュースを飲んでいた母親から生まれた乳児は，そうでない乳児よりもニンジン味のシリアルを好むことが報告されています。羊水の風味は母親の食事に影響されるため，胎児の段階ですでに母親の胎内の羊水の味を感知し，記憶していることを示唆します[7]。さらに嗅覚については，生後1〜3日時点でも刺激臭や腐敗臭に顔をしかめて泣いたり，生後3〜4日時点で人工乳よりも母乳のにおいに注意を向けることがわかっています[8]。

◗ **他者とつながりはじめる** ｜ これまで述べてきたように，胎児や新生児はすでにたくさんの能力を身につけており，無力な存在ではありません。しかし，**ヒトはほかの動物と比べると，とくに運動能力において未熟な状態で生まれてくることも事実です**（生理的早産）。したがって，ヒトの赤ちゃんは誰かに守られながら生きていく必要があります。そのために，**赤ちゃんは他者とつながるための能力も生まれながらに兼ね備えている**と考えられています。

生後2日未満の新生児に対して大人が語りかけると，新生児は言葉のリズムに合わせて，眉や腰，手足を動かします。このような身体反応をエントレインメント（entrainment）とよび，動作や表情を同調させることで養育者とかかわろうとします[9]。また，ヒトの赤ちゃんはほかの霊長類に比べて大きな声で泣くことも知られています[10]。野生動物の場合には，そのような大声は捕食者を呼び寄せかねません。しかしヒトの場合には捕食される危険が少ないため，むしろ養育者から働きかけを引き出すメリットのほうが大きいと考えられます。

さらに，外界からの刺激とは関係なく微笑みのような表情を浮かべる自発的微笑（新生児微笑，生理的微笑）が，妊娠24週頃からみられます[11]。生後2，3カ月には，**社会的微笑**（他者の働きかけに対して反応する）が出現します。このように，赤ちゃんは養育者に注意を向けるだけでなく，**養育者の注意を引きつけ，かかわりを引き出す**能力をもっているのです。

7 Mennella et al., *Pediatrics*, 2001
8 Marlier & Schaal, *Child Dev*, 2005
9 Condon & Sander, *Science*, 1974
10 長谷川・長谷川，進化と人間行動，2000
11 川上，人間環境学研究，2009

····· ステップ3 ·····

赤ちゃん研究の方法と難しさ

　赤ちゃんは，言葉で自分の考えや気持ちを表すことができません。それでも，そのような赤ちゃんの能力を明らかにするために，さまざまな方法が開発されてきました。本ステップでは，生後約6カ月くらいまでの赤ちゃんを対象とした研究法を簡単に紹介し，さらに赤ちゃんを対象とした研究の難しさについても取り上げます。それぞれの研究法についての詳細は，第4章と第6章を参照してください。

▶**赤ちゃん能力の研究法**｜赤ちゃんに対する研究法として，選好注視法（せんこうちゅうしほう）（p.52），馴化—脱馴化法（じゅんか）（p.53），期待違反法（p.97）が代表的です。**選好注視法**は，赤ちゃんが興味を寄せているものを注視する（じっと見つめる）傾向を利用した方法です。**馴化—脱馴化法**は，同じ刺激に対する慣れ（馴化）を利用した方法です。**期待違反法**は，自分の予想に反する結果がもたらされた場合の反応を観察する方法です。馴化—脱馴化法や期待違反法では，注視時間だけでなく吸啜反応（きゅうてつ）や心拍の速さ，身体の動きなども指標（従属変数）とします。

　近年では，**近赤外分光法**（near-infrared spectroscopy：NIRS）[12]や，**脳波**（electroencephalogram：EEG）[13]，**機能的磁気共鳴イメージング**（functional magnetic resonance imaging：fMRI）[14]，**脳磁図**（magnetoencephalography：MEG）[15]などを用いて，赤ちゃんの脳の活動状態をとらえる研究も増えており，今後，さらに赤ちゃんの能力が明らかにされていくでしょう。

▶**赤ちゃん研究の難しさ**｜これらの研究法により赤ちゃんの能力が明らかにされてきたいっぽうで，研究成果の**再現性**の問題も指摘されるようになってきました。再現性とは，すでに実施された研究について，その研究と同じ材料や方法を用いて再度実験（追試）をおこなったときに，元の研究と同様の結果が得られることです。

　新生児模倣とよばれる現象も，長年にわたり議論の対象となってきました。新生児模倣とは，他者の顔の動きや表情を繰り返し見せたときに，赤ち

12　近赤外線を用いて，脳の血流量の変化を計測することで，大脳皮質の活動をとらえます。EEGやfMRI，MEGと同様に非侵襲的であり，さらに簡便でもあるため，赤ちゃんにも用いることができます。

13　脳の神経細胞が出すわずかな電流により，脳の活動をとらえます。

14　強い磁場を生じさせるMRI装置により，中に入った人の頭や身体にごく弱い電磁波を当て，脳内の血流量の変化を測定します。

15　脳内でわずかに生じる磁場の変化から脳の活動をとらえます。

ゃんが同じ顔の動きや表情をする現象です。この現象は，発達心理学の教科書には必ずといってよいほど登場し，他者を理解し関係を築くための発達基盤としてよく紹介されます。しかし，そのあとにおこなわれた多くの追試で，この現象については再現されないことが示されてきました。たとえば，近年おこなわれた追試[16]では，「口を開く」「幸せな顔」「悲しい顔」は反応自体が確認されませんでした。「舌を出す」という現象は確認されたものの，この行動は何かに注意を向けた際に出現する行動である可能性が高いことが指摘されています[17]。つまり，他者の顔の動きを「模倣」したからではなく，単に何かに注意を向けたために舌を出している可能性が高いのです。

　再現性の低さ以外にも，赤ちゃんを対象とした研究では，実験的統制を行うことの困難さや，協力者の数を確保することにコストがかかることなどが問題点として挙げられています[18]。そのため，赤ちゃん研究は，そのデータの希少性が高くなります。しかし研究の価値の高さゆえに，実験統制が難しい場面において，あらかじめ決められた手続きに則って研究を遂行するのではなく，研究者の裁量によって研究手続きが曲げられやすい状況にあることも指摘されています[19]。

2 生涯にわたる発達

ステップ1

発達観・理論

　本節では，誕生から死に至るまでの発達過程を概観します。発達という言葉からは，子どもが成人するまでの期間を思い浮かべるかもしれません。確かに，J.ピアジェによる認知発達理論（p.91）のように中学生くらいまでの発達を説明する理論もあります。いっぽうで，P.B.バルテスらは，**生涯発達心理学**を，「人の誕生（あるいは受精）から死に至るまでの生涯過程にどのような個人内の変化と安定性・連続性が存在するのかを，そしてまたそこにいかなる個人間の異質性と類同性が在るのかを，記述・説明し，時にはその

16　Oostenbroel et al., *Current Biol*, 2016
17　たとえば赤ちゃんに光の点滅信号を見せると，そうでない場合よりも舌を出す行動が有意に増加します。Jones, *Child Dev*, 1996
18　森口，心理学評論，2016
19　Peterson, *Socius*, 2016

　20　遠藤，パーソナリティ研究，2006から引用（原典はBaltes et al., *Annu Rev Pschol*, 1980）

最適化を図る」[20]学問であるとしています。バルテスのみならず，多くの心理学者が，人間の生涯にわたる発達過程をいくつかの段階に分けて説明し独自の理論を提案してきました。

本節では，E.H.エリクソンとD.J.レヴィンソンの発達理論を中心に取り上げ，生涯にわたる人間の心身機能の変化を紹介します。第1章

ステップ 2

エリクソンのライフサイクル論

アメリカの精神分析家であるエリクソンは，オーストリアの精神科医S.フロイトとその娘で精神分析家のA.フロイトの影響を受けて，独自の発達理論を発展させました。S.フロイトは"リビドー"とよばれる性的な欲動（無意識の衝動）を意味する心的エネルギーと，そのエネルギーが集中する身体器官を対応させて，心理性的な（psychosexual）視点から発達理論をつくり上げました[21]。

いっぽうで，エリクソンは，個人と周囲の人（社会）とのかかわりという心理社会的な（psychosocial）視点から，**生涯にわたる8つの発達段階をとらえるライフサイクル論**を提唱しました（表2-1）。彼は，A.フロイトが創始した**自我心理学派**[22]の一人であり，社会との結びつきのなかで自我が発達する過程を重視しました。エリクソンの発達理論は，彼自身の人生や臨床経験を土台に構築されています[23]。

エリクソンの理論は，前の発達段階を土台に次の段階が築かれていることから，漸成（epigenesis）的発達論ともよばれます。各発達段階には，**その段階特有の心理社会的危機と発達課題**があります（表2-1）。心理社会的危

---

21 オーストリアの精神科医であるフロイトは，精神分析学の創始者として知られています。無意識の欲求や葛藤を前提に置くフロイトの理論は，実証が困難であるといったさまざまな批判にさらされてきました。しかし，発達初期の経験の重要性を指摘した点など，今日の心理学研究や実践に影響を与えている部分もあります。

22 自我（エゴ）は，こころのなかの本能的な欲求（イド）と厳格・道徳的な規範（超自我）の間にたって，現実に適応する形で行動や思考を調整，仲介する働きをもちます。自我心理学派とは，この自我の機能を重視する学派です。

23 エリクソンはユダヤ系デンマーク人の母親のもとに生まれますが，実の父親は定かではありません。幼い頃に母の再婚に伴いドイツ人小児科医の養子となりましたが，エリクソンは金髪碧眼で，実の母や養父とは違う容姿でした。その後画家を目指し芸術学校に進学するも中退します。20代前半にはヨーロッパ各地を放浪しました。A.フロイトに出会ったのは28歳のときです。30代でアメリカ国籍を取得し，病院や大学での臨床，教育に取り組みはじめました。1950年に『幼年期と社会』で心理社会的発達理論を発表しました。彼の理論においてもっとも有名な"アイデンティティ（自我同一性）"とよばれる概念は，青年期においてエリクソン自らが模索した問いが反映されているといえるでしょう。

表2-1 エリクソンによる8つの発達段階

段階	時期	心理社会的危機	人間的な強さ	重要な関係性	説明
1	乳児期	基本的信頼 対 基本的不信	希望	母親的人物	一番身近な養育者とのかかわりのなかで，信頼感を獲得し，生まれたばかりの世界に希望をもつようになる。
2	幼児前期	自律性 対 恥・疑惑	意志	両親的人物	親からの要求と自分の主張との折り合いをつけながら，自分の意志をもつようになる。
3	幼児後期	自主性 (積極性) 対 罪悪感	目的意識	家族	ごっこ遊びなどを通じて，積極的にさまざまな人（とくに両親）の社会的役割を取り入れるいっぽうで，失敗したりルール違反で親から叱られたりすることで罪悪感が生じる。
4	児童期	勤勉性 対 劣等感	能力	学校・近隣	勤勉に学校生活のルールを守ったり，勉強に取り組んだりすることで，周囲の人からの評価が得られ，自分が適格な存在だという意識をもつ。いっぽうで，自分の能力に失望したり，他者から評価されない場合は劣等感を抱く。
5	青年期	アイデンティティの確立 対 アイデンティティの拡散	忠誠心	同世代の集団・仲間	「自分とは何者か？」という問いに対して，確信をもって答えることができる（アイデンティティの確立）ことで，自分が人生において何に精力を注げばよいのか（忠誠）を見いだす。
6	成人初期	親密性 対 孤立	愛	友情・恋愛	職場での仲間関係や恋愛・結婚を通じて，考えの違う人々とも親密な関係性を築く。そうでない場合，それらの人間関係から距離を置き，孤立を感じる。
7	成人期	世代性 対 停滞	世話（ケア）	職場・家庭	職場，家庭ともに，部下や子どもなど次の世代の面倒をみて，育成するようになる。いっぽうで，それがうまくいかない場合は，世代を超えた人間関係が停滞する。
8	老年期	統合 対 絶望	英知	人類・親族	自分の人生を振り返り，過去から現在までの経験をまとめ，受け入れる。そうすることで個の人生を超えて，生きることへの関心をもち，後世に自らの経験を伝える英知を獲得する。いっぽう，自分の人生に意味が見いだせない，受容できない場合は，絶望を感じる。

機とは，ある段階において特定の人との関係性が重要であり，そのかかわりを通して，ポジティブな側面とネガティブな側面（例：第4段階では，学校・近隣との関係性における，勤勉性と劣等感）の間で板挟みになる葛藤状態を指します。この葛藤状態としての危機を解決することが発達課題として求められます。危機を解決するために大切なことは，ネガティブな側面をまったく捨て去って，ポジティブな側面だけを残すのではなく，ネガティブな側面をポジティブな側面が上回るというバランスをつくり出すことです。先の例では，周囲の子どもと自分を比較して劣等感をもつこと自体は自然なことであり，否定すべきことではありません。劣等感にのみこまれて何も手につかない状態に陥ってしまうことなく，劣等感を感じながらも勤勉に勉強などに取り組むことこそが，自分の能力を認めることにつながります。

このように，**各段階における心理社会的危機が解決されると，その段階に対応する人間的な強さ（human strength）を獲得した**とみなされ，次の段階へと進むことができます。ただし，ある危機が解決されたとしても，その後の段階で再びその危機に向き合う必要が出てくることもあります。たとえば，青年期に獲得した"自分らしさ（アイデンティティ）"（p.173）について，成人期の半ばになって改めて考え直す必要が生じることもあります。また，各心理社会的危機はその期間のうちに必ずしも解決しなければならないわけではなく，後の発達過程のなかで解決することも可能です。

ステップ3

レヴィンソンのライフサイクル論

アメリカの心理学者D.J.レヴィンソンは，エリクソンの理論に加え，スイスの医師で分析心理学を創始したC.G.ユングの理論の影響を受け，独自の理論を提唱しました。とくに，生涯発達のなかでも中年期（40〜65歳前後）に注目した点が特徴です。

中年期は，一見，分別があり，働き盛りで安定した時期であると考えられがちです。しかし，実際には身体面，職業や家族関係において多くの変化や危機を経験し，心理的に不安定になりやすい時期です。こうした状態を中年期危機（midlife crisis）[24] とよびます。

▶ **ユングの発達観** ┃ ユングは，人間の一生を太陽の動きにたとえて，中年期を"人生の正午"[25] と表現しました[26]。すなわち，**正午を過ぎると，太陽の位**

24　Jaques, *Int J Psychoanal*, 1965

置が変わり影の向きが逆になるように，中年期にはそれまで抱いてきた理想や価値観が逆転すると考えたのです。ユングは，人生の前半で意識してこなかった価値観や生き方を見つめ直し，自分のこころのなかに位置づけること（個性化）が中年期の課題であると主張しました。

■ **レヴィンソンの発達理論**｜いっぽうでレヴィンソンは，人生を四季に見立て，児童期と青年期（0～22歳）を春，成人前期（17～45歳）を夏，中年期（40～65歳）を秋，老年期（65歳以降）を冬とたとえました（図2-2）。この段階分けは，工場労働者，会社の管理職，生物学者，小説家の4つの職業グループから選ばれた計40名（各10名）の中年男性を対象とした，個人面接による生育歴の聴取データに基づいています。レヴィンソンは，このデータから，職業，異性関係，結婚と家族，自分自身など，その人の生活を構成する諸側面とのかかわり方（**生活構造**）の変遷を検討しました。その結果，職業にかかわらずすべての人の生活構造が，一定の順序で変化することが示されました。

レヴィンソンは，成人前期と中年期の境にある40～45歳の時期を人生半

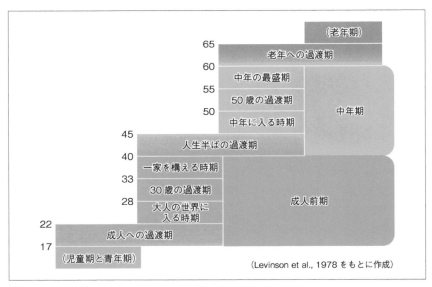

（Levinson et al., 1978 をもとに作成）

図2-2　レヴィンソンによる成人前期と中年期の発達段階

25　Jung, *The Stages of Life*, 1931
26　ユング自身も，38歳のときに師として慕っていたフロイトと理論的な相違から袂を分かつこととなり，その後幻覚を見るなどの深刻な精神的不調に陥りました。ユングはそのような価値観の転換や心理的な危機を経験しながらも，自らの研究や思索を深めていきました。"人生の正午"のアイデアも含め，ユングによる重要な知見の多くは，人生後半に提唱されました。

ばの過渡期（mid-life transition）とよび，とくに重視しました。この時期には，青年期以降から続く4つの葛藤に取り組むことが課題となります。具体的には，①若さと老い，②破壊と創造，③男らしさと女らしさ，④愛着と分離です。中年期になると，性機能を含めた身体の衰えや外見の変化とともに，それ以前ほど活動的に何かに取り組むことが難しくなったり，これまで築いてきた価値観を変更することを余儀なくされたりします。また，親の介護や死別，子どもの自立なども経験します。彼は，これらの経験や変化を，いかに自らのなかで受け入れていくのかが重要であると考えました。

3　老年期における発達

　本邦における平均寿命は延伸し続けており，2021年時点で男性が81.47歳，女性が87.57歳となりました。また，総人口に占める65歳以上人口の割合（高齢化率）は約29％にもなります。今後，この割合は高まり続け，2065年には65歳以上人口の割合は約38％，75歳以上人口の割合は約26％となると推定されています[27]。**老年期の延伸と高齢者人口の増加のなかで，老年期における発達を考えていくことは非常に重要です。**

　老年期になっても人間は変化を続けます。老年期における変化というと，ネガティブなイメージをもつ方も多いかもしれません[28]。しかし，必ずしもそのような変化ばかりではありません。本節では，機能の維持・獲得の面にも目を向けながら，加齢変化（エイジング）をみていきます。

-------- ステップ1 --------

心身のエイジング

▶ **高齢者の身体機能・感覚機能の変化** │ 加齢とともに身体は変化します。わかりやすいのは，身長・体重が減少する，髪の毛が抜け白髪になる，歯が抜ける，皮膚が乾燥し弾力性が失われるといった外見の変化です。運動機能ではとくに下肢の筋力が低下します。さらにバランス能力の低下，関節の軟骨

27　内閣府，令和4年版高齢社会白書　第1章第1節
28　年齢を理由に生じる差別のことを"エイジズム"とよびます。さまざまな能力や個性をもった高齢者が生活しているにもかかわらず，"高齢者"というカテゴリにひとくくりにされてしまうことで，社会的・経済的な機会の損失をこうむったり，自尊心を傷つけられたりしてしまうことがあります（North & Fiske, *Psychol Bull*, 2012）。

の変形や可動域縮小により歩行速度が低下したり，転倒リスクが高まります。

　感覚機能も変化します。視覚については，近い距離の物体が見えづらくなる老眼（老年性遠視）がよく知られています。さらに，動いている物体の見えづらさ（動体視力の低下），コントラスト感度の低下，視野の周辺部の見えづらさ（有効視野の狭窄）も現れます。暗いところで高齢者が段差につまずいたり踏み外したりするのは，身体機能の低下に加えて奥行き知覚やコントラスト感度の低下により，対象の検出や距離感の把握が難しくなることも一因です。さらに，**白内障や緑内障**といった眼疾患の有病率も高まります[29]。

　聴覚では，2,000 Hz以上の高音域の音や小さい音が聴こえにくくなります。聴力の悪化には性差があり，男性のほうが早く，40歳ぐらいから低下しはじめます。味覚や嗅覚は，男女ともに60〜65歳あたりから感度が低下していきます。この変化は"料理の塩加減がわからず，味付けを濃くしてしまう"ことや"ガス漏れに気がつかない"ことにつながり，健康や生命を脅かす一因となります[30]。また，嗅覚の低下は，**認知症**の初期症状や神経変性疾患の1つである**パーキンソン病**の前駆症状[31]としても知られており，これらの疾患の早期発見につながることもあります。触覚では，痛みを認識しづらくなるいっぽうで，耐えられる痛みの最大強度は下がります。また，65歳を超えると温感や冷感が鈍くなります。そのため，怪我の発見が遅れたり，入浴時や暖房器具で低温やけどを負うなどの事故が起きやすくなります。

▶ **高齢者の認知機能の変化** ｜身体機能や感覚機能に比べて，**認知機能**のなかには，**加齢による衰えが起きづらい能力**もあります。日常生活における経験や知識に基づく問題解決能力や語彙力などは高いレベルで維持され，加齢によって上昇することさえあります[32]。これは，年齢とともに積み重ねられていく"知恵"ともいうことができるでしょう。

――― ステップ 2

　身体や感覚機能の変化は，高齢者が自立して生活するための活動や能力であるADL（activities of daily living：日常生活動作）や，身体的，社会的，心理的，経済的なあらゆる側面を含めた生活の質であるQOL（quality of

---

29　白内障では，物体が二重に見えたり眩しく感じるなどの症状が生じます。緑内障では眼圧の上昇により，視神経が傷つき視野が欠損することがあります。

30　高齢者はなんらかの薬剤を服用していることが多いですが，味覚の異常は薬剤の副作用によって生じることもあります。

31　ある疾病を発症するのに先立って，前兆として起こる症状を前駆症状といいます。

32　Cornelius & Caspi, *Psychol Aging*, 1987; Carstensen et al., *J Pers Soc Psychol*, 2000 life）と強く関係します。たとえば，転倒を恐れて外出を控えることで，筋力が一層低下し，転倒リスクがさらに増大したり社会活動の障壁となったりします。あるいは，難聴のために他者との交流を避けるようになり，気分が落ち込みがちになったりすることもあります。本ステップでは，高齢者の心理的な問題と支援を中心に取り上げます。

高齢者の心理的問題

▶ **認知症** | 認知症とは，「一度正常に達した認知機能が後天的な脳の障害によって持続的に低下し，日常生活や社会生活に支障をきたすようになった状態を言い，それが意識障害のない時にみられる」[33]と定義されます。**認知機能とは，記憶，思考，見当識[34]，学習，言語，判断などの機能**を指し，料理，スケジュール作成，車の運転，買い物，会話といった生活動作を支えています。

認知症の症状は中核症状とBPSD（behavioral and psychological symptoms of dementia：認知症の行動・心理症状）に分類されます。中核症状は，物忘れや，年齢，日付がわからない，人や物品の名前が出てこないなどの症状であり，認知症の進行とともに悪化します。いっぽう，BPSDは中核症状により二次的にひき起こされる症状で，幻覚，妄想，抑うつ，徘徊，興奮，攻撃的な言動，意欲低下や興味・関心の低下などがありますが，BPSDの現れ方には個人差があり，一概に悪化していくわけではありません。とはいっても，介護者（多くは家族）にとって大きな心身の負担となり，ひいては本人との関係性の悪化をひき起こす強い要因となります[35]。

認知症はその原因などによりいくつかの種類に分けられます[36]。もっともよく知られ，患者数の多い認知症はアルツハイマー型認知症です。脳内にたまった異常なたんぱく質により神経細胞が破壊され，脳が萎縮します。昔のことはよく覚えている反面，最近のことは忘れてしまう**短期記憶障害**がみられ，軽度の物忘れから徐々に進行し，時間や場所の感覚もなくなっていきます（**見当識障害**）。次いで多いとされるのが血管性認知症で，脳梗塞や脳出

---

33 日本神経学会，認知症疾患治療ガイドライン2010，2010
34 見当識とは，"今が何年，何月何日か""ここはどこか"など基本的な状況を把握する能力をいいます。
35 介護者の高齢化も問題となっており，高齢者を高齢の家族が介護する"老老介護"や，認知症高齢者を認知症高齢者である家族が介護する"認認介護"などが増加しています。
36 ほかにも，認知症の種類はたくさんあります。たとえば，正常圧水頭症や慢性硬膜下血腫は，治療可能な認知症（treatable dementia）ともよばれます。これらは脳に髄液や血液が貯まることで認知症が生じるため，脳内の液体を取り除くことで回復する可能性があります。

血により神経細胞が死ぬことでひき起こされます。脳血管障害が起こるたびに症状が段階的に進行します。また，障害を受けた脳部位が担っていた認知機能のみが低下します（まだら**認知症**）。レビー小体型認知症は脳内にたまったレビー小体という特殊なたんぱく質の蓄積により神経細胞が破壊されて起こります。症状には，現実にはないものが見える**幻視**や，睡眠障害，抑うつなどがあります。手足が震えたり筋肉が硬くなるなどの症状も現れ（**パーキンソン症状**），歩幅が小刻みになり転びやすくなります。症状の重症度が一日のなかで変化することも特徴です（**日内変動**）。**前頭側頭型認知症**は脳の前頭葉や側頭葉の神経細胞が減少し，萎縮する病気です。症状としては，感情の抑制がきかなくなったり（**脱抑制**），社会のルールを守れなくなったりします。

▶ **うつ病**｜老年期には，配偶者や親友など，重要な他者の生命の危機や死別にさらされる機会が増えます。これに加え，自身の健康状態の悪化，身体や感覚機能の低下，経済的問題，社会的役割の低下や孤立などが契機となり，うつ病[37]を発症するリスクが高まります。**老年期のうつ病では，若年者よりも気分の落ち込みが目立ちにくく，疲労・倦怠感や頭痛などの身体症状の訴えが主となります。**また，心理的な問題が認知機能の低下をもたらすこともあります。このようなうつ病による注意力や集中力，記憶力の低下のために，認知症と間違われることをうつ病性仮性認知症といいます[38]。

高齢者に対する心理的支援

認知症，うつ病に対しては，薬物を用いた治療が標準的です。ただし，薬物療法に加えて，**心理療法などの非薬物的なアプローチを組み合わせること**も有効です。**表2-2**に，高齢者や介護者を対象とした心理的アプローチの例を示します。ここでは，とくに高齢者に用いられることの多い，回想法・ライフレビューについて説明します。

▶ **回想法・ライフレビュー**｜回想法とは，高齢者に過去の振り返りを促す対人援助手段です[39]。さらに，思い出す過程に高齢者自身の評価や解釈が加わったものをライフレビューとよびます。過去の事実は変えられませんが，その主観的な意味合いは変えることができます。自分の人生を振り返り整理し

---

37 うつ病は，一日中気分が落ち込んだり何をしても楽しめないなどの精神症状を特徴とする精神疾患です。眠れない，食欲がない，疲れやすいなどの身体症状もしばしば現れます。

38 老年期のうつ病は，アルツハイマー型認知症と比べて，物忘れに対する自覚や焦燥感の強さがあるいっぽうで，MRIやCTで撮影された脳画像では正常範囲が広いなどの相違点があります。

39 過去を想起する際には，花や思い出の品，写真，懐かしい曲などの刺激を用います。

表2-2　高齢者・介護者に適用される心理的アプローチ

対象者の状況		心理療法
認知機能の障害が少ない高齢者	精神的問題を抱える（うつ・不安・不眠など）	認知行動療法，リラクセーション療法 行動療法，回想法 短期精神分析療法，読書療法 対人関係療法，心理教育　　など
	身体的問題を抱える	認知行動療法，心理教育　　など
認知機能の障害のある高齢者	認知症による行動障害（徘徊，不潔行為，攻撃的な行動など）がある	行動的技法による問題解決療法 活動療法・運動療法　　　など
	記憶の障害がある	リアリティ・オリエンテーション 記憶訓練　　など
介護者		認知行動療法，自助グループ ストレス・マネージメント 心理教育　　など

（大川ら，2011をもとに作成）

つつ，新たな意味を見いだすことで，エリクソンの発達理論（表2-1）の第8段階における"統合"が促されます。回想法やライフレビューは健常な高齢者のみならず，軽度の認知症患者に対しても実践可能です。アルツハイマー型認知症と血管性認知症の高齢者を対象に，回想法を取り入れた10週間にわたるグループケアプログラムの結果，見当識障害や引きこもり傾向が改善することが示されています[40]。なお，回想法の実施にあたって，対象者にただ過去を振り返らせればよいわけではなく，援助者と**高齢者との関係づくりや語りを傾聴**[41]する姿勢も重要です。

高齢者の社会関係

高齢者の心理的健康を維持・回復するためには，専門的な支援に加えて，社会とのつながりが途絶えぬよう働きかけることも大切です。

▶ **コンボイ・モデル**｜社会的なつながりをアタッチメント[42]と役割の観点から説明するモデルとして，コンボイ・モデルがあります[43]。コンボイ（convoy）とは護送船団を意味し，このモデルでは，ライフコースという航路を進む個人を，周囲のメンバーが同心円状に取り囲みながらサポートする

40　田高ら，老年看護学，2000
41　相手の言うことに関心をもち，否定することなく，相手の気持ちに共感しながら聴くことです。
42　恐怖や不安を感じたりしたときに，その人にとっての重要な他者に近寄り，安心感を得ようとする傾向をいいます（第8章参照）。なお，ここでは，安心感をもたらしてくれるような重要な他者との関係性や，その人に対して感じる情緒的なつながりを指す概念として用いられています。
43　Kahn & Antonucci, *Life span development and behavior*, 1980

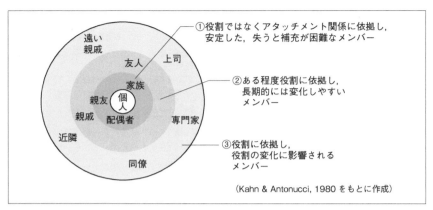

図2-3　コンボイ・モデル

ことを想定しています（**図2-3**）。周囲のメンバーは，役割や関係性，心理的距離などの視点から，3つのグループに分けられます。

　高齢者の独居や孤立死（孤独死）の増加が問題視されていることからもわかるように，**老年期になるとコンボイが縮小していきます**。①のグループ（配偶者や長年の親友）は長く安定しているものの，多くの場合死別という形で失われ，その後メンバーを補充することは困難です。②のグループ（友人や親戚）においても死別が増えますが，単純に結びつきが疎遠となることによって失われることもあります。③のグループでは，退職によってそれまでの人間関係が激減あるいは消失するいっぽうで，医療・福祉などの専門家との新たな結びつきは強くなります。できる限りコンボイの縮小を防ぐためには，活動力が落ちる前に，地域や趣味の活動を通じて良好な人間関係を築き，②のグループを強化しておくことが有効です。実際，他者との交流頻度が多いほど，後ほど取り上げる**主観的幸福感**や自尊感情が高いことが示されています[44]。

老いと幸福感

　ここまで，老年期に生じる問題と支援について扱ってきました。ただし，赤ちゃんと同じく，高齢者も無力で受動的なだけの存在ではありません。高齢になってもなお，人間は老いに適応し変化していく力を身につけていきま

す。本ステップでは，老いに対する高齢者の適応について説明します。

▶ **サクセスフル・エイジング**｜サクセスフル・エイジング（successful aging）とは，「幸福な老い」などと訳される概念であり，**社会的なつながりや心身の健康の維持，ときには向上した状態で齢を重ねること**を指します。何をもってサクセス（成功）したとするかについては複数の観点がありますが，本書では社会学的モデルと医学的モデルを紹介します。社会学的モデルのなかでも，さらに2つの成功のとらえ方があります。1つは，高齢者を活動から引退させようとする社会の要請に応じずに，中年以降の活動を継続することをサクセスとみなす**活動理論**です。もう1つは，活動の範囲を狭め，社会の第一線から退いて悠々自適に生きることをサクセスとみなす**離脱理論**です。また，医学的モデルでは，①病気や障害がないこと，②高い認知・身体機能の維持，③社会参加の3条件を満たす状態がサクセスであると考えます[45]。

▶ **主観的幸福感**｜サクセスフル・エイジングを考えるうえでは，高齢者自身の主観的な視点も欠かせません。たとえば，何かしらの疾患を抱えていることが多い高齢者は，医学的モデルの3条件をすべて満たすことは困難です。それでも主観的には充実した社会生活を送っているという方も少なくないでしょう。サクセスフル・エイジングを含む"幸福"を主観的にとらえた概念を，主観的幸福感（subjective well-being）とよびます。主観的幸福感は，家族・仕事など特定の領域あるいは人生全般に対する満足感を含む広範な概念[46]です。

エイジング・パラドクス

老年期にはさまざまな衰退や喪失を経験します。いっぽうで，**高齢者の主観的幸福感は若い頃と大差がなく，むしろ上昇する場合もある**ことが示されています[47]。このような逆説（paradox）をエイジング・パラドクスとよびます。以下では，困難な現実に向き合いながらも，高齢者がどのように主観的幸福感を維持しているのか，その方略や心構えについて取り上げます。

▶ **選択最適化補償理論**｜バルテスらが提唱した選択最適化補償理論（Theory of Selective Optimization with Compensation：SOC理論）では，老年期に経験する喪失に適応する方略として，選択，最適化，補償の3つが提案されています[48]。具体的には，自分の行動や目標，活動場面を新たに選択あるいは

45 Rowe & Kahn, *Science*, 1987
46 Diener et al., *Psychol Bull*, 1999
47 Löckenhoff & Carstensen, *J Pers*, 2004
48 Baltes & Baltes（Eds）, *Successful aging: Perspectives from the behavioral sciences*, 1990

限定し（選択），そのなかでやり方を工夫したり時間や労力の分配を変えたりします（最適化）。これらに加えて，機能の低下を補ってくれる道具や新しい方法を取り入れます（補償）[49]。

▶ **死を迎える** | 人間は，生まれたからには誰しもが必ず死を迎えます。アメリカの精神科医 E. キューブラー・ロスは，死を受け入れていく過程を5つ（①否認，②怒り，③取引，④抑うつ，⑤受容）に分けました[50]。

▶ **老年的超越** | スウェーデンの社会学者 L. トーンスタムは，老年的超越（gerotranscendence）という概念を提唱しました[51]。老年的超越とは，「物質主義的で合理的な世界観から，宇宙的，超越的，非合理的な世界観への変化」[52]を意味します。つまり，自分の人生や身体という有限なもの，また目に見える表面的な生産性や関係性に対するこだわりから離れて，その代わりに自分と先祖とのつながりを感じ，衰えゆく身体や近づく死をあるがままに自然体に受け止めていく状態に変化することを指します。この変化に伴って生活満足感が高まるとされています。

エリクソンは当初，8つの発達段階（**表2-1**）を仮定しましたが，最晩年に彼とその妻は，**80代，90代にあたる第9段階を新たに追加し，そこでもやはり老年的超越の獲得が重要である**とされています[53]。第8段階において統合を獲得しても，第9段階の超高齢期になると，さらなる衰退や喪失を経験します。そのような危機を乗り越えて老年的超越を獲得するには，第1段階で獲得した基本的信頼の感覚を取り戻すことが重要であるとしたのです。超高齢化が加速する今日，この老年的超越の考え方は，高齢者の幸福感を維持・向上させるための1つの視点になるかもしれません。

....

49 バルテスは，A. ルービンシュタインのピアノ演奏に対する方略を具体例として挙げています。ルービンシュタインは20世紀を代表するピアニストで，とくにショパンの演奏で著名です。彼は89歳まで現役で演奏活動を続けました。高齢になり運指の力強さやスピード感が低下するなかで，彼は演奏する曲目数を絞り（選択），選択した曲に時間を割いて練習し（最適化），速いフレーズの前はゆっくりと弾いてメリハリをつけることで速さを印象づける（補償）という方法を取ったとされています（Baltes, *Am Psychol*,1997）。

50 Kübler-Ross, *On death and dying*, 1969。たとえば，重い病が告知されたときに，まず「そんなことは間違いに違いない」と否認し，「なぜこんな目に遭わないとならないのか」と怒りがこみ上げてきます。次に，死を避けるために，神に誓いを立てようとするなどの取引をしはじめます。それでもなお死が不可避であることを悟ると，気持ちが落ち込み抑うつ的になります。しかし，次第に身体の衰弱とともに，怒りや抑うつのない静かな心境になり，死を受け入れる段階に達するとされています。ただし，これらの過程をたどる順番は変わることもあり，またすべての過程を体験しないこともあります。

51 Tornstam, *Aging Clin Exp Res*, 1989

52 増井ら，老年社会科学，2013

53 生前，エリクソンは共同研究者である妻のJ.M. エリクソンとともに，第9段階を構想しはじめていましたが，91歳で亡くなりました。その後，J.M. エリクソンが，『ライフサイクル，その完結』の増補版を94歳で著し，従来の発達段階に第9段階を加えて発達理論を更新しました。

Part 2

こころとからだの 機能の発達

神経系の発達

（板口典弘）

1

神経系

ステップ1

　私たちの身体は神経系によって支配されています。神経系とは，身体内において信号のやりとりをおこない，情報を処理するための神経細胞のネットワークです。本ステップではまず，神経細胞の構造と機能を概観していきましょう。

神経細胞の構造

　図3-1a はスペインの神経解剖学者S.ラモン・イ・カハール[1]が描いた，小脳にあるプルキンエ細胞とよばれる神経細胞のスケッチです。また，**図3-1b** はゴルジ染色されたヒトの大脳皮質にある錐体細胞[2]とよばれる神経細胞です[3]。両者の図を比較すると，2つの細胞はずいぶんと形態が異なるのがわかります。

　神経細胞はその種類や存在する部位によって，細胞の形態がさまざまに異なります。神経細胞は基本的に，細胞体，軸索，樹状突起という3つのパーツから構成されます。細胞体の平均的な大きさは $10\,\mu m$（$= 0.01\,mm$）程度です。ヒトの神経系でもっとも短い軸索は $1\,\mu m$ 程度，もっとも長い軸索は成人では1mにもおよびます[4]が，平均的には数mm〜1cm程度です。樹状

1　ラモン・イ・カハールすべてが姓です。ラモンは父方の姓，カハールは母方の姓，イはandを意味しています。ラモン・イ・カハールは「たくさんの神経細胞が"非連続"に集まって神経系を形成している」というニューロン説を提唱し，神経系の理解において非常に重要な貢献をしました。
2　錐体とは，先がとがっている形状を意味します。
3　ゴルジ染色法とは，細胞組織を薬品に漬けることによって神経細胞のみを"いい感じ"に染める方法の1つであり，イタリアの内科医のC.ゴルジが考案しました。すべての神経細胞ではなく，ある程度がまばらに染まることによって，神経細胞の構造が見やすくなります。ゴルジは「すべての神経細胞は網目状につながっている」という網状説を提唱していましたが，自身の考案した染色法はのちにニューロン説が正しいことを裏づけることになりました。
4　脊髄から足先まで伸びている運動神経細胞がもっとも長い軸索をもちます。中枢神経系の軸索としてもっとも長いものは大脳皮質から脊髄まで伸びている錐体路の軸索です（成人で50cm程度）。

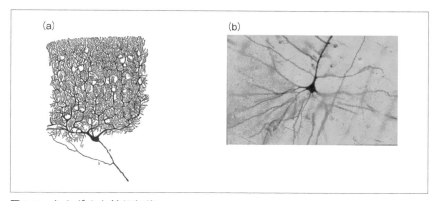

図3-1　さまざまな神経細胞
（a）ラモン・イ・カハールによる小脳のプルキンエ細胞のスケッチ。（b）ゴルジ染色法によって染めた錐体細胞とよばれる神経細胞。

突起の長さや形状も細胞によって大幅に異なり，**図3-1a** に示したプルキンエ細胞はとくに特徴的な形状をもつことで有名です。

活動電位と跳躍伝導

　神経細胞は，私たちの身体のなかで情報を処理・伝達する役割を担います。その際，電気信号と神経伝達物質という，2種類の信号を扱います。電気信号は軸索を流れ，神経細胞内での信号伝達に用いられます。軸索は電子機器で使用されるケーブルのようなものです。ただし，電気信号は常に流れ続けるわけではなく，一瞬しか流れません。この軸索内で電気が流れるために生じた電位変化のことを活動電位とよびます。また，活動電位が生じて軸索に電気が流れることを神経細胞が「**発火する**」[5]あるいは「**興奮する**」と表現します。

　活動電位は軸索全体で同時に生じるわけではなく，局所的に生じます。すなわち，活動電位が軸索内でドミノ倒しのように連鎖的に生じることで，信号が細胞体から軸索の先まで送られます（**図3-2**）。軸索は髄鞘（ミエリン）とよばれるチューブのような物質[6]でカバーされており，活動電位はランヴィエの絞輪とよばれる，髄鞘と髄鞘の隙間で生じます。活動電位が飛び飛びに生じるため，軸索における信号伝達は跳躍伝導とよばれます。この跳躍

───────────

5　英語でも「神経が発火する」を「a neuron fires」，「神経の発火率」を「firing rate」と表現しますが，本当に神経細胞が燃えているわけではありません。

6　髄鞘は絶縁体である脂肪分でできています。髄鞘の「鞘」は刀などを納める「さや」という意味です。

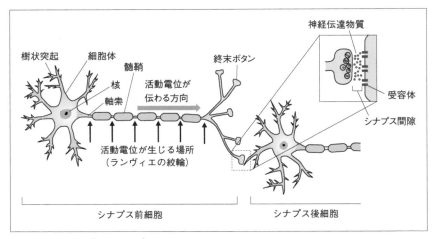

図3-2　跳躍伝導とシナプス間隙

伝導は，活動電位を伝える速度を向上させるメリットがあります。そのため，必ずしもすべてではありませんが，長い距離を結ぶ神経細胞やすばやい処理が必要とされる神経細胞には髄鞘が巻き付いています（髄鞘化[7]）。

シナプス間隙と神経伝達物質

　神経細胞が情報を処理・伝達する際のもう1種類の信号は，**前の神経細胞の樹状突起から次の神経細胞の細胞体に伝わる信号**であり，これを神経伝達物質とよびます。神経伝達物質は化学物質であり，神経細胞の機能や細胞の存在する場所によってさまざまな種類の物質が使われています。神経伝達物質は，シナプス間隙[8]とよばれる2 nm（＝0.000002 mm）ほどの神経細胞どうしの隙間に放出されます（**図3-2**）。具体的には，シナプス前細胞の軸索の先にある終末ボタンからたくさんの神経伝達物質がシナプス間隙に放出され，**シナプス後細胞が受け取った神経伝達物質が一定量（閾値）を超えると，その細胞の軸索において活動電位が生じます**。もし，神経伝達物質の総量が閾値に達しないと，その神経細胞において活動電位が生じず，それ以降の神経細胞には信号は伝わりません。

　　　　　　　　　　　　　　　

7　たとえば，痛みや温度感覚を脳に送る神経細胞の一部は髄鞘化されていません。このような神経を，無髄神経（線維）とよびます。

8　シナプスとは，ギリシャ語のsynapsis（留め具や握手，接合部という意味）という言葉が語源で，1932年にイギリスの生理学者C. シェリントンが名づけました。当初はそのままsynapsis（シナプシス）という言葉が使われていましたが，その後まもなくsynapse（シナプス）とよばれるようになりました。

次の神経細胞の発火に寄与するシナプスを総称して**興奮性シナプス**，発火を抑制するシナプスを**抑制性シナプス**とよびます。興奮性シナプスで使用される神経伝達物質にはドーパミンやセロトニン，抑制性シナプスで使用される神経伝達物質にはGABA[9]やグリシンが代表的です。

········· ステップ 2 ·········

哺乳類の神経システムは大まかに2つに分かれています。すなわち，中枢神経系と末梢神経系です。**図3-3**にこの2つのシステムの大まかな区分をまとめました。本ステップではこれらの具体的な構造と役割について順にみていきます。

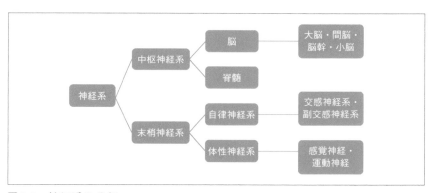

図3-3　神経系の分類

中枢神経系

中枢神経系は，身体の各部から受け取った情報を処理し，その判断に基づいた行動を実行するための指令を身体に送ります。中枢神経系は脳と脊髄から構成されています（**図3-4a**）。脳は，大脳，間脳，脳幹（中脳，橋，延髄），および小脳から構成される，だいたい首から上にある神経の固まりで

....

9　よくGABAが配合されたチョコレートが売られていますが，経口でGABAを摂取したとしても，シナプスで放出されるGABAは増えません。GABAは腸から吸収されたあと，血液中に取り込まれます。血液が脳に入る際には血液脳関門という，関所のような役割をしている場所を通過する必要があります。GABAはこの関所を通過することができないため，血液によって脳に送られることはありません。

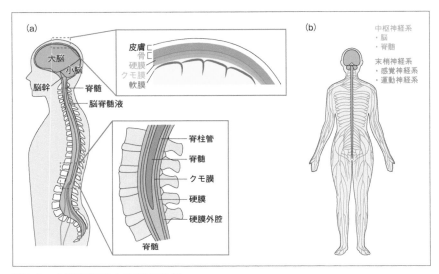

図3-4　中枢神経系と末梢神経系

す。脊髄は，首から腰まで伸びる長い神経の束を指し，背骨の中を通っています。中枢神経系は複数の膜（硬膜・クモ膜・軟膜）に覆われており，クモ膜と軟膜の間は髄液（脳脊髄液）とよばれる液体で満たされています。

▶ **大脳** │ 大脳はふつうの人が「脳」と聞いて想像する部分でしょう。とくにその表面を大脳皮質とよびます。大脳皮質はヒトでとくに発達している神経系であり，進化的に新しいため，新皮質とよばれることもあります。大脳皮質も心臓や胃などと同様に柔らかい構造をしていますが，強固な頭蓋骨と髄液に守られています。大脳は大きく左と右の2つの半球に分かれており，脳梁とよばれる太い神経線維が2つの半球をつないでいます。大脳の表面は新聞紙をくしゃくしゃに丸めたように波打っており，表面が盛り上がった部分を脳回，凹んでいる部分を脳溝とよびます（図3-5a，b）。

　大脳皮質には神経細胞の細胞体が集まっており，その下（皮質下）には軸索が詰まっています。すなわち，情報の受け渡しをする部位は大脳の外側に集まっており，その下に情報を伝達するケーブル（軸索）がぎっしり詰められていて，さまざまな脳部位をつないでいるのです。中枢神経系の軸索は髄鞘化されているため白く見えます。そのため，大脳皮質下は白質（あるいは皮質下白質）とよばれます。いっぽうで，細胞体部分（皮質表面）には髄鞘

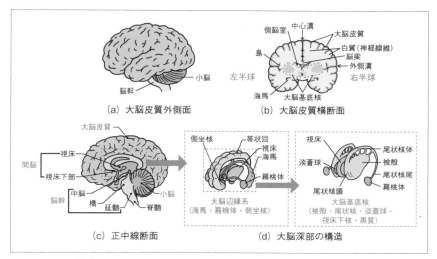

図3-5 脳の構造

がないため灰色をしており，灰白質とよばれます[10]。

間脳 | 間脳は視床や視床下部などから構成されます（**図3-5c**）。視床は身体の感覚情報を受け取り，大脳皮質の各部に中継する機能を担っています。たとえば視床の一部の外側膝状体は，網膜から出る視神経が接続しており，大脳皮質後部（後頭葉）にある視覚野とよばれる脳部位に視覚情報を送っています。

脳幹 | 脳幹は**中脳，橋，延髄**から構成され，呼吸など生存に必須の機能を司ります（**図3-5c**）。脳幹が機能しなくなると呼吸が止まりますので，通常であれば死んでしまいます。しかし，現在の医学では人工呼吸器の装着等により，脳幹の機能が障害されても呼吸と血液循環を保つことも可能です。このように，脳幹以上の脳機能が停止し，かつ医療機器によって心肺機能が保持された状態を脳死とよびます[11]。

小脳 | 小脳は，進化的には大脳皮質よりも古い神経器官です。また，大脳の神経細胞の数は数百億個であるのに対して，小脳の神経細胞の数はその小ささにもかかわらず千億個あるといわれています。ラモン・イ・カハールのスケッチ（**図3-1a**）で見たように，小脳の神経細胞は非常に構造的な配列をしています。小脳は身体感覚に基づいた運動の予測や修正をおこなってお

---

10 「はいはくしつ」ではないので注意しましょう。

11 いっぽうで，脳，心臓，肺すべての機能が停止した状態が医学的な "死" の定義です。そのため，死亡の確認にはこれら3つの機能をすべてチェックする必要があります。

り，新たなスキルの学習などにかかわります。また，言語獲得にも重要であるといわれています[12]。

▶ **大脳深部**｜大脳の深部には大脳基底核とよばれる神経核の集まりが存在します（図3-5d）。神経核とは，神経系の分岐点や中継点となっている神経細胞の細胞体の集まり（灰白質）をいいます。つまり，神経核は皮質下にある情報処理部位であると考えてよいでしょう。大脳基底核は被殻，尾状核，淡蒼球，視床下核，黒質という5つの神経核を含みます[13]。これらの神経核は，大脳皮質と視床，脳幹を結んでおり，運動調節や動機づけ（モチベーション）など，さまざまな機能を担っています。大脳基底核の外側には，大脳辺縁系とよばれる神経核も存在します。大脳辺縁系は，海馬・扁桃体・側坐核などを含んでおり，記憶や情動（快感や恐怖）などを担っています。

末梢神経系

末梢神経系は，身体の各部と中枢神経系をつなぐ神経ネットワークです。このネットワークはさらに，自律神経系と体性神経系の2つに分かれます。

▶ **自律神経系**｜自律神経系は身体の内部環境を維持する・整える役割をもつ神経系です。自律神経系は交感神経系と副交感神経系に分かれており，それぞれがシーソーのように身体を拮抗的に支配しています。すなわち，交感神経系が活動している際には副交感神経系の活動は抑えられ，副交感神経系が活動している際には交感神経系の活動は抑えられます。交感神経系は私たちの身体を緊張状態にするための神経系で，交感神経系が優位になると，心拍増加や瞳孔拡大などが生じます。副交感神経系が優位になると，私たちの身体はリラックスした状態となり，胃腸の働きなどが活発になります。

▶ **体性神経系**｜体性神経系は外部環境の知覚および身体運動にかかわる神経系です。体性神経系は感覚神経系と運動神経系という"上り"と"下り"[14]の経路に分かれています。感覚神経系は**感覚受容器（網膜など）で得られた感覚情報を中枢神経系に伝える**神経系であり[15]，"上り"に相当する連絡路です。運動神経系は脳[16]から**骨格筋へと筋肉を収縮させる指令を伝達する**た

---

12 総説としては，Mariën et al., *Cerebellum*, 2014やMariën & Borgatti, In *Handbook of clinical neurology*, 2018が参考になります。

13 被殻と尾状核を合わせて線条体，被殻と淡蒼球を合わせてレンズ核とよぶこともあります。被殻がどちらにも含まれるため，非常に紛らわしいです。

14 専門的には，"上り"の神経のことを求心性神経（afferent nerve），"下り"の神経のことを遠心性神経（efferent nerve）とよびます。求心性と遠心性とはそれぞれ「中心に向かう」「中心から遠ざかる」ことを意味します。

15 身体からは触覚や自己受容感覚（筋肉や関節の感覚），内臓感覚などが送られます。ほかにも，視覚や聴覚を伝達する神経なども感覚神経に含まれます。

めの"下り"の連絡路です。感覚神経と運動神経は脊髄から身体各部へ張りめぐらされており，基本的には身体部位と反対側の脳半球へと神経がつながっています[17]。

━━━━ ステップ 3 ━━━━

神経の発達

　大人の脳の重さは体重の1/50程度（1,200〜1,400 g）であるのに対して，**新生児の脳の重さは体重の1/7〜1/10程度**（300〜400 g）です。ここからも，ヒトにとっていかに脳の発達が優先されているかがわかります。その後脳の重さは1歳で800 g，2歳で1,000 gと，ものすごい速さで増えていきます。この脳の重さの増大には，2つの要因がかかわっています。1つは，灰白質における，神経細胞の樹状突起の伸長です。これにより，ほかの神経細胞との接続，すなわちシナプス接続の数も増加していきます。もう1つは，白質における，神経細胞の軸索の髄鞘化（髄鞘形成）です。つまり，軸索の周りに髄鞘が巻き付いていくため，その分だけ脳の重量も増えていきます。

　出生時の脳の重さからもわかるように，胎児期にも脳は成長しています[18]。**図3-6**は胎児期の脳の発達を示した図です。胎齢12週（≒満3カ月）では脳回や脳溝が見られないツルツルとした脳です。しかし，41週（≒満10カ月）頃には，大人の脳のようにしっかりとした脳構造が見て取れます。**図3-7**には出生後の樹状突起の成長およびシナプス形成の時系列的変化を示します。

髄鞘化

　先にも述べたとおり，生まれたばかりの乳児では軸索の髄鞘化は完了していません。この髄鞘化は私たちの神経系の処理のスピードを上げるためにはとても重要です[19]。**図3-8**は，神経系の髄鞘化がどのような時系列で進んでいくかを示しています。脊髄から出ている運動神経と感覚神経をそれぞれ前

16　一次運動野という脳領域から運動指令が出力されます。

17　このような神経支配は交差性支配とよばれます。ただし，体幹や顔の上側，四肢の体幹に近い部位は両半球からの支配（両側性支配）を受けています。

18　妊娠時の飲酒は奇形・脳障害の，喫煙は流産・早産，低出生体重の危険因子として知られています。たとえば喫煙により早産は1.5倍，周産期死亡は1.2〜1.4倍，低出生体重児は2倍に頻度が高まるという報告があります。

19　髄鞘化された軸索（有髄神経）の伝導速度は7〜100 m/s，髄鞘化されていない軸索（無髄神経）の伝導速度は1 m/s程度です。また，軸索が太いほど伝導速度が速くなります。100 m/sもの速度を出す神経には，骨格筋を動かす運動神経や，筋肉の緊張具合を伝達する感覚神経などが代表的です。

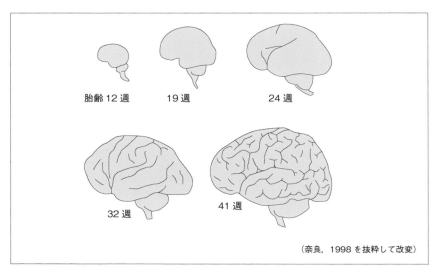

（奈良，1998 を抜粋して改変）

図3-6　胎児期の脳の発達

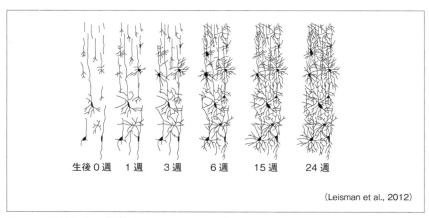

（Leisman et al., 2012）

図3-7　乳幼児期の樹状突起の成長およびシナプス形成の変化

根_{こん}と後根_{こうこん}とよびます。この前根と後根の髄鞘化はそれぞれ生後2カ月，6カ月と，比較的早い段階に完了します。すなわち，身体を動かしたり，何かを感じたりする際に必要な神経は生まれてから比較的すぐに整います。そのいっぽうで，網様体_{もうようたい} [20]，脳梁 [21]，連合野・皮質下線維 [22] といった**大脳に存在す**

20　網様体とは，脳幹の背側に網目状に広がっている神経細胞群であり，白質にも灰白質にも分類されません。網様体は運動調節や覚醒状態の維持にかかわっていると考えられています。

44

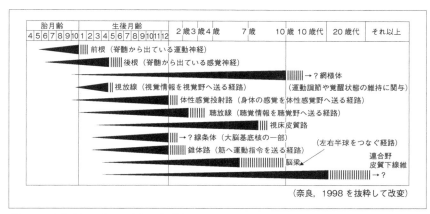

図3-8　中枢神経系の髄鞘形成過程

る神経細胞は児童期を過ぎても完成しません。とくに，大脳皮質のなかでも計画遂行や思考判断，感情の制御など比較的高次な処理をおこなう連合野を結ぶ神経線維は**20代になってからも髄鞘形成が続く**ことが知られています。

神経の刈り込み

　神経系のボリュームは身体の発達に伴って常に増大していくわけではありません。実はある時期から神経系のシナプス接続の数は徐々に減っていきます。これは，**無駄なシナプス接続を除去して効率的な神経回路を構築**するための作業であり，シナプス刈り込み（synaptic pruning）とよばれています。シナプス刈り込みは1979年にアメリカの神経科学者P.R.フッテンロッヒャーによって発見されました[23]。

　シナプスの刈り込まれる時期は脳部位によって異なっています。たとえばヒトの大脳皮質の視覚野や聴覚野におけるシナプス密度（シナプス接続の密度）は生後4～12カ月頃でピークを迎え，成人の150％ほどまで達します。そこから活発な刈り込みが始まり，2～4歳頃までに成人とほぼ変わらないレベルにまでシナプス密度は減少します[24]。他方で，大脳皮質の前頭前皮

　21　図3-8では10歳頃に完了しているように示されていますが，現在では40～60代頃まで髄鞘化が続くことが示唆されています（Lynn et al., *Cereb Cortex*, 2021）。

　22　神経線維という表現は，神経細胞全体ではなく，軸索およびその周りの髄鞘のみを指したい場合に用いられます。

　23　Huttenlocher, *Brain Res*, 1979

　24　Goswami, *Br J Educ Psychol*, 2004

質[25]とよばれる前頭葉の前方の領域は，ほかの脳部位よりもシナプス密度の増加は遅く，小学生以降にピークを迎えます。さらに，成人のレベルに落ち着くのは20歳前後までかかります[26]。前頭葉は大きな連合野を含んでいることを考えると，シナプス刈り込みと髄鞘化の時系列が一致していることがわかります[27]。

教科書や論文などで「シナプス刈り込みの異常が自閉スペクトラム症や統合失調症の発症に寄与する」といった記述も散見されますが，さまざまな仮説や説明が乱立している状況であり，どの仮説に対しても決定的な証拠は未だ出されておりません[28]。また，シナプス刈り込みに限らず，神経系の発達速度には大きな個人差がある点も注意しなければなりません。本節で紹介した神経系の発達過程はあくまで典型例であり，それを十分に理解したうえで個々人の発達を検討する必要があります。

2 感覚運動機能・反射

ステップ1

乳幼児の身体と運動機能

ヒトの出生体重は約3,000gであり，生後3〜4カ月で2倍，1年で3倍，3歳で4倍，4歳で5倍，5歳で6倍にもなります。身長は出生時には約50cmで，生後1年で75cm，1〜2歳で85cm，その後毎年6〜7cmずつ伸びていきます。乳幼児の典型的な運動能力の発達過程を表3-1にまとめました[29]。乳幼児の運動発達は，「頭部から下部」「中心から末梢」「粗大から微細」「両側から片側」「全体から部分」のような一般的傾向があります。たとえば

25　推論，計画，あるいは創造性などを担うと考えられている脳領域です。

26　Gogtay et al., *PNAS*, 2004

27　日本では20歳まで飲酒は禁じられています。その根拠の1つに，身体の発達は高校生になる頃にはほぼ十分に完了するいっぽうで，脳の発達は20歳頃までは終わっていないことが挙げられます。アルコールは血液脳関門を通り抜け，脳に直接作用し，髄鞘化やシナプス刈り込みにも悪影響をおよぼす可能性があります。そのため，脳の発育が十分に終わるまでは飲酒は我慢することが大事です。

28　自閉スペクトラム症に関しては，刈り込み過多仮説（Thomas et al., *Psychol Rev*, 2011; *Dev Sci*, 2016），刈り込み不足仮説（Frith, *Novartis Found Symp*, 2003）の両方が提案されています。統合失調症に関しては，MacGlashan & Hoffman（*Arch Gen Psychiatry*, 2000）が，シナプス刈り込み異常が統合失調症をひき起こす可能性を提案しています。

29　幼児期の運動機能も含めた発達に関しては，3〜6歳までの約1,300人を対象としたGesell Developmental Observation-Revised（GDO-R）とよばれる調査結果も有名です（Guddemi et al., *SAGE Open*, 2014）。

表3-1 乳幼児の運動能力

時期	運動能力
0～2カ月	動きは無意図的でゆるやか。全身を使った動き。頭を左右に動かす
2～4カ月	首がすわる。背骨と骨盤が成長して直線になる
4～6カ月	手を伸ばして物体をつかむ。脚も伸ばすことができる。腹ばいの姿勢から仰向けになることがある。支えがあれば座った姿勢を維持できる
6～7カ月	未完成ながら寝返りが可能となる。両手をついた状態で座った姿勢を維持できる。うつ伏せ姿勢で方向転換や移動（ずりばい）ができる
7～8カ月	寝返りが完成する。手の支えなしで座ることができる。前後に身体を揺らし始める
8～10カ月	よつばい姿勢が可能となり，その状態で移動（ハイハイ）をする
10～12カ月	つかまり立ちをする。座った状態で傾いても，手を使わずに体幹の力でまっすぐな状態に戻せる
12カ月～	支えなしで立つ，ひとり歩きができる

「頭部から下部」とは，眼球，上肢，下肢の順に運動が発現する傾向を指します。

　物体に手を伸ばす運動を**到達運動**，手を伸ばして物体をつかむ運動を**到達把持運動**とよびます。とくに到達把持運動は**手を伸ばす腕運動**と**物体をつかむ指運動**を**協調的に制御**する必要があるため，感覚運動機能の発達を検討するうえで重要です。到達運動能力は生まれた時点で未完成ながら存在しています。その後4～5カ月で到達把持が出現するようになり，12～18カ月までに親指と人差し指だけでつかむような難しい把持も出現します[30]。ただし到達把持において左右差（利き手）がはっきりと現れるのは3歳以降であり，それ以前は左手も右手も使う傾向があります[31]。また3歳くらいまでは，つかむのが難しい細いストローのような物体は片手ではなく両手でつかむ傾向が強いことも知られています。

ステップ2

反射

　反射とは，特定の刺激に対して**自動的に誘発**され，かつ学習を必要としない反応です。反射において，刺激を受けてから運動反応が生じるまでの時間（潜時）は短く，もっとも単純な反射であれば刺激を受けてから15 ms（ミ

30 von Hofsten, *Dev Psychol*, 1984; *J Mot Behav*, 1991
31 Fagard & Lockman, *Infant Behav Dev*, 2005

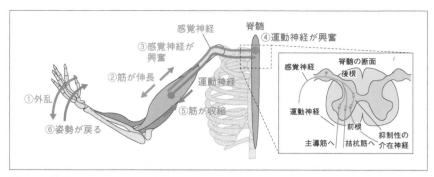

図3-9　伸張反射のメカニズム

リ秒）程度で反応が生じます[32]。このようなすばやい反応が可能なのは，感覚受容器から受け取った情報が，脳（大脳皮質）を介さずに脊髄や脳神経核レベルで処理されるためです。特定の反射にかかわる神経経路（反射弓）は一定であるため，特定の刺激には決まった反応が決まった時間で生じます。

　反射には伸張反射，侵害反射，対光反射[33]などさまざまな種類があります。とくに伸張反射は2本の神経しか介さない，もっともシンプルな反射です（図3-9）。伸張反射では，外的な力（外乱）により筋が引き伸ばされると，筋伸長を検知した感覚受容器の興奮がその筋を支配する運動神経に伝わり，元の姿勢に戻すような筋収縮が生じます[34]。膝蓋腱反射などの腱反射は伸張反射の臨床的なよび名であり，現象としては同じものを指しています。

発達による反射の消失

　前節では，運動神経と感覚神経の髄鞘化はそれぞれ生後2カ月，6カ月頃に完了することを紹介しました。この時期には，体性神経における信号伝達の速度や効率が劇的に変化していきます。この髄鞘化の完了に伴って，新生児期・乳児期早期以降には消失してしまう反射を原始反射とよびます（図3-10）。反射の消失には，とくに抑制性の神経経路の完成が寄与しています。

　代表的な原始反射として，把握反射，吸啜反射，歩行反射，足底反射

32　上腕二頭筋（"力こぶ"をつくる筋肉）に外乱を与えた場合に観察される伸張反射の筋電信号の潜時が15 msです（松波，日本臨牀，1987）。大脳皮質を介した随意反応は短くて150 ms程度，通常は200 ms程度かかります。

33　侵害反射は痛み刺激に対して身体部位を体幹方向へ引っ込める反応，対光反射は瞳孔の直径が光の強さに応じて調節される反射です。対光反射は脳幹の機能を確認するために検査でよく用いられます。

34　このとき，同時に拮抗筋（関節を逆方向に動かす筋）は収縮しないように抑制的な制御を受けています。この反射弓は2つのシナプスを含んでいます（図3-9の青く示されている介在神経を含む経路）。

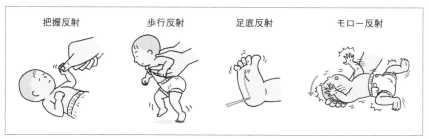

把握反射　　　　歩行反射　　　　足底反射　　　モロー反射

図3-10　さまざまな原始反射

（バビンスキー反射），モロー反射などがあります。

▶ **把握反射**｜手のひらに触覚刺激が与えられると，指を曲げて手のひらを閉じます。随意的な把握ができるようになる生後4〜6カ月で消失します[35]。足の裏を圧迫することでも同様に足指が曲がる反射が生じます。こちらは，自分の足で立てるようになる頃（8〜10カ月頃）に消失します。

▶ **吸啜反射**｜口のなかに触覚刺激が与えられると，舌で規則的に吸う運動がみられます。生後5〜6カ月で消失します。この反射は，口の周辺を刺激すると刺激の方向へ顔を向けて口を開く探索反射，口に物体が触れると唇と舌で吸い付く捕捉反射とあわせて哺乳反射ともよばれます[36]。これらの反射の連続により，出生後もすぐに母乳やミルクを飲むことができます。

▶ **歩行反射**｜両脇を持って立たせ，足の裏を床に軽く付けた状態で前かがみにさせると，足を交互に動かして歩くような動作がみられます[37]。自動歩行ともよばれるこの反射は生後1〜2カ月で消失します。

▶ **足底反射**｜足の裏を，鉛筆や針のような尖った棒で踵からつま先まで刺激すると，親指が背屈し，そのほかの指が開きます（バビンスキー徴候）。生後12〜24カ月で消失するか，足指が屈曲する反射に変化します。

▶ **モロー反射**｜仰向けに寝かせた赤ちゃんの後頭部を手で支えて15cmほど持ち上げたのち，手と頭を急激に下ろすと，びっくりしたように手足がぱっと広がり，続いて何かに抱きつくかのような動作をします。生後5〜6カ月で消失します。

....

35　反射の消失時期はすべて，細田 監，小児理学療法学テキスト，2018によります。

36　最終的には嚥下反射によって食べ物や飲み物を食道へ送ることができます。嚥下反射は大人になっても消えることはありません。私たちがスムーズに物を食べることができるのはこの反射が存在するためです。

37　筆者の娘にもずっと試していましたが，ついにまともな歩行反射を見せることなく2カ月が過ぎました。

運動協調

　複数の身体部位を目的に合わせ，うまく一緒に動かすことを運動協調[38]と
よびます。ステップ1で紹介した到達把持運動も協調運動の1つです。ま
た，私たちは普段意識することはありませんが，コップから水を飲む動作
も，手や腕の運動に加えて，首や口周りの筋肉を協調的に制御する必要のあ
る高度な協調運動です。縄跳びや自転車の運転，楽器の演奏などはさらに難
易度の高い運動協調が求められます。

発達性協調運動症（DCD）

　このような運動協調が極端に苦手とする症状を発達性協調運動症／発達性
協調運動障害（developmental coordination disorder：DCD）とよびます。
本症状は，**身体疾患や神経疾患（脳性麻痺など）に起因せず，発達初期から
みられる（後天的ではない）**ことが特徴です[39]。ICD-10の分類では，「運動
機能の特異的発達障害」がDCDに相当します。寝返りやハイハイなどの出
現がとても遅い，階段を上る，シャツのボタンを掛けるなどの日常動作が極
端に下手だったりする場合にはDCDの可能性があります。DCDは限局性学
習症（学習障害）やADHD（注意欠如・多動症）と併存することも多く，
対象児の特性を早期から多角的に評価し，支援を始めていく必要があります。
　DSM-5によれば，DCDは児童期の子どもにおいて，約6％の割合でみら
れることが知られています。DCDは，**母親が妊娠中に飲酒をしていた場合
や，早産児，低出生体重児において多くみられます**。このため，症状の根底
には神経発達過程の異常があると考えられています。

▶ 第12章　　◀ 第13章　　◀ 第14章

DCDの運動特徴

　身体運動は，微細運動（巧緻運動）と粗大運動（全身運動）に大きく分類
されます。DCDには，全身を使った大きな動きが苦手なパターンと，手先
を使った細かい動作が苦手なパターン，そしてどちらも苦手なパターンの3

38　運動を協調（coordinate）させることを運動協調（motor coordination），協調的な運動そのものを
　　指す場合には協調運動とよびます。協調ではなく協応と訳される場合もあります。
39　自閉スペクトラム症（ASD）にも運動協調の困難がみられます。DSM-4まではASDとDCDの重複診
　　断はしないという規定があったのですが，DSM-5ではそれが外され，ASDと診断されている場合も
　　併存症としてDCDが診断されるようになりました。

種類が存在します。

　また近年，日本の研究グループによって，DCD児は運動主体感が定型発達児と異なるという報告もなされています[40]。運動主体感とは，「ある運動行為を生じさせたのは自身である」という信念を指す用語です。この研究では，実験参加者がボタンを押すと，PC画面上のアイテムが少し遅れて（100〜1,000 ms）動くようになっていました。このときの自分がアイテムを動かした感じ（運動主体感）を評価したところ，DCD児は定型発達児よりも時間的にずれた行為を自身の行為だと知覚する傾向が強いことがわかりました。また，この傾向は抑うつ傾向得点と強い正の相関を示しました。この結果は，DCD児は日常において運動の間違いを多くおかすため，「自分のおこなっている運動は不正確である」と知覚しやすいことを示唆します。この研究の著者らは，その傾向が抑うつ状態をひき起こしてしまうと解釈しています。

DCDの評価とケア

　臨床的には，協調運動の拙劣さに加え，**舞踏様運動**（不規則に繰り返されるすばやい不随意運動）や**鏡像運動**（片方の手足の随意運動に伴って不随意にもう片方の手足も動いてしまう運動）もDCDの評価・診断のポイントとなります。腱反射は亢進あるいは減弱している場合もありますが，左右差がないのが特徴です。運動協調能力そのものの評価には多くの検査が提案されており，状況に応じて柔軟に使用することが大切です[41]。

　大人になるにつれ症状が自然と消失するケースは多くはありません。**大半のDCD児は長期間の援助や努力が必要**となります。具体的な治療方法は個々人に合わせて計画されますが，とくに作業療法士による作業療法が中心となります。大事な点は，子どもがさまざまな困難を自分自身で対応できるようなスキルの獲得を手助けし，遊びや日常生活を通して十分な自信をつけさせることです。ちなみにアメリカの作業療法士A.J.エアーズによって提唱された感覚統合療法という技法も有名ですが，現状ではDCDに対してこの技法を積極的に推奨するための学術的なエビデンスはほぼありません[42]。

p.230 第14章

40　Nobusako et al., *Res Dev Disabil*, 2020

41　指模倣テスト，随意運動発達検査，Movement Assessment Battery for Children（M-ABC），Developmental Coordination Disorder Questionnaire（DCDQ）など（松原，こども教育宝仙大学紀要，2012）。

42　興味のある方は以下のシステマティックレビューを参照してください。Barton et al., *Res Dev Disabil*, 2015; Case-Smith et al., *Autism*, 2015; Schaaf et al., *Am J Occup Ther*, 2018

視知覚の発達

（中島悠介・小林恵）

乳児期の視知覚

ステップ1

乳児の視知覚の測定法

　私たちは何か物体を見るとき，とくに努力せずとも一瞬のうちに対象が何なのかを認識できます。しかし実際には，眼に入ってきた視覚情報が脳に送られ，そこで複雑な処理を経ることによって初めて物体の認識が可能になります。**視知覚は，基本的な機能に関しては，およそ1歳頃までにおおむね成人と同じ性質を備えるようになる**ため，視知覚の発達研究では1歳未満の乳児がおもな対象となります。本ステップではまず，乳児の視知覚の研究方法について解説します。

▶ **選好注視法**｜成人を対象とした視覚実験では，モニター上に画像を呈示し，何かしらの判断をおこなわせます。その際に課題の教示（刺激[1]が見えたらボタンを押してもらうなど）をおこないます。しかし，言葉を理解できない乳児の場合，口頭での教示やそれに応じた判断行為は期待できません。そこで，乳児の**注視行動**に注目します。乳児には，特定の図形パターンを好んで注視するという性質があります。この性質を利用したのが，1960年頃にアメリカの発達心理学者R.ファンツによって考え出された**選好注視法**（preferential looking method）です。

　ファンツは，新生児から生後6カ月くらいまでの乳児に対して，さまざまな図形パターンを呈示し，それぞれの図形への注視時間を測定することによって，乳児がどのような図形に選好を示すかを調べました[2]。その結果，一貫して，パターンのない一様な図（白や赤で塗りつぶされた図）よりも，**パターンのある図（円や顔など）を長く注視する**ことを発見しました。ファンツはさらに，乳児の図形パターンの選好を詳細に調べました[3]。**図4-1**は新生

1　モニター上に呈示する画像など，実験参加者に見せたり聞かせたりする物理的刺激のことを心理学では一般に"刺激"とよびます。

　　　2　Fantz, *Science*, 1963

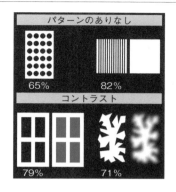

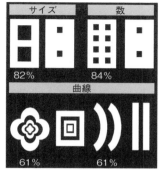

（Fantz & Yeh, 1979 をもとに作成）

図4-1 新生児の図形選好
各図形ペアのうち，左側の図形をより長く注視した。図形下の数値は注視率。

児に対して，2つの図形を同時に呈示したときに注視した割合を示していま
す。この図から，パターンがあるもの，コントラストが高いもの，サイズが
大きいもの，数が多いもの，曲線が含まれるものがより選好されることがわ
かります。

　この結果は，乳児がこれらの図形を視覚的に知覚し，さらに弁別できるこ
とを示しています。ファンツはこのようにして，**新生児でも形の知覚・弁別
が可能である**ことを示しました[4]。選好注視法は，言語に頼らずに乳児の知
覚・弁別能力を調べることを可能とした点で，とても画期的でした[5]。

▶ **馴化−脱馴化法** │ 選好注視法には1つ限界があります。それは乳児にとっ
て選好が同等のものについては，弁別可能かどうかがわからない点です。つ
まり，たとえ乳児が2つの図形を弁別できていたとしても，好みが同じくら
いであれば注視時間に差は出ません。したがって，選好注視法は，あらかじ
め乳児の好みに差があることがわかっているものにしか適用できません。

　好みが同等のものどうしの弁別能力を調べるには馴化─脱馴化法（habituation–

3　Fantz & Yeh, *Can J Psychol*, 1979

4　ファンツの研究が発表されるまで，新生児はほとんど眼が見えていないと考えられていました。これ
　は乳児の身体行動のみに注目していたためだと考えられます。眼球運動は生後まもなく制御可能にな
　るのに対し，手足の運動機能は生後半年頃から発達しはじめます。そのため身体運動は，視覚刺激に
　対して一見無反応にみえるのです。選好注視法は，自発的な身体行動を記録する観察法より感度が高
　い手法と考えられています。

5　乳児が特定の物体に選好を示すという性質自体も興味深い研究テーマです。しかし，選好注視法では
　その問題自体は扱わず，その性質を研究の道具として利用します。なぜ選好するのか理由はわからな
　くても，選好に偏りが出るという事実は，少なくとも2つの刺激を弁別できていることの証拠となり
　ます。

dishabituation method）が用いられます。馴化とは，ある刺激が繰り返し呈示され続けると，乳児が飽きてその刺激に対して反応を示さなくなる現象を指します。脱馴化とは，馴化の直後に新しい刺激が呈示されると，再度反応を示すようになる現象です。脱馴化が起きるのは，乳児に新しいものを好む新規選好という性質があるためです。この性質により，ある刺激に馴化させたあとに馴化刺激と新規刺激を同時に呈示したとき，もし2つの刺激を弁別できていれば，新規刺激への注視時間が長くなります。馴化—脱馴化法は数分で人工的に選好をつくり出すことができ，**乳児の選好に依存せずに弁別能力を検討できます。**

視力の発達

　ファンツは，選好注視法を乳児の視力の測定に応用しました。視力とは，離れた2つの点を2点として識別できる限界の距離として定義され，視覚における空間解像度を意味します。日本における日常的な視力検査では，ランドルト環とよばれる「C」の形の隙間の幅を用いて視力が測定されますが，乳児の視力検査では縞視力（しましりょく）を測定します。

▶ **縞視力**｜縞視力では，どの程度細かい縞パターン（等間隔に並んだ白と黒のバー）が見えるかを空間周波数という単位で測定します。空間周波数は，視角1度[6]の幅に入る縞パターンの数として計算されます[7]。細かい（空間周波数が高い）縞を徐々に遠ざかりながら見ていくと，どこかの距離で縞が見えなくなり一様な灰色に見えます。これは縞の空間周波数が視力の限界を超え，白と黒が混じり合うためです。そのときの縞の空間周波数が縞視力になります。

　乳児の縞視力は，縞パターンと一様な灰色を同時に呈示する選好注視法によって測定します。乳児はパターン図形を選好するため，縞を知覚し灰色と弁別できていれば，縞パターンを長く注視します。この方法で乳児の縞視力を測定すると，新生児で0.5 c/deg，生後3カ月で3 c/deg，6カ月で6 c/deg程度であることがわかっています。これを，日常的な視力検査で用いられる小

6　視角は，物体が眼の網膜に投影されたときの網膜上の大きさを示します。視覚に関する研究では刺激の大きさを視角で表すことが一般的です。これは，cmなどの指標では，物体から観察者までの距離によって見える大きさ（網膜像の大きさ）が変わってしまうためです。

7　単位はcycle/degree（サイクルパーディグリー）です。/degreeは視角1度あたりを意味し，cycleは白黒のバーのペアの数を表します。略してc/degと表記します。

図4-2 テラー式テスト

数視力に変換すると，それぞれ0.02，0.1，0.2程度になります。

　病院などで用いられる乳児の視覚検査の1つとして，テラー式テストという方法があります（**図4-2**）。この検査は，選好注視法をより簡便にした**強制選択選好注視法**[8]という方法をもとに開発されました。縞パターンと一様な灰色が左右に描かれたカードを呈示し，検査者がカード中央の穴から乳児の注視行動を観察して，どちら側に縞が出ているかを乳児の注視行動をもとに二択で判断します。

▶ **コントラスト感度** ｜ 視力と密接にかかわる視覚機能にコントラスト感度があります。縞パターンの白と黒を少しずつ灰色に近づけて縞を薄くしていくと，どこかで一様な灰色に見えます。このときの縞のコントラスト[9]がコントラスト感度です。つまり，どれくらい色の薄い縞を知覚できるかを表す指標です。

　さまざまな空間周波数の縞パターンにおけるコントラスト感度を測定すると，図4-3のようなコントラスト感度関数が得られます。大人では，4 c/deg 前後の空間周波数で感度が最大となります。いっぽう，乳児では，まず大人より全体的に感度が低くなっています。さらに，グラフが低い周波数のほう

8　Teller, *Infant Behav Dev*, 1979

9　コントラストは2つの領域の輝度（明るさ）の差と定義されます。物体を知覚する際には，まず輪郭線を検出する必要がありますが，輪郭線は明るさの違いによってつくられるので，コントラストを検出することが物体認識のための第一歩になります。正確には，「最大輝度－最小輝度/最大輝度＋最小輝度」で定義されるマイケルソンコントラストという指標を用います。

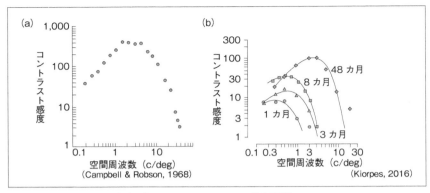

図4-3 （a）大人と（b）乳児のコントラスト感度関数

に寄っていて，高空間周波数の感度が著しく低いことがわかります。これは，乳児は大人と比べて**コントラストの低い物体があまり見えていないこと**，また**細かいものはかなりコントラストが強調されていないと見えない**ということを意味します。

ステップ 3

可塑性と臨界期

　本ステップでは発達においてもっとも重要な概念の1つである可塑性と臨界期について紹介します。可塑性とは，脳の神経回路が学習や経験によって変化しうる能力，いわば脳の柔軟性のことです。乳児の知覚機能が発達していくのも，私たちが何かを学習できるのも，脳が可塑性を有しているためです。脳の可塑性は，大人と比べて，子どものほうが高いです。この生後しばらく脳の可塑性が高い時期のことを臨界期もしくは敏感期[10]とよびます。

　▶ 視知覚の臨界期｜ 視知覚に関する臨界期の存在を実験的に証明したのが，1981年にノーベル賞を受賞した神経生理学者のD.ヒューベルとT.ウィーゼルです。彼らは，生まれたての子ネコの片眼を数カ月間遮蔽する**視覚剥奪実験**をおこないました[11]。遮蔽終了時に脳の第一次視覚野とよばれる，もっとも初期に視覚情報を処理する脳領域の神経細胞を調べると，遮蔽したほうの

10　臨界期という言葉は，可塑性が高い期間が厳密に決まっているという意味合いを含んでいます。しかし，とくに言語習得などの場合には，そこまで厳密に可塑性の期限が決まっているわけではないため，敏感期という言葉を用いるほうが適切だとされています（p.110）。

　11　Hubel & Wiesel, *J Physiol*, 1970

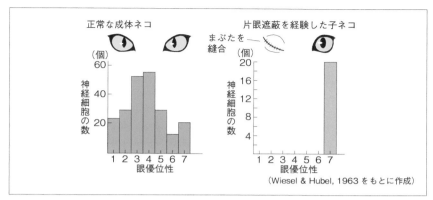

図4-4　片眼遮蔽による第一次視覚野の眼優位性の変化
眼優位性が1もしくは7に近いほど，それぞれ左右いずれかの眼にのみ神経細胞が反応する程度が強くなる。
4は両眼に対して同程度に神経細胞が反応することを表す。

眼に視覚刺激を与えても神経細胞が反応しなくなっていました。さらに行動観察の結果からも，遮蔽した眼で物体が見えなくなっていることがわかりました。これは，**正常な視覚機能の発達には，生後直後の適切な視覚入力が必要である**ことを示しています。この片眼遮蔽の効果は，遮蔽されていないほうの視覚入力が優位になり，視覚野における眼優位性[12]のバランスが乱れることによって生じたと考えられています（図4-4）。

　この視覚剥奪の効果は，生後3，4週のネコに限られ，成長後のネコでは長期間（数年）の片眼遮蔽をおこなってもほとんど視知覚に変化が生じません。これは，ある時期を過ぎると脳の可塑性が失われることを示しており，視知覚の機能に臨界期が存在することを示しています[13]。

▶ **臨界期と視覚障害**｜乳幼児期に眼帯を付けたり，**白内障**や**斜視**などの障害を発症することによって一時的に視覚入力が遮られた場合，つまりヒューベルらの視覚剥奪実験と同じような状況を経験した場合，**弱視**とよばれる視覚障害が発症します。弱視は，眼鏡をかけても視力低下を矯正できません[14]。片眼遮蔽や斜視は，**両眼視**および**立体視**の障害もひき起こします。これらの障害の詳細については，第3節で解説します。

12　個々の神経細胞が，どちらの眼からの入力に対してより強く反応するかを眼優位性とよびます（右眼からの情報に対して強く反応する場合は"右眼優位性"をもつ）。

13　これらの研究から，脳の視覚システムは臨界期以降ほとんど変化しないと考えられてきました。しかしその後，成人でも知覚学習とよばれる視覚訓練をおこなうことによって視覚機能が向上することが示され，臨界期以後でもある程度可塑性が保たれていることがわかりました。

14　眼鏡やコンタクトレンズは網膜に光が到達する際の光の屈折を矯正しているので，これで視力が向上しないということは，その先の脳の機能に問題があることを意味しています。

動きと色の知覚の発達

　私たちが知覚している光景のなかには形，明るさ，色，動きなどさまざまな要素が含まれます。これらの要素は，脳の視覚野のなかの異なる領域で別々に処理されており，異なる発達過程をたどります。

▶ **運動視の発達**｜外界の物体の動きを知覚する視覚機能（運動視）は，ヒトおよび動物にとって生存に直結する重要な能力です。動きの検出は新生児でもある程度可能なことが，**OKN**（optokinetic nystagmus：視覚運動性眼振）とよばれる眼球運動の観察によってわかっています[15]。OKNとは，視野上の広い領域がある一定方向に動いたとき，その動きを追うようなゆっくりとした眼球運動と，逆方向に視線を戻す速い眼球運動が交互に繰り返される眼球反射のことです。OKNが生じるということは，動きの方向の知覚ができていることを意味します。

　OKNは自動的な反射であり，原始的な運動視といえますが，私たちはより意識的に動きを知覚・認識することができます。このような運動視を乳児で検討するために，ランダムに配置されたドットが動く**ランダムドット運動刺激**が用いられてきました（**図4-5**）。片方の刺激はドット全体が一方向に動

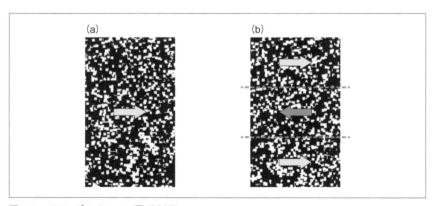

図4-5　ランダムドット運動刺激

きます（**図4-5a**）が，もう一方の刺激では複数に分割された領域が逆方向に動きます（**図4-5b**）[16]。もし運動方向が知覚できていれば，分割されたほうの刺激（**図4-5b**）では動きによって縞パターンがつくられるため，乳児はそちらを選好します。この方法を使うと，生後7週頃から動きが一様でない運動刺激を選好します[17]。

　このように運動視は生後7週頃から発達しはじめますが，この時期はまだ限られた速度の動きしか知覚できません。乳児の知覚できる運動速度の範囲は，生後10週頃までは5～15 deg/sec[18]ですが，その後急速に発達し，生後13週頃には2.5～30 deg/secまで拡大します[19]。

◗ 色知覚の発達｜色の処理は，網膜にある錐体細胞（すいたい）から始まります。錐体細胞は3種類に分けられ，それぞれ短波長（S錐体），中波長（M錐体），長波長（L錐体）の光[20]を吸収します。**色とは，この波長の違いをもとに網膜および脳でつくり上げられる主観的な感覚**です。短波長は青，中波長は緑，長波長は赤におもに対応しています。

　その後，3つの錐体の活動の比較が神経節細胞（しんけいせつ）でおこなわれます。ここでは，赤と緑，青と黄の2つの反対色のシステムで色情報が表現されます。したがって，すべての色は，どれくらい赤（もしくは緑）かを決めるシステムと，どれくらい青（もしくは黄）かを決めるシステムの2つの出力によって決まります。そのため，色知覚の発達も，赤と緑，青と黄をそれぞれ弁別できるかどうかが調べられてきました。

　選好注視法を用いた実験により，赤と緑の弁別は2カ月頃から可能になることがわかっています[21]。いっぽう，青と黄を同様の方法で調べると，2カ月では弁別できず，4カ月では弁別可能でした[22]。したがって，青黄の反対色のシステムのほうが赤緑より少し遅れて発達するということになります。

◗ 色の恒常性｜私たちの眼に入ってくる光は，照明光が物体表面に当たって反射してきたものです。そのため，眼に入る光の波長は，照明光に大きく依

16　乳児は動いている物体を選好する性質があります。そのため，単純に動いている物体と止まっている物体の比較では，動きの方向が知覚できていなくても動きがあるほうを選好してしまい，方向を知覚できているかどうかまでは調べることができません。

17　Wattam-Bell, *Vision Res*, 1994

18　速度の単位は，1秒あたりに視角で何度動くかを表すdegree/secondを用います。

19　測定方法が異なるので乳児と単純に比較できませんが，成人ではおよそ0.1～100 deg/sec程度と，非常にゆっくりした動きから速い動きまで知覚可能です。

20　私たちが知覚可能な光のことを可視光とよびますが，これは電磁波の一種です。電磁波は波長の長さによってよび方が変わり，約380～750 nmの波長の範囲が可視光になります。

21　Hamer et al., *Vision Res*, 1982

22　Suttle et al., *Vision Res*, 2002

存します。たとえば，日中と夕方の太陽光の波長成分は異なるため，同じ白い壁を昼と夕方に見るときでは，眼に入ってくる光の波長も大きく異なります。しかし，私たちはたとえ夕方に白い壁を見ても，赤い壁とは認識せず，白だと判断できます。このような照明光の違いに左右されずに，同じ物体は同じ色として安定して認識できる機能を色の恒常性とよびます。

　色の恒常性の発達を調べた馴化─脱馴化法の実験では，特定の色パターンに，ある色の照明光を当てた光景をモニター上で再現し，乳児に馴化させます（**図4-6**）。その後，馴化時と同じ色パターンと新規な色パターンに，馴化時と異なる照明光を当てた2つの画像を呈示します。実験の結果，生後2カ月では色の恒常性がまだ獲得されていませんでしたが，5カ月では獲得されていることがわかりました[23]。

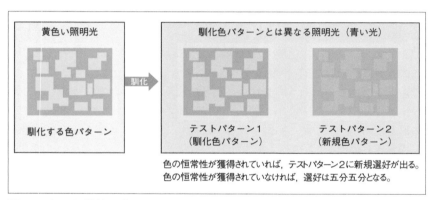

図4-6　色の恒常性の実験刺激

顔知覚の発達

　顔は個人の識別やコミュニケーションのために必要な情報であり，顔を正確に知覚することは社会的な動物であるヒトにとって重要な能力です。

▶ **乳児の顔選好**｜顔の検出は新生児でも可能です。顔らしい配置のパターンとそうでないもの（目鼻口の位置を福笑いのように変えたもの）を比べると，新生児でも顔らしい配置のものを選好します[24]。さらに，パーツの配置

23　Dannemiller, *Dev Psychol*, 1989
24　Goren et al., *Pediatrics*, 1975

を保ったまま上下逆さにした顔（倒立顔）と，正立の顔を比べると正立顔を選好します[25]。ここから，新生児の顔の選好には，パーツの配置と上下の向きが重要であることがわかります。

しかし，ただの正方形を並べた図形であっても，トップヘビー構造とよばれる上方に正方形が多く集まった配置（図4-7）をしていれば，新生児はその図形に選好を示します[26]。トップヘビーは，上に目が2つ，下に鼻と口という配置をもつ顔と共通する構造であり，新生児はそのような共通構造を検出するメカニズムをもっているということです。つまり，新生児で観察される顔選好は，複雑な顔そのものではな

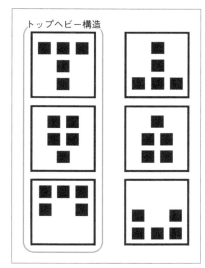

図4-7 トップヘビー構造

く，トップヘビー構造への選好によるものだと考えられています。トップヘビー選好は生後3カ月頃に消失し，その後はより本物の顔に近いものにだけ選好を示すようになります[27]。

▶ **顔どうしの弁別** ｜ 新生児は，顔どうしの弁別もある程度可能です。馴化―脱馴化法を使った実験によって，新生児が見知らぬ2人の人物の顔を弁別できることが示されています[28]。しかし，髪のある顔で馴化したあとに髪のない顔でテストすると弁別ができなくなります。したがって，新生児は顔自体の情報だけでなく，髪型などの周辺情報も頼りに顔を識別していると考えられます。

▶ **顔特有の処理の発達** ｜ 顔は，個々の内部特徴（目鼻口）ではなく，それらの配置に基づいて知覚されることが特徴です。これを全体処理とよびます[29]。全体処理はさらに，目が上，口が下という構造に基づいて顔自体を検出する処理と，目鼻口の空間配置のわずかな違いをもとに異なる顔どうしを弁別する処理に分けられます。全体処理がおこなわれている証拠として，顔

25 Farroni et al., *PNAS*, 2005
26 Simion et al., *Dev Sci*, 2002
27 Turati et al., *J Exp Child Psychol*, 2005
28 Turati et al., *Child Dev*, 2006
29 Maurer et al., *Trends Cogn Sci*, 2002

を倒立にすると顔の検出や弁別が困難になる倒立効果が知られています。乳児では，顔どうしの弁別における倒立効果は生後4カ月頃から生じます[30]。そのため，この時期から大人に近い顔処理（全体処理）が機能しはじめると考えられます[31]。

······ ステップ3 ······

生得性と経験の重要性

　ある能力が，生まれつき備わっている生得的機能なのか，生後に獲得される後天的機能なのかという問いは，古くから哲学などで議論されてきました。心理学や神経科学の研究から，いくつかの視覚能力は生得的に備わっていることが明らかになっています。

▶ **生得的機能** ｜トップヘビー選好は，上述のとおり新生児でもみられ，さらに驚くことに胎児でもみられることから[32]，顔検出は生得的機能であると考えられています。いっぽう，全体処理に基づく顔どうしの弁別は生後ある程度の時期が過ぎてから発達するので，学習が必要な後天的機能だとされています。トップヘビー選好は，顔知覚の効率的な学習のために，乳児が顔の視覚経験を最大限に得られるようにするメカニズムだと考えられています。

　バイオロジカルモーションとよばれる生物的な動きを検出する能力も生得的だと考えられています。バイオロジカルモーションとは，ヒトや動物の関節などに付けた10個程度の光点の動きを見るだけで，それがヒトおよび動物の動きであることを容易に知覚できる現象です。新生児に正立と倒立のバイオロジカルモーションを呈示すると，正立のほうに選好を示すことが明らかになっています[33]。

▶ **経験が必要な機能** ｜生後の経験が必要な機能としては，色の恒常性が知られています。サルを生後直後から1年間，単色光の照明環境[34]で育てるという色彩剥奪実験がおこなわれました。この環境で育ったサルは，ある1つの

······

30　Turati et al., *Infancy*, 2004
31　その後，より環境に特化した顔知覚が発達していきます。たとえば，生後3カ月の乳児の顔知覚は種を超えて，ヒトだけでなくサルの顔も弁別可能です。いっぽう，生後9カ月になると大人と同じように，日常で観察する機会のないサルの顔の弁別は困難になります（Pascalis et al., *Science*, 2002）。このように現在の環境に知覚が特化していく現象を知覚狭小化とよびます。
32　妊婦のおなかに上2つと下1つ（トップヘビー）の3点の光を当てて動かしたときに，超音波で胎児の頭の動きを測定すると，光の動く方向に頭を向ける動作が観察されました。いっぽう，3点の光を倒立させた場合は頭の動作は観察されませんでした。ここから，胎児もトップヘビーへの選好を示すことが明らかになりました（Reid et al., *Curr Biol*, 2017）。
33　Simion et al., *PNAS*, 2008

色の物体を異なる照明光で照らした場合に，それらを同じ色だと認識できず，物体が反射する物理的な光の波長に依存して物体の色を知覚していました（色の恒常性が働いていなかった）。

ヒトには，ある程度生得的な視覚機能が備わっています。たとえば，顔検出機能や，ファンツが示したような新生児における形の弁別機能です。いっぽう，ウィーゼルらが示したように，正常な視力の発達には生後の視覚経験が必要であり，また顔どうしの弁別にも学習が必要です。このように，私たちの視覚システムは，ある部分までは遺伝的に組み込まれていますが，最終的に大人と同じような機能が獲得されるためには生後の経験が必要なのです。

3 視知覚の非定型発達

……… ステップ1 ……

発達初期の視覚障害

発達初期の視覚障害は，視知覚発達にさまざまな影響をおよぼします。本ステップでは，乳幼児期にみられる代表的な視覚障害を3つ紹介します[35]。

▶ **先天白内障** | 先天白内障とは，生まれつき**水晶体**[36]が白く濁っていることにより，物体がはっきり見えない病気です。両眼に生じる場合（**両眼性**）が多いですが，片眼だけに起こる（**片眼性**）こともあります。約1万人に3人の割合で起こる稀な病気です。濁りが強い場合にはとくに，視知覚機能の発達のために早期の治療が必要です。治療は，混濁した水晶体と硝子体前部を手術で切除する方法が一般的です。切除手術と同時に眼内レンズ[37]を挿入したり，手術後にコンタクトレンズや無水晶体用眼鏡による矯正も必要となります[38]。

▶ **斜視** | 通常，両眼の視線は同じ場所に向かっていますが，両眼の視線が見

34　単色光で照らされると，その色の濃淡しか知覚できず，各物体の本来の色は知覚できません。この実験では，網膜の3種類の錐体細胞自体は正常に活動するように，赤，緑，青，青紫の単色光が1分ごとに切り替えられました（Sugita, *Curr Biol*, 2004）。

35　ほかにも，緑内障や網膜色素変性症，未熟児網膜症などがあります。とくに未熟児網膜症は，小児の失明原因の第1位です（全体の約40％）。この病気では，早産児の発達途上の眼球内で網膜血管が異常な発達をすることで，重度の視力障害が起きたり，ときに失明に至ります。

36　眼のなかでレンズの役割を担う部分です。ほぼ透明でラグビーボールのような形をしています。

37　手術で切除した白濁した水晶体の代わりに眼のなかに埋め込む人工のレンズのことです。

38　ただし，先天白内障の眼にはほかにもいろいろな合併異常が見つかることがあるため，手術を実施するか否かや，手術の方法は場合によって異なります。

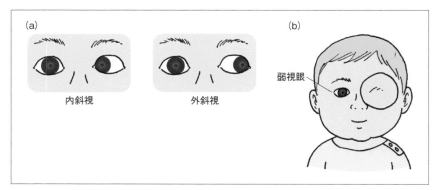

図4-8　(a) 斜視と (b) アイパッチによる弱視訓練

たいものに正しく向かない状態を斜視といいます。右眼または左眼のどちらかの視線が内側に大きくずれている状態を内斜視といい（**図4-8a**）[39]，乳児期に起こるものを**先天内斜視（乳児内斜視）**といいます[40]。先天内斜視には，どちらかいっぽうの眼だけが常に内側に寄っている場合（**片眼性内斜視**）と，内側に寄る眼が交代する場合（**交代性内斜視**）があります。

▶ **弱視** ｜ 白内障によってものが見えない状態や，斜視によって眼の中心部分（**中心窩**）でものを見ない状態が続き，視知覚機能の発達が阻害されることで起こる，機能的な視力の低下を**弱視**といいます[41]。障害が片眼の場合は，悪いほうの眼の視覚機能の発達を促すために，アイパッチによってわざと健常な眼を遮蔽し，悪いほうの目を使わせる弱視訓練（**遮蔽法**）をおこないます（**図4-8b**）。

視覚障害が視知覚発達におよぼす影響

本ステップでは，先天白内障と斜視が視知覚発達におよぼす影響について概観します。

▶ **先天白内障による機能低下** ｜ 重篤な先天白内障では，手術とコンタクトレ

39　視線のずれ（眼位ずれ）の方向によって，内斜視のほかにも，外斜視，上下斜視，回旋性斜視などがあります。

40　先天内斜視は生後6カ月以内に発症するものを指しますが，ほとんどは生後1カ月以内に発症します。生後6カ月以降に発症するものは，後天内斜視とよびます。

41　厳密には，先天白内障や斜視が原因の弱視は，治療や視能訓練が奏功する機能弱視とよばれる弱視で，眼球から視神経までのどこかの構造的な病的異常／器質的疾患（たとえば，眼窩腫瘍，未熟児網膜症）が原因で起こる，治療や視能訓練が奏功しづらい弱視（器質弱視）とは区別されます（一般的には，眼科で「弱視」と言われた場合，機能弱視である場合がほとんどのようです）。

ンズ挿入の治療をおこなうまで，大脳の視覚皮質に視覚情報が入力されません（**視覚剥奪**）。先天白内障が視知覚機能に与える影響を詳しく説明します。

　①**視力（縞視力）**：先天白内障の治療と視力回復の経過を**表4-1**にまとめました。まず両眼性の先天白内障では，生後平均3.7カ月におこなわれた治療直後には健常の新生児程度であった視力が，1歳頃には同齢の健常児とほぼ同じ視力に追いつきます[42]。2歳頃までは正常の範囲内の視力を保ちますが，その後は視力が大きく向上せず，7歳頃には健常児の4分の1程度の視力となり，**弱視**と判断されます。この結果は，**2歳以降の正常な視力発達のためには，生後数カ月間の視覚入力が重要**であることを示しています。

　次に，片眼性の先天白内障では，**手術のタイミングとアイパッチを使った弱視訓練の量（時間）**が視力回復の大きな鍵となります。生後3カ月頃に手術をし，その後1日3時間以上の訓練をおこなった場合，1歳での患側眼の視力はほぼ正常まで回復します。しかし，訓練が1日3時間未満の場合には弱視となってしまいます[43]。

　ただし，手術後に3時間以上の弱視訓練をした場合でも，手術時期によって視力回復の程度が異なります。生後非常に早い段階（生後1.5カ月以前）で手術がおこなわれると，1歳頃には正常視力にほぼ追いつき，健常児と同じように視力は上昇していきます。いっぽう，生後5カ月頃に手術をおこなった場合には，視力はほとんど回復しません[44]。

　②**運動方向知覚**：ランダムドット運動刺激において，一定の割合のドットを同じ方向（たとえば上）に，そのほかのドットをバラバラな方向に運動さ

表4-1　先天白内障の治療と視力回復の経過

	手術時期	手術後の弱視訓練（アイパッチ）	患側眼の視力回復		
			1歳頃	2歳頃	5〜6歳頃
両眼	生後3.7カ月（平均）	適用不可能	○	○	弱視
片眼	生後3カ月（平均）	3時間以上／日	○	○	弱視
		3時間未満／日	弱視	弱視	弱視
	生後1.5カ月以前	6〜8時間／日	○	○	○
	生後5カ月（平均）	6〜8時間／日	弱視	弱視	弱視

健常児では，7歳頃まで視力が向上し続ける。そのため，視力回復が止まる時期が早ければ早いほど，7歳時点での健常児（または健常の眼）との視力の差は大きくなる。生後1.5カ月以前に手術し1日6〜8時間の弱視訓練をした例でも，7歳時点での視力は健常児ほどは向上しない。

42　Maurer, *Cog Dev*, 2017; Maurer et al., *Science*, 1999
43　Lewis et al., *Invest Ophthalmol Vis Sci*, 1995
44　Birch et al., *Invest Ophthalmol Vis Sci*, 1993

せ，その割合を操作することによって，運動方向知覚の感度を調べることができます。成人の運動知覚の閾値（刺激を知覚できる最小の物理量。小さいほど感度が高い）は，健常者では約8％であるのに対し，両眼性先天白内障患者では約40％です。いっぽう，生後8カ月以降に白内障を発症した成人では，健常者とほぼ同じ閾値であることが知られています。この知見は，**正常な運動方向知覚のためには，生後8カ月頃までの視覚入力が必要である**ことを示唆します。なお，片眼性先天白内障の場合は，両眼性よりも影響が少なく，成人での患側眼の閾値は約15％になります[45]。

③顔認知：先天白内障患者では，顔自体を見つける能力（**顔検出**）は保たれるいっぽうで，顔の内部特徴の空間配置（目鼻口の位置）情報を処理する能力が障害されることがわかっています[46]。私たちは内部特徴の空間配置に非常に敏感で，たとえば，ある人の顔の内部特徴の位置を少しでもずらすと，元の顔と異なることに容易に気づきます。しかし，両眼性先天白内障では治療後9年以上が経過しても，元の顔と，内部特徴の位置をずらした顔を弁別することができません。

▶ **斜視による機能低下** ｜ 先天内斜視を有する子どもの場合は，生後8カ月頃までは斜視眼に大きな視力低下は生じず，斜視治療がおこなわれなくても視力の左右差は健常児とほぼ同じです[47]。しかし，生後9〜11カ月を境に健常児よりも視力の左右差が大きくなっていきます。いっぽう，生後10カ月で後天的に内斜視になった場合では，発症後たった4週間で斜視眼の視力低下が生じた症例も報告されています[48]。

視力低下だけでなく，斜視は両眼視・立体視の低下を起こす可能性があります。これらの機能低下は，たとえ視力が保たれていたとしても生じます。**斜視では両眼の向きをうまく制御できないため，健側眼の情報だけを使って物体を見るようになる**ことがあります。このように斜視眼の視覚情報を無意識に無視（抑制）してしまうと，両眼の情報を使わなければならない立体視の機能が低下してしまいます。実際，先天内斜視をもつ乳児が生後3〜5カ月の間に**プリズム眼鏡**[49]で矯正（**図4-9**）した場合には，50％の確率で立体視機能が獲得されるいっぽう，プリズム眼鏡での矯正の時期が生後6カ月以

45 Ellemberg et al., *Vision Res*, 2002; Hadad et al., *Dev Sci*, 2012
46 Le Grand et al., *Nature*, 2001; Le Grand et al., *Psychol Sci*, 2004
47 Birch & Stager, *Invest Ophthalmol Vis Sci*, 1985
48 Jacobson et al, *Doc Ophthalmol Proc Ser*, 1981
49 斜視のままでも，光の進路を屈折させることができるプリズムレンズによって斜視眼の視線を補正することができる矯正器具です。斜視が軽度の場合はこの方法が効果的ですが，重度の場合は目に付いている6つの筋肉のいずれかを操作して眼球自体の向きを矯正する手術が必要になります。

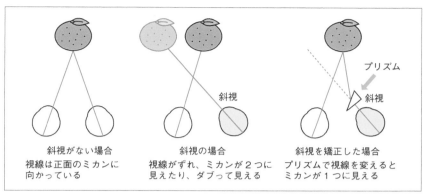

斜視がない場合
視線は正面のミカンに
向かっている

斜視の場合
視線がずれ、ミカンが2つに
見えたり、ダブって見える

斜視を矯正した場合
プリズムで視線を変えると
ミカンが1つに見える

図4-9　プリズム眼鏡による内斜視の矯正

降に遅れると，立体視の発達が著しく阻害されることが知られています[50]。

------- ステップ3 -------

発達障害きょうだい児の視知覚の特徴

これまで紹介してきた視覚障害のほかにも，特徴的な視知覚の発達を遂げる乳児がいることが近年報告されています。その一例が，自閉スペクトラム症（ASD，第12章参照）と診断された歳上のきょうだいをもつ乳児です（以降，「高リスク児」とします）。

▶ **輝度と色のコントラスト感度の違い**｜生後6カ月時点での輝度コントラストと色コントラストの感度を，高リスク児と低リスク児（ASDと診断された親きょうだいや親族がいない乳児）で比較すると[51]，色コントラスト感度は両群に差はありません。しかし，輝度コントラスト感度は，低リスク児に比べ高リスク児のほうが高いことが示されました（**図4-10**）。つまり，高リスク児は，低リスク児には見えにくいような，コントランスの低い物体も見えている可能性が考えられます。輝度は背側経路（**M経路**あるいは**大細胞系**），色は腹側経路（**P経路**あるいは**小細胞系**）という異なる脳の経路で処理されていると考えられていることから，高リスク児では背側経路の機能が非定型な発達を遂げている可能性が示唆されています。

....

50　Birch & Stager, *Invest Ophthalmol Vis Sci*, 1985
51　「明―暗」（輝度条件）あるいは「赤―緑」（色条件）の縞パターンを，それぞれ一様な画像と同時に呈示し，縞パターンを選好する限界のコントラスト閾値が測定されました（McCleery et al., *Biol Psychiatry*, 2007）。

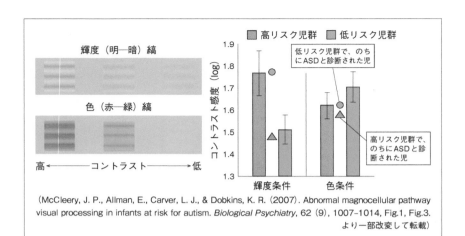

（McCleery, J. P., Allman, E., Carver, L. J., & Dobkins, K. R.（2007）. Abnormal magnocellular pathway visual processing in infants at risk for autism. *Biological Psychiatry*, 62（9）, 1007–1014, Fig.1, Fig.3. より一部改変して転載）

図4-10　ASD高リスク児と低リスク児のコントラスト感度

● **顔知覚の違い**｜顔への視覚的注意においても，3歳時点でASDと診断された児は，発達の比較的初期から非定型な特徴がみられます。たとえば他者の目への選好は，生後2カ月の時点ではASDと診断されなかった児と変わらないにもかかわらず，6カ月にかけて徐々に減少していくことが報告されています[52]。

　乳児期の馴化段階における顔への注視時間が，のちのASD診断を予測する可能性も示唆されています。一般的に低リスク児は，馴化の初期段階では顔への選好が強く，長い時間顔を注視しますが，その後すぐに飽きることが示されています[53]。この注視パターンは，その後ASDと診断されなかった高リスク児でも同じであることがわかっています。しかし，**その後ASDと診断された高リスク児では，生後6カ月時点の馴化段階での顔への選好が弱く，馴化にも時間がかかる**ことが明らかになっています。

　このようにASDの高リスク児と低リスク児では，異なる視知覚発達を遂げる可能性が示唆されています。ただし，高リスク児が必ずしも2〜3歳の時点でASDと診断されるわけではなく[54]，高リスク児が乳児期に特徴的な視知覚発達を示すという結果は慎重に解釈する必要があります。

52　Jones & Klin, *Nature*, 2013

53　Jones et al., *J Neurodev Disord*, 2016

54　北米（アメリカ・カナダ）の調査では，高リスク児がのちにASDと診断される割合（有病率）は約20％です（Ozonoff et al., *Pediatrics*, 2011）。ただ，アメリカの子ども全体の人口から計算する有病率が2％弱であることを考えると（Centers for Disease Control and Prevention, https://www.cdc.gov/ncbddd/autism/data.html），非常に高い有病率だといえます。

（山本寿子）

第5章 認知機能の発達

1 感覚と感覚間統合

······ ステップ1 ······

感覚と知覚の発達

　私たちは見る，聞く，触れる，嗅ぐ，味わう，といった感覚を通して外界の様子を探り，そこにある情報を知覚します[1]。古くは，乳児は感覚が未熟であり，何もわかっていない存在だと思われてきました。しかし，20世紀以降，感覚機能はすでに胎児期から備わっていること，感覚を通した知覚の様式が乳幼児期に急速に発達していくことが明らかにされてきました。本章では，感覚や知覚のほか，記憶や実行機能（p.73），社会的認知機能（p.78）など，知覚したものに基づいて物事を理解したり判断したりする心的機能を認知機能と総称し，概観していきます。

▶ **感覚の始まり** ｜超音波画像や胎児の心拍測定など，計測技術の発展によって，母胎内にいる胎児の反応を詳細に観察することができるようになりました。これらの観察により，胎児期からさまざまな感覚が機能しており，外界の刺激を取り入れる準備が始まっていることがわかってきました。

　もっとも早く発達が始まるのは触覚です。皮膚に触れた際の反応は，妊娠8週目には唇の周り，妊娠14週目には全身において生じます[2]。触覚は出生後，養育者と育むアタッチメント（第8章参照）においても，きわめて重要な感覚です。味覚と嗅覚については，妊娠15週目頃から反応しはじめることが報告されています[3]。

　聴覚については，妊娠21〜27週では250〜500Hz[4]の音に反応可能であり，成長とともにより広い周波数帯域の音に反応するようになります。ただ

1　本章では感覚と知覚について，"見る"＝目，"聞く"＝耳といった感覚器の役割を感覚，それらをどう"見るか""聞くか"といった脳の役割を知覚として記述します。

2　この反応は，なんらかの理由により母胎から出された胎児を母胎の外で触れることによって確かめられました（Hepper, In *Fetal behavior*, 1992; Hooker, In *The prenatal origin of behavior*, 1952）。

3　Hepper, *Child Dev Perspect*, 2015

4　Hz は周波数を表す単位で，値が大きいほど高い音に感じられます。

し，子宮のなかで羊水に包まれた胎児には，外界のクリアなままの音声は伝わりません。それでも，高さや長さ，強さの変化といった，言葉のメロディ（**韻律**）は比較的よく伝わります。このため，新生児は母親の声[5]，母親が妊娠中に話していた文章[6]，母親の話す言語のリズム[7]といった，胎児期に聞こえていた音を好みます。

これらの感覚[8]に比べるともっとも遅いのが視覚の発達で，光に対する反応が生じるのは妊娠26〜28週目まで待たねばなりません。

▶ **発達に伴う知覚の変化** | 出生後の乳児の知覚は，周囲の環境に応じた変化をみせます。その代表的な例が，言語音の聞き取りです。たとえば，成人の日本語話者の多くは，英語の/l/と/r/を聞き分けることに苦労します。これは，英語では/l/と/r/の区別は意味の区別において重要であるのに対して，日本語ではどちらも同じラ行の音として区別しないためです。しかし，**日本語を母語とする子どもであっても，生後6カ月の時点では，英語を母語とする乳児と同様に/l/と/r/の音を弁別可能です**[9]。ただし生後12カ月頃までには，英語を母語とする乳児の弁別能力が向上するのに対し，日本語を母語とする乳児の弁別能力は次第に低下していきます（**図5-1**）[10,11]。

このように，乳児はあらゆる音を区別する能力をもって生まれますが，発達に伴い，周囲で使われていない言語音の弁別能力を失っていきます。環境によって知覚が変容し，刺激の区別ができなくなる現象を知覚狭小化（perceptual

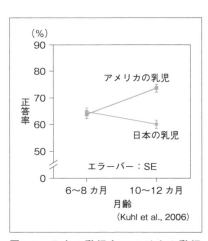

図5-1　日本の乳児とアメリカの乳児の/l/と/r/の区別の正答率

5　DeCasper & Fifer, *Science*, 1980
6　DeCasper & Spence, *Infant Behav Dev*, 1986
7　Moon et al., *Infant Behav Dev*, 1993
8　ほかにもたとえば平衡感覚も胎児期から機能しています。妊娠37週目の胎児において，母親が前後に揺れるのに応じて心拍が変化することが示されています（Lecanuet & Jacquet, *Dev Psychobiol*, 2002）。
9　Kuhl et al., *Dev Sci*, 2006
10　この研究では"条件づけ振り向き法"を用いています。"異なる音が聞こえたときだけ左（右）を振り向く"ことを訓練したあとで，調べたい音（ここではlaとra）に対して，正しく振り向くことができるかを観察します。
11　子音ではなく母音については，さらに早い時期（6カ月）までに弁別能力が低下します（Polka & Werker, *J Exp Psychol*, 1994）。

narrowing）とよびます。狭小化，という言葉の響きはなんだか残念に感じられるかもしれませんが，生活に必要な音の特徴だけに敏感になることで，効率よく言語を理解することができるようになるという大きなメリットがあります。▶ p.62 第4章

·········· ステップ2 ··········

多感覚による知覚の発達

人が話している映像を見ているとき，声と口の動きのタイミングが同期しておらず，違和感を覚えた経験はないでしょうか。あるいは，話し相手の口元が見えるほうが何を言っているかわかりやすい，と感じたことはないでしょうか。このような現象は，口の動きという視覚情報が聴覚情報の解釈に対して大きく影響を与えているために生じます。このように，私たちはある1つの出来事に対して複数の感覚情報を組み合わせた知覚（多感覚知覚）をおこなっています。

▶ 視覚と聴覚のマッチング ｜ 図5-2を見てください。どちらが「あ」，どちらが「い」と言っている絵でしょうか。絵からは直接声が聞こえなくても，おそらく，左が「あ」，右が「い」と発音していると判断できたのではないでしょうか。このように判断できるのは，私たちにとって「あ」の音声を聞くことと，丸い口の形を見ることが結びついているためです。音声に合った口の形がわかることを，**音声―口形マッチング**といいます。

乳児も音声―口形マッチングをしているかどうかを調べた実験があります[12]。この実験では，図5-2のように並んだ2つの顔の映像を見せながら，乳児に音声を聞かせました。すると，2カ月児が/a/を聞いたときには左の映像，/i/を聞いたときには右の映像というように，聞こえる音

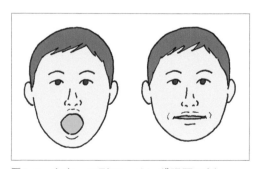

図5-2 音声―口形マッチング課題の例

·······················
12 最初におこなわれた実験はP.K.クールとA.N.メルツォフが18〜20週の乳児におこなったものでした（Kuhl & Meltzoff, *Science*, 1982）。ここで紹介しているのは，その後，M.L.パターソンとJ.F.ワーカーがより幼い乳児を対象に同様の実験をおこなったものです（Patterson & Werker, *Dev Sci*, 2003）。

と一貫する映像を長く見ることがわかりました。この結果は、この月齢の乳児がすでに音声—口形マッチングをしていることを示唆します[13]。ただし、日本語を母語とする乳児は8カ月になっても /i/ の音声と対応する口の形のマッチングをしないという報告もあり[14]、文化や環境に起因した言語経験が音声—口形マッチングに重要であることが示唆されています。

▶ **視覚と聴覚の統合**｜視覚と聴覚の視聴覚統合の代表例として、マガーク効果[15]が有名です。これは、/ba/ という音声を聞く際、/ga/ と発音している映像を見せられると、/da/ に聞こえるという現象です。通常、/ba/ は唇を閉じないと発音できません。唇を閉じるべき聴覚情報と同時に、唇を閉じない /ga/ の視覚情報を与えられると、2つの音声の中間である /da/ という音声を知覚すると考えられています。

D. バーナムとB. ドッドの実験[16]は、マガーク刺激（音声 /ba/ と映像 /ga/）を繰り返し視聴した4.5カ月児が、この刺激を /da/（もしくは /tha/）と知覚している可能性を示しました。また、マガーク刺激を視聴している際の脳活動を脳波計で測定した別の研究でも、5カ月児で視聴覚統合を示唆する脳活動のパターンが観察されています[17]。

───── ステップ3 ─────

生涯発達の観点からみる感覚・知覚の変化

認知発達研究では、成人を発達の到達点として扱うことが多くあります。しかし、認知機能は必ずしも成人期に頂点を迎えるわけでも、そのままずっと維持されるものでもありません。本ステップでは、感覚や知覚の変化を生涯発達の観点から簡単に紹介します。

▶ **加齢による知覚の低下**｜成人期以降では、加齢に伴い、それぞれの感覚器が情報を検出する力に衰えがみられます。視覚では、視力の低下（とくに近距離）、コントラスト感度の低下、明暗順応の遅れ[18]が生じ、読書のしづら

────────────

13 ほかの感覚どうしの組み合わせとして、1カ月児における視覚と触覚のマッチングについての研究もあります（Meltzoff & Borton, *Nature*, 1978）。この現象の再現可能性については、議論が続いています。
14 麦谷ら、音声研究、2004
15 McGurk & MacDonald, *Nature*, 1976
16 Burnham & Dodd, *Dev Psychobiol*, 2004
17 Kushnerenko et al., *PNAS*, 2008。ただし、子どもと大人では、まったく同じように視聴覚統合が起きているとは限りません。マガークとマクドナルドが最初にマガーク効果を報告したときから、子どもでの生起頻度の低さ、つまり子どもは音声どおりの回答をしやすいことも報告されていました。これはその後の研究でも繰り返し示されています。

さ，さらには足元が見えづらいことによる転倒の増加にもつながります。聴力は30代から衰えはじめます。50代から**難聴**の割合が増え（老人性難聴）[19]，とくに高周波数帯の聞こえ[20]が悪くなり，音声による言葉でのやりとりが難しくなるほか，緊急時のアナウンスが伝わりづらいといった問題も生じます[21]。味覚では塩味を感じる閾値が上昇し，嗅覚の識別が衰えることが報告されています。触覚は手のひら以外では保たれやすいものの，温度感覚の衰えがみられるため，熱中症などへの注意が必要です[22]。 p.27 第2章

▶ **多感覚知覚の変容** ｜ 多感覚を統合した知覚においても，どの感覚情報を優先するかが加齢によって変化します。たとえば，聴覚が視覚情報の影響を受けるマガーク効果は，若年者に比べて高齢者のほうが起きやすいことが報告されています[23]。興味深いのは，音声のみを呈示して何が聞こえたかを答えさせると，高齢者の成績は若年者よりわずかに正答率が下がる程度であったにもかかわらず，**視覚と聴覚を組み合わせて呈示すると，高齢者は視覚を優先した判断をする傾向が大幅に強くなる**点です（ちなみに，口の映像のみを手がかりに何を言っているのか判断させたときは正答率に差がありませんでした）。これらの結果からわかることは，多くの感覚情報が入り混じる実生活では，年齢によって情報のとらえ方が大きく異なるということです。聴力検査をして「聞こえているから大丈夫だろう」と思わずに，生涯発達による感覚・知覚機能の変化を考慮したコミュニケーションを心がけることで，より安全な社会の構築や円滑な相互理解が促進される可能性があります。

2 記憶と実行機能

ステップ1

記憶

「あなたの子どもの頃の出来事を話してください」と尋ねられると，ほとん

18　Owsley, *Annu Rev Vis Sci*, 2016
19　立木ら, *Audilogy Japan*, 2002；立木・一戸, *Audilogy Japan*, 2003
20　日常的に音にさらされることで，20代後半から徐々に聴力は衰えます。これを実感できるのが，8,000〜20,000 Hzという高周波音（通称モスキート音，モスキートーン）です。音に触れることの少ない民族では，高齢になっても聴力の衰えが少ないことが報告されています（Rosen et al., *Ann Otology*, 1962）。
21　声色から感情を読み取ることの衰えも報告されています（齊藤・中村，日本音響学会誌，2020）。
22　知覚に対する加齢の影響は，西村，成人発達とエイジングの心理学，2018が参考になります。
23　Sekiyama et al., *Front Psychol*, 2014

どの人が，3歳より前の記憶を答えられません[24]。このような，人生の最初期の出来事を忘れてしまうことを幼児期健忘といいます。興味深いことに，児童でも幼児期健忘がみられます。すなわち，**児童にとってはわずか数年前の出来事にもかかわらず，やはり幼少期の記憶をまったく思い出せないので**す。いっぽうで，新生児は胎内で聞いていた音や羊水の味[25]を，いくらかは覚えています。そのため，幼児期に記憶能力がないために幼児期健忘が起こるというわけでもなさそうです。本ステップでは，これまでの研究で明らかにされてきた子どもの記憶能力をみていきましょう。

▶ **乳児の記憶** ｜ アメリカの心理学者C.ロヴィーコリアー[26]は，おもちゃのモビールを使った実験で乳児の記憶を調べました。実験では，まず，乳児の上にモビールをぶら下げ，リボンで乳児の足と結びます（**図5-3a**）。しばらくそのまま遊ばせておくと，乳児はやがて"キックするとモビールが動く"ことを学習します。一定期間の後，再び乳児をこのモビールの下に連れてきます。今度も，リボンを足に結び付けるものの，そのリボンはモビールとはつながっていません（**図5-3b**）。もし乳児が"キックするとモビールが動く"ことを覚えていれば，乳児はたくさんキックをしてモビールを動かそうとするはずです。そこでキックの頻度を測った結果，**3カ月児は数日間，6カ月**

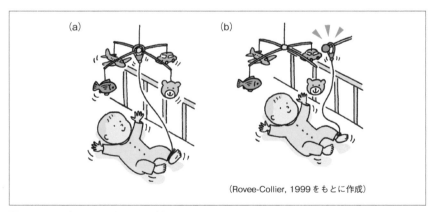

(a)　　　　　　　　(b)

（Rovee-Collier, 1999 をもとに作成）

図5-3　モビールを使った記憶の実験
（a）最初に記憶をする際の様子，（b）再び実験室を訪れた際の様子。

....

24　最初の記憶が何歳のものであるかを調べると，欧米人に比べてアジア人のほうが上であるという文化差があります。また女性のほうが男性よりも子どもの頃の記憶を多く思い出すという性差も報告されています（Wang et al., *Cogn Sci*, 2007）。これは，文化や性差によって出来事についての親子での会話スタイルが異なるために生じると考えられています。

25　Mennella et al., *N Engl J Med*, 1991

26　Rovee-Collier, *Psychol Rev*, 1997

児は2週間の期間が経過したあとも，記憶を保持していることが明らかになりました。

　また，乳児が他者の行動を真似る能力を応用した遅延（延滞）模倣[27]を使って記憶を調べる方法もおこなわれてきました[28]。この方法ではまず，ある人物が一連の行動をする（たとえば，おもちゃをテーブルの下から取り出して棚に置く）様子を繰り返し乳児に見せます。後日同じ状況に置いたときに，乳児がその人物と同じ行動をすれば，その行動を覚えていたと解釈することができます。この方法によって，9カ月児は4週間，21カ月児は4カ月間[29]経過したあとも，記憶を保持していることが明らかとなりました。

▶ **幼児の記憶**｜幼児が言葉を話すようになると，エピソード記憶（自分が過去に体験した出来事についての記憶）を調べることができるようになります。過去の出来事についての言動を語りはじめるのは2, 3歳頃からであることが報告されています[30]。また，3歳の時点でディズニーワールドに行った子どもへのインタビュー調査では，1年半経っても，幼児がその記憶をしっかり覚えていることが示されています[31]。

▶ **幼児期健忘の謎**｜これまでの研究結果が示すように，物事を記憶する能力は早期から機能しているようです。それにもかかわらず，なぜ幼児期健忘が生じるのでしょうか。この問題については，今も議論が続いており，多くの仮説が提案されています。たとえば，長期間の記憶の保持ができない，あるいはその記憶を取り出すことができないという仮説があります。また，物事を覚える際に該当する概念を表す言葉を知らないと，思い出す際に言語的な報告ができないという結果から，幼児期健忘は初期の経験を言語に変換できないために生じるとする仮説もあります[32]。神経発達の面からは，乳児期には記憶にかかわる海馬で次々と新しい神経細胞が生まれ（**神経新生**），神経ネットワークが変化し続けているため，一度記憶されたとしても，古い記憶を維持することができないという仮説も提案されています[33]。 第3章

27　目の前にないモデルの行動を模倣することです。スマホを見て「もしもし」とその場にはいない養育者の真似をすることなどが具体例として挙げられます。

28　Meltzoff, *Child Dev*, 1985

29　Carver & Bauer, *J Exp Psychol Gen*, 2001; Liston & Kagan, *Nature*, 2002

30　はじめは手がかりを与えられないと話せない，また必ずしも正確な内容であるとは限らないといわれています（上原，教育心理学研究，1998; 上原，清泉女学院大学人間学部研究紀要，2005）。

31　Hamond & Fivush, *Cogn Dev*, 1991

32　Simcock & Hayne, *Psychol Sci*, 2002。ただし，言語を用いない動物でも幼児期健忘とみられる現象が生じることから（Akers et al., *Learn Mem*, 2012），この現象を言語能力の発達のみで説明することは難しいと考えられます。

33　Josselyn & Frankland, *Learn Mem*, 2012

実行機能

　実行機能とは，私たちがある目的を遂行するために，行動を計画し，制御する能力の総称です。実行機能は，自動的に生じてしまう反応を抑える**抑制**や，ある課題から別の課題へと遂行すべき課題を切り替える**切り替え**などの能力を含みます[34]。

▶ **幼児の実行機能**｜実行機能の1つである切り替え能力を調べるために用いられる課題が，DCCS（dimensional change card sort：次元変化カード分類）課題[35]です。色違いの2種類の絵柄（たとえば，色は赤か青，絵柄はウサギかボート）のカードを用意し（**図5-4**），最初は，「青だったら左，赤だったら右」に置くというように，色でカードを分類させます（第1段階）。途中で，「ウサギだったら左，ボートだったら右」に置くというように，形で分類するようルールを変更します（第2段階）。この課題の前半は幼い子どもでも難しくないのですが，途中でルールが変更されると，3歳の子どもでは，直前のルールで分類してしまう誤りが生じます。この誤りは，切り替え能力の未熟さを反映していると考えられます。4歳になると，多くの子どもがすばやいルールの切り替えに成功します[36]。

▶ **実行機能の発達**｜幼児期における実行機能の発達のメカニズムを明らかにするため，fNIRS（functional near-infrared spectroscopy：機能的近赤外分光

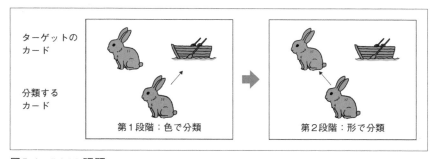

図5-4　DCCS課題

....

34　どこまでを実行機能の下位項目として含むかは，研究者によって異なります。ここではMiyake et al., *Cogn Psychol*, 2000に基づいて取り上げます。

35　Zelazo et al., *Cogn Dev*, 1996

36　実行機能の1つ，抑制の能力を調べる課題には，太陽のカードを見せられたら「夜」，月のカードを見せられたら「昼」と答えるように教示されるDAY NIGHT課題（Gerstadt et al., *Cognition*, 1994）があります。この課題では，3歳から7歳にかけて，より速く反応できるようになることがわかっています。

法）を使って，DCCS課題をおこなっている最中の子どもの脳活動を調べた研究があります。この研究では，ルールの切り替えができた子どもでは，課題中に**下前頭領域**の活動がみられたのに対し，切り替えができなかった子どもではそのような活動がみられなかったことがわかりました[37,38]。

ステップ3

マシュマロを我慢できれば，将来社会的に成功？

実行機能にかかわりの深い"自制心"を調べた発達心理学研究として，アメリカの心理学者W.ミシェルがおこなった"マシュマロ・テスト"[39]が有名です。この研究では，実験者は子どもの目の前にお菓子を置いて，「今1個食べてもいいけれど，私が戻ってくるまで食べずに待っていたら，もう1個あげるよ」と伝えて，部屋を出ていきます。この研究が注目を集めたのは，子どもの反応自体よりも，むしろ反応と彼らの"その後"との関連にありました。なんと，目の前のお菓子を我慢して合計2個のお菓子を得た子どもは，そうでない子どもに比べて，成長してから試験で好成績をおさめる，友人関係を保つのがうまい，健康であるなど，長期的にみて成功しやすかった，と言うのです[40]。この知見は社会的にも大きなインパクトをもち，「自制心をトレーニングすることでさまざまな能力を鍛えられるのではないか」などとして，教育現場などでも取り上げられました。

しかし，その後の大規模研究[41]によって，この関連がみられる範囲が限定的であること，家庭の経済的な要因に左右されること，マシュマロ・テストが測定しているのが本当に"自制心"のみなのかといった指摘がなされ，現在では「幼少期の"自制心"が将来の社会的成功を予測する」といった短絡的な結論を導くことへの疑義[42]が抱かれています[43]。

37 Moriguchi & Hiraki, *PNAS*, 2009

38 実行機能は幼児期のあとにも発達が続き（Zelazo et al., *Monogr Soc Res Child Dev*, 2013），青年期後期にピークを迎えます。その後は加齢に伴う衰えがみられ，とくに老年期に顕著になります（Zelazo et al., *Acta Psychol*, 2004）。

39 Mischel et al., *J Pers Soc Psychol*, 1988

40 Mischel, *The marshmallow test*, 2014（柴田 訳，マシュマロ・テスト，2015）に詳しい例が紹介されています。

41 Watts et al., *Psychol Sci*, 2018

42 このような再現性の有無や，偏ったサンプルから得られた結果を一般化することの問題は，発達心理学でもしばしば指摘されます。とくに子どもを対象とする実験では，言語で十分に状況の説明ができないことが，子どもの能力を過小・過大評価することにもつながります。このような誤解を少なくするためにも，多くの文化圏や経済状況にいる子どもたちに対象を広げた再現実験の実施や，それらのデータをまとめたメタ分析研究が重要となります。

社会的認知機能

社会的な存在としての子ども

　認知機能には，他者との関係性を通して育まれるものもあります。また，相手の気持ちや考えを推測するという，他者そのものを理解するための認知機能もあります。本ステップでは，他者との関係性を築くための基盤となる，乳児がもつ社会的[44]なシグナルへの関心について説明します。

▶ **社会的な刺激への選好**｜ヒトは早期から他者の存在への関心を示します。生まれてすぐの新生児も，顔の要素をよく表現した図形や，自分に対して視線を向けている人物の写真をより長く見ようとします[45]。また，音声のなかでもとくに，子どもに向けられた抑揚を誇張した発話（**対乳児発話：infant-directed speech**）[46]をよく聞こうとします[47]。p.45 第4章

▶ **随伴性の有無に対する敏感性**｜乳児は他者の"反応"にも敏感です。このことを示すのが，スティルフェイス実験[48]です。この実験では，乳児とにこやかなやりとりをしていた母親が，突然，無表情になりました。すると，乳児は笑顔が少なくなったり，母親の顔から目をそらしたりしました[49]（図5-5）。

　このように，ある行動をしたら，それに応じて何かが起こる，という対応関係を随伴性とよびます[50]。スティルフェイス実験で子どもが不安やストレ

43　最新の研究では，文化的習慣がマシュマロ・テストにおける子どもの行動に影響をおよぼす可能性も示唆されています。柳岡らは，マシュマロのような食べ物に加え，プレゼントの箱をこの課題の報酬として使用しました。そして，日本の子どもは食べ物のほうを，アメリカの子どもはプレゼントの箱のほうを，より長い時間待てるという文化差を明らかにしました（Yanaoka et al., *Psychol Sci*, 2022）。この原因として，長時間報酬を待つことの文化的習慣の違いが考えられます。日本の子どもは「いただきます」のように食事を待つ習慣をもついっぽうで，アメリカの子どもはクリスマスといったイベントにプレゼントの開封を待つ習慣をもちます。このように，マシュマロ・テストの結果は必ずしも子どもの自制心のみを反映するとは限りません。

44　ここでの"社会的"という用語は，"他者とのやりとりにかかわる"という意味で用います。

45　Fantz, *Science*, 1963; Farroni et al., *PNAS*, 2002

46　乳児に対する抑揚を誇張した発話は，マザリーズ（motherese），またジェンダーに中立的な表現としてペアレンティーズ（parentese）とよばれることもあります。乳児の親に限らず，乳児と接する養育者の発話にも同じく誇張した抑揚がみられることから，現在では対乳児発話が多く使われます。

47　Fernald, *Infant Behav Dev*, 1985

48　Tronick et al., *J Am Acad Child Psychiatry*, 1978

49　母親が触れながらであれば，スティルフェイス実験中でも，乳児の不安そうな様子が観察されづらくなることが報告されています（Stack & Muir, *Child Dev*, 1992）。

50　とくに，自分と他者との行動における対応関係を社会的随伴性とよぶこともあります。

スを感じる様子を見せるのは，彼らが随伴性に対して敏感であり，自分の働きかけに対して養育者が返してくれるはずの反応がないことに戸惑うためだと考えられます[51]。

▶ **他者の存在の重要性** │ 他者の存在が認知機能の発達に大きくかかわることを示したのが，クールらによる外国語学習の研究[52]です。彼女たちは，アメリカ英語を母語とする9カ月児に，中国語をさまざまな条件で聞かせて，言語経験が音声の弁別学習に与える影響を調べました。実験の結果，中国語の音声弁別能力が上がったのは，中国語の話者が直接話

図5-5　スティルフェイス実験

しかけた乳児のみで，話者の動画や音声のみを視聴した乳児には学習効果がみられませんでした（**図5-6**）。この結果は，子どもの学習には，やりとりできる可能性のある他者の存在が重要となることを示しています[53,54]。 p.100 第6章

▶ **社会的参照** │ 街のなかに知らない物体が置いてあったとき，周りの人々が怖がるような表情や仕草を見せていれば，近づかないほうがよさそうです。いっぽう，人々が笑顔を向けていれば，危険な物体ではないかもしれません。私たちはこのように，他者から直接「危ない」「これは○○だよ」と言語的に伝えられなくても，他者の表情を通して情報を取り入れることができます。これを社会的参照といいます。

　視覚的断崖[55]を使った実験[56]では，12カ月児も社会的参照をおこなっていることが示されています。**図5-7**のような装置の上で乳児を自由にさせると，

51　2カ月児でも，他者の反応を期待する様子がみられることがわかっています（Nadel et al., *Dev Sci*, 1999）。
52　Kuhl et al., *PNAS*, 2003
53　ビデオチャットでも言語学習効果があることが示されています（Roseberry et al., *Child Dev*, 2014）。
54　子どもとのやりとりにおいて，大人は自然に，対乳児発話を用いたり，子どもの名前を呼びかけたりといった働きかけを多くおこないます。大人と子どものコミュニケーションを通して自然と知識や技能の伝達がおこなわれる，という考え方はナチュラル・ペダゴジー理論（Csibra & Gergely, *Trends in Cog Sci*, 2009）とよばれています（第6章も参照。詳しくは奥村・鹿子木，心理学評論，2018）。
55　この実験は，元々は乳児の奥行きの知覚を調べるために開発されたものです（Gibson & Walk, *SciAm*, 1960）。
56　Sorce et al., *Dev Psychol*, 1985

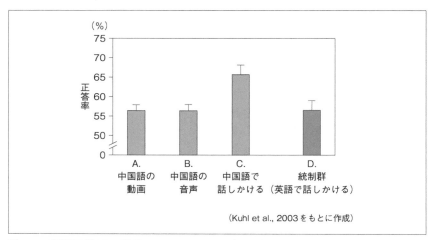

図5-6 外国語学習の効果における条件の違い（英語にはない中国語の音を区別する課題）

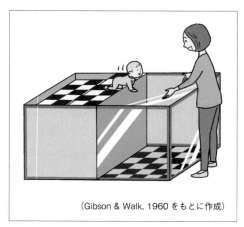

（Gibson & Walk, 1960をもとに作成）

図5-7 視覚的断崖実験

ガラス床の部分で下に落ちてしまうように見えるため，通常はガラス床の直前で乳児は足を止めてしまいます。しかしながら，ガラス床の向こう側にいる母親が笑顔を向けていると，乳児はガラスの上を渡ることができました。いっぽうで，母親が恐怖や怒りの顔を向けていると，ほとんどの乳児は止まったままでした。このように，乳児は他者から直接的に物事を教えてもらうだけでなく，他者の表情を通して学ぶ[57]こともおこなっているのです。

▶ **自己のめばえ**｜マークテスト（ルージュテスト）とよばれる実験[58]によっ

57 顔の表情だけでなく，声も手がかりとして使われます（Vaish & Striano, *Dev Sci*, 2004）
58 こっそり子どもの鼻や頬，おでこにインクを付けておき，鏡を見せたときの様子を観察する実験です。鏡に映る自分のインクに気がつき，鏡ではなく，自分の顔に付けられたインクに触れたり，取ろうとしたりすれば，自己を認識できていると判断できます。1歳半になる前は，自分の顔に手を伸ばそうとしません。

て，他者と明確に異なる自分という存在，すなわち“自己”という意識を子どもがもっているかどうかを調べることができます。この方法によると，1歳半から2歳前後で，“自己”が芽生えてくるようです。この時期の自己に対する意識の現れは，感情の発達にもかかわります。喜びや恐怖といった基本的な感情（一次的感情）はそれまでにもみられますが，1歳半くらいになると，照れや恥といった，他者から自分がどう見られているかを意識することで生じる感情（二次的感情）[59]も現れはじめます。

ステップ 2

感情理解

社会において他者とかかわるうえでは，自分の感情を表出するだけでなく，相手の感情を適切に読み取る必要もあります。本ステップでは，子どもの感情理解力の発達に焦点を当てます。

▶ **表情に基づく感情理解** | 表情は，他者の感情を理解するうえで目につきやすい手がかりです。馴化―脱馴化法（p.53）を使った研究によって，4カ月児が“喜んでいる顔”と“怒っている顔”といった表情の区別ができることがわかっています[60]。さらに6カ月になるまでに，乳児は怒っている顔を見せられると泣きそうになったり，離れようとしたりするようになります。いっぽうで喜んでいる顔に対しては，笑顔を見せたり接近したりという行動をとります。このように，比較的早い段階で子どもは他者の表情が示すシグナル（たとえば“笑顔なら近づいてもよい”）を読み取り，それに合わせた行動をとれることがわかっています[61]。

幼児期以降は，表情の理解について，言葉で尋ねることもできます。表情の写真を見せて「この人はどんな気持ち？」と尋ねると，4歳でもある程度わかりますが，6歳，8歳にかけて，より正確に答えられるようになっていきます[62]。また，表情のイラストを数枚見せて「悲しい顔はどれ？」と選ばせる場合も，3歳，5歳，7歳と正答できる子どもの人数が増えていきます[63]。

▶ **声色に基づく感情理解** | 感情は声色にも表れます。アメリカの心理学者A.ファーナルドは，5カ月児に“承認（approval）”あるいは“禁止

59 Lewis, In *Shame: The exposed self*, 1992
60 Kaneshige & Haryu, *Jpn Psychol Res*, 2015; Serrano et al., *Dev Psychobiol*, 1992
61 金重，心理学評論，2020；Serrano et al., *Infant Behav Dev*, 1995
62 Markham & Adams, *J Nonverbal Behav*, 1992
63 Pons et al., *Eur J Dev Psychol*, 2004

（prohibition）”どちらかを表す声色の音声を聞かせたところ，“承認”の音声にポジティブな表情を，“禁止”の音声にネガティブ表情を見せることを明らかにしました[64]。また，聞いた音声がどの感情を表しているかを“怒っている”“悲しんでいる”などの選択肢から選ばせる実験では，幼児期から児童期，大人にかけて次第に正答率が高くなります[65,66]。

　幼児期は，ネガティブな感情を「いやだ」などの言葉でまとめて認識していた状態から，「悲しい」「怖い」「怒る」といった感情語の理解が進んでいき，よび分けも可能となっていく時期でもあります[67]。

■ **多感覚による感情理解の文化差**｜感情表現には文化による違いもみられます。たとえば，日本人は欧米人に比べ，ネガティブな感情を隠そうとする傾向がみられます。このような文化差を反映し，感情理解の発達のパターンも文化によって異なることが報告されています。たとえば，**日本人の子どもでは，5〜6歳の頃には表情に基づいた感情判断が多く**，児童期の間に徐々に声色に基づいた判断が増えていくことが明らかになっています[68]。いっぽう，オランダ人ではそのような発達的変化がみられず，5〜6歳から一貫して表情を重視し続ける傾向があることが示されています[69]。この結果は，日本人がオランダ人に比べて表情を重視せず，声色の情報に重きを置きやすい[70]という文化差を反映していると考えられます。発達パターンの文化差は，私たちヒトの認知機能が，現在おかれている**環境に適応するようにうまく調整**された形で発達することを示唆しています。

······· ステップ 3 ·······

心の理論

　私たちは，家族が冷蔵庫に近づくのを見たら，「おなかがすいて，何か食

64 Fernald, *Child Dev*, 1993。ただし，この月齢では，方法によって音声のみでは区別していないという研究もあり，結果が一貫していません。おおむね7カ月になれば，声色から感情の意味を読み取っていることが示唆されています（Grossman et al., *Neuron*, 2010; Soderstrom et al., *Cogn and Emo*, 2015; Walker-Andrews, *Dev Psychol*, 1986）。
65 Chronaki et al., *Br J Dev Psychol*, 2014; Sauter et al., *Br J Dev Psychol*, 2013
66 幼児期から児童期にかけて，レキシカルバイアスという現象も報告されています。大人は「上手だね」のようなポジティブな言葉かけも，不機嫌な声色で言われればネガティブにとらえます。いっぽう，7歳頃までの子どもは，言葉の情報を重視し，声色にかかわらずポジティブにとらえやすいという特徴がみられます（Friend, *Dev Sci*, 2000; 池田・針生，心理学研究，2018）。
67 浜名・針生，発達心理学研究，2015
68 Yamamoto et al., *PLoS One*, 2020
69 Kawahara et al., *Cogn Emo*, 2021
70 Tanaka et al., *Psychol Sci*, 2010

べようとしているのかな？」と思うかもしれません。また，自分の知っている内容を，必ずしも他者も知っているとは限らないことや，他者と自分の好みが異なることも理解しています。これは，私たちが他者にこころがあるとみなし，それが自分のこころと異なることを理解しているからと考えられます。このような，他者のこころについて推測する認知的な枠組みを，心の理論[71]とよびます。

▶ **誤信念課題**｜子どもが心の理論，とくに他者の「信念」について理解しているかどうかを調べる方法の1つとして，誤信念課題（false belief task）とよばれる課題がよく用いられます。

そのうちの1つ，**サリー・アン課題**[72]では，**図5-8**のようなストーリーを聞かせます。この課題の最後の質問に対して，3歳頃までの子どもの多くは，「箱」と答えます。これは，他者が自身と同じ情報を必ずしももっているわけではないことを理解せずに，**自分の目撃した事実に基づいて回答してしまう**からだと解釈されます[73]。しかし4歳から5歳にかけて，多くの子どもが「カゴ」と正答できるようになります[74]。また，6歳から9歳にかけて，さらに複雑な構造をもつ "二次の誤信念課題"（「『AさんはXだと思い込んでいる』とBさんは思い込んでいる」ことを推測する課題）にも正答できるようになることが知られています。このように，他者の内的状態の理解は，幼児期から児童期にかけて発達していきます。

▶ **隠された感情の理解**｜こころの他の側面として，顔など目に見える部分に現れるとは限らない他者の「感情」の理解という観点からも、心の理論の発達が検討されています。そのうちの1つが，**表情と一致しない感情の理解**です。**図5-9**のようなストーリーを見せて「Aちゃんはこころのなかでどんな気持ちかな？」と尋ねると，5歳から11歳にかけて「怒っている」という回答が多くなっていきます[75]。必ずしも人間は本心を表情に出さないこと，たとえば笑顔を見せていても本当はネガティブな気持ちでいる可能性について

71 Premack & Woodruff, *Behav Brain Sci*, 1978。このこころとは，意図，知識状態，信念，欲求，感情などの，人間の内的状態を指します。このなかでとくに他者のもちうる信念の理解に着目したのが，誤信念課題です。

72 Baron-Cohen et al., *Cognition*, 1985

73 ビー玉がカゴから箱へ移されたことをサリーは見ていないのにもかかわらず，自分が見たビー玉の場所の情報をもとに，サリーも箱を探すと答えてしまうと解釈されます。

74 誤信念課題に通過する年齢には文化差がみられます。アメリカでは50％の子どもが通過する44カ月時点では，オーストラリアでは69％もの子どもが通過するいっぽう，日本では40％程度と欧米に比べて遅れる傾向がみられます（Wellman et al., *Child Dev*, 2001）。この原因が，誤信念の理解そのものの発達自体の文化差によるものか，誤信念課題の言語構造によるものかについての議論は今も続いています。

これはサリーです。　　　　　　これはアンです。

サリーは，カゴを持っています。　アンは，箱を持っています。

サリーは，ビー玉を持っています。サリーは，ビー玉を自分の
カゴに入れました。

サリーは，外に散歩に出かけました。

アンは，サリーのビー玉をカゴから取り出すと，自分の箱に
入れました。

さて，サリーが帰ってきました。サリーは自分のビー玉で遊びたい
と思いました。

サリーがビー玉を探すのは，どこでしょう？

図5-8　サリー・アン課題

も，幼児期から児童期に理解していくと考えられます。

ビー玉を持っていないＡちゃんを，
ビー玉をたくさん持っているＢちゃんが，からかっています。

Ａちゃんは笑っているけれど，本当の気持ちをＢちゃんに知られ
たくありません。Ａちゃんはこころのなかでどんな気持ちかな？

Ａちゃん　　　　　　　Ｂちゃん

図5-9　隠された感情の理解課題

▶ **乳児における心の理論**｜他者の内的状態の理解の萌芽については，3歳以前の子どもを対象とした検討もおこなわれています。アメリカの心理学者B.M.レパコリとA.ゴプニックの実験[76]では，実験者が①「クラッカーがおいしい，ブロッコリーがまずい」という反応（乳児と同じ好み），あるいは②「ブロッコリーがおいしい，クラッカーがまずい」という反応（乳児と異なる好み）のいずれかを見せてから，乳児に「どちらかをちょうだい」と手を出します。14カ月児の多くが実験者の好みによらず（①②いずれの場合も）クラッカーを渡すいっぽうで，18カ月児は，ブロッコリーをおいしいと言った人（②）にはブロッコリー，というように，相手の好みに応じて手渡しました。この結果は，幼い子どもであっても，他者が自身と異なる好みをもつことを理解していると解釈できそうです。このように，集団保育など，多くの他者との本格的な交流が始まる前の乳児にも，すでに自分のこころと他者のこころを区別する素地とよべる様子がみられます。

....

75　Pons et al., *Eur J Dev Psychol*, 2004

76　Repacholi & Gopnik, *Dev Psychol*, 1997。ほかにも，15カ月児に誤信念課題に似た事象を見せた際の注視の様子から，この月齢の乳児が誤信念を理解している可能性があるとする研究もあります（Onishi & Baillargeon, *Science*, 2005）。ただし，乳児を対象としたこれらの研究は，現在に至るまで再現性の問題がたびたび議論されており，"乳児も心の理論をもつ"と早急な結論を導くことには注意が必要です。

第6章

思考の発達

（金重利典）

1 思考とは

····· ステップ1 ·····

概念

思考は既存の知識を新しい状況に適用したり，新しい知識を生み出す活動と考えられます。本節ではまず，思考とはどのようなものかについて解説します。

▶ **概念とその表象** ｜ 概念は，思考の基本単位であり，個々の対象を集めたグループであるカテゴリに対する知識です。たとえば，"イヌ"という概念を考えてみましょう。"イヌ"は，自宅で飼っている犬といった特定の犬だけを指すのではなく，隣の家で飼っている犬も野良犬も指すことができます。このように，さまざまな事例をカテゴリとしてとらえることは，すべての事象に個別の名前を付ける必要をなくします。さらに，すでにもっているカテゴリの知識から新たな事例を理解・予測することも可能とします。

それでは，概念はどのように表象[1]されるのでしょうか。古典的には，概念は**カテゴリに属する事例を必要十分に定義するルールをもつもの**としてとらえられてきました。たとえば，"三角形"は同一直線上にない3つの点とそれを結ぶ線で示される図形と定義できます。このルールに含まれるものはすべて三角形であり，違反するものは三角形ではありません。しかし，私たちが日常において使用している概念は，すべて明確に定義されたルールに基づくわけではありません。たとえば，"イヌ"はわんと鳴くというルールを考えてみても，おとなしくてまったく鳴かない犬がいるかもしれません。とくに私たちが日常接する対象には，カテゴリに属するかどうかのルールが曖昧な事例も多く存在します[2]。

▶ **概念形成に関する理論** ｜ このような私たちのもつ概念の性質を説明する理

----

1 表象とは，哲学や心理学で用いられる用語で，直観的にこころに思い浮かべられる外界の事物・事象の心的な像を指します。また表象するとは，心的な像を思い浮かべることを指します。

2 鶏 やぺんぎんのような飛ばない鳥は"トリ"なのだろうか，といったものです。

論として，1970年代に，プロトタイプ理論と事例理論が提唱されました（図6-1）。プロトタイプ理論では，**概念はカテゴリに含まれる事例を平均したプロトタイプとよばれる典型例に基づいたものである**と考えます[3]。すなわち，カテゴリに含まれる事例すべてに共通する特徴があるわけではなく，似ているところが少しずつ異なる事例が集まったもの（家族的類似性をもつもの）が概念であるととらえます[4]。新しい事例は，プロトタイプとの類似性によって，カテゴリに含まれるかどうかが判断されます。いっぽうで，事例理論では，**カテゴリに含まれる事例が個別に記憶**されており，記憶された事例との類似性により新しい事例がカテゴリに含まれるかどうかが判断されると仮定されています[5]。

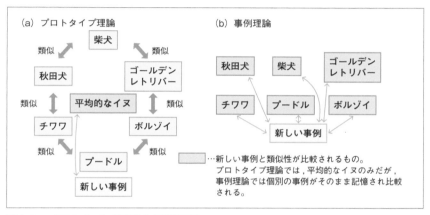

図6-1 プロトタイプ理論と事例理論

　1990年代には，概念の表象において再びルールが着目されるようになりました。たとえば，**カテゴリに属する多くの事例を説明するルールと，ルールから外れる例外によって概念が構成される**というモデルが提唱されています[6]。さらに近年では，概念はこれまでに提唱された理論のどれか1つのみで表現されるものではなく，複数の方法で表現されていて，**状況に応じて概念の定義が使い分けられている**という考え方も提唱されています[7]。

3　図6-1aの場合，現実には存在しないけれど，すべてのイヌとどこかしらが似ている "平均的なイヌ" を想定し，それをイヌというカテゴリのプロトタイプとします。

4　Rosch & Mervis, *Cogn Psychol*, 1975

5　Medin & Schaffer, *Psychol Review*, 1978

6　Nosofsky et al., *Psychol Review*, 1994。これは，"トリ" は飛ぶというルールと，鶏やぺんぎんのような飛ばない "トリ" もいるという例外によって，"トリ" の概念が構成されるというものです。

さまざまな思考・推論

　私たちは，生活のなかでさまざまなことを思考し判断しています。心理学においても，問題解決や意思決定，推理といった多くの事項が研究されてきました。本ステップでは，そのなかでも思考と推論について解説します。

▶ **思考の種類** | 思考をその目的によって分類すると，収束的思考と拡散的思考に大きく分けられます。収束的思考とは，算数の計算問題のようにただ1つの正解にたどり着く思考です。拡散的思考とは，今日の晩御飯の候補を考えるといったようにできるだけ多くの異なる答えを生み出す思考です。この拡散的思考は，多くのさまざまな，そして独自の考えを生み出す創造的思考にかかわると考えられています。

　また，検証することのできる仮説を立て，その仮説を検証する証拠を集めたり，分析する際におこなう科学的思考も思考の一種です。科学的思考は，とりわけ素朴理論と対立するものとして取り上げられます。素朴理論とは日常的な経験を通してつくられる，科学的なデータとは異なる理論を指します[8]。素朴理論は体系だった理論の形をとりますが，自然科学的な知識とは異なります。そのため，科学的な問題解決的思考を妨げることもあります。そのような事例として，コインを手で投げ上げた際にコインに働く力を考えさせる物理の問題があります（図6-2）。物理学的には，物体はほかの物体に接していない限り重力（下方向）以外の力は働かないはずですが，コインが手から離れたあと，コインが上昇している間はコインには上方向の力が働いていると考える[9]誤答が多いことが示されています[10]。

　このように，私たちの思考は多くの場合，直観に基づいています。実際に，人間が問題解決をする際には，方法をすべて網羅的に調べるアルゴリズム的手法ではなく，正解に近そうな方法を直観的に選択するヒューリスティ

7　たとえば，Johansen & Palmeri, *Cogn Psychol*, 2002

8　代表例に，天動説と地動説があります。私たちは，日常では地面が動くことを経験することはありませんが，太陽が動いていることは見ることができます。この経験を通して，地球の周りで太陽が動いているという素朴理論である天動説を形成します。いっぽうで，地球が太陽の周りを動く地動説が正しいという知識を小学校で獲得します。

9　科学的には，重力以外の物体に働く力はその物体と接しているものからしか受けません。しかしこの問題では，接するものがなくても，動いている物体にはその方向に力が働いている，という素朴理論が働いています。おそらく，日常的には摩擦があるため，力をかけ続けなければ移動が難しいという経験が科学的思考を阻害しているものと考えられます。

10　この研究の対象者はまだ大学の物理の授業を受けていない工学部の学生でした（高校の物理の授業は受けていた）。驚くことに，彼らの正答率は12％であり，1学期間の物理の授業を受けた後のグループでも約30％の正答率にとどまりました（Clement, *Am J Phys*, 1982）。

図6-2 コイン投げ上げ問題

ックをおもに用いることが知られています。これは，私たちが日々直面する問題それぞれに対して，取りうる方法を網羅的に検討するのでは効率が悪すぎるためだと考えられます。ただ，すべてにおいて直観的に思考しているわけではなく，状況に応じて自身の行動を振り返り熟考することもあります[11]。

▶ **推論の種類** | 推論とは，事前に得られた知識や前提から，新しい結論を導き出す過程を指します。代表的なものに，演繹的推論と帰納的推論があります。演繹的推論では，**一般的な事柄から個別の事例についての結論を導きます**。代表的な例は，アリストテレスの三段論法です。たとえば，①人間であれば死ぬ，②ソクラテスは人間である，という前提から，③ソクラテスは死ぬという結論が導かれます。人間一般からソクラテスという個別の人間についての結論を導き出しています。**演繹的推論では必ず，前提が正しければ結論も正しくなります**。いっぽうで，帰納的推論は，個別の事例を集めて一般的な事柄についての結論を導きます。たとえば，①鳩は飛ぶ，②烏は飛ぶ，③かもめは飛ぶという事例から④"トリ"は飛ぶという結論を導くことを考えてみましょう。この例では，3種類の鳥が飛ぶという個別の事例から，トリ一般についての結論を導き出しています。帰納的推論は，個別の事例が正しかったとしても，すべての個別の事例が得られるまでは，結論が正しいかどうかはわかりません。この場合には，鶏やぺんぎんといった鳥は飛ばないことを考えると，結論は正しくないことがわかります。この帰納的推論は，日常的に得られる個別の経験（それぞれの鳥）から，それらをまとめた概念（トリ一般）に関するカテゴリを形成する際に用いられると考えられます。

これら2つの推論以外に，私たちは類推（アナロジー）も用います。類推

---

11 直観的思考を内省し修正することを批判的思考の機能の1つととらえる立場もあります（楠見，認知科学，2018）。批判的思考は，経験による固定観念や認知バイアスの影響を受けることなく，多くの客観的基準に基づいた判断を可能とします。

とは，すでに十分に知っている事例についての知識を，新しく知らない対象と対応づけて理解することです。アメリカの心理学者であるM.ギックとK.ホリオークは，手がかりとなる物語で得られた知識を，どれだけ未知の問題に結びつけて解決法を導き出せるかを，"腫瘍問題"を用いて検討しました[12]。実験では，まず解決法の構造が類似した物語を読ませたあと，本題の腫瘍問題に取り組むよう参加者に教示しました（図6-3）。

手がかりとなる物語
　敵国の中央にある要塞を攻撃しようとしている将軍がいました。この要塞は非常に守りが固く大軍で攻めなければなりません。しかし，要塞までの道は地雷が仕込んであり，大軍で通ると爆発してしまいます。そこで将軍は軍隊をいくつかの小隊に分け，複数の経路から要塞を攻撃することで，要塞を占領することができました。

腫瘍問題
　胃がんの患者に対して，放射線治療をおこなわなければなりませんが，悪性腫瘍であるがんは身体の内部にあるため，腫瘍を破壊するほどの強い放射線を当てると健康な組織も壊れてしまいます。腫瘍だけをうまく破壊するにはどうすればよいでしょうか。

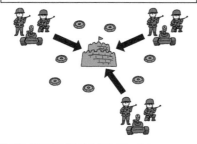

（Gick & Holyoak, 1980 をもとに作成）

図6-3　腫瘍問題の問題文と解決法

　実験の結果，手がかりとなる物語が腫瘍問題のヒントであると伝えられた場合は7割以上の参加者が正解しました。しかし，そう伝えられなかった場合に正解した人は1割にとどまりました。この結果は，**既知の知識と新しい対象の共通性をうまく見いだすことこそが**，新しい対象への類推を促進するために重要であることを示唆しています。

ステップ3

言語と思考

　言語と思考は深く関係しています。たとえば，私たちは，"イヌ"と考えている動物に，"イヌ"という言葉を使いますが，"イヌ"と考えていない動

物には使いません。また私たちが意識できる思考はほぼすべて言語を介しています。それでは言語がなければ，思考はできないのでしょうか。

▶ **言語相対性仮説**｜アメリカの言語学者であるB.ウォーフは，使用する言語によって思考の仕方が変化するという言語相対性仮説[13]を提唱しました。この仮説は，言語の種類によって単語の指す概念の範囲が異なるため，その**概念を用いた思考も言語によってそれぞれ異なる**と主張します。

アメリカの心理学者E.R.ハイダーは，色の記憶を対象として，言語相対性仮説を実証的に検証しました[14]。具体的には，ニューギニアのダニ語という色を表す単語が2語しかない言語の話者と，英語話者との間で，色の記憶の混同されやすさを比較しました。言語相対性仮説によれば，ダニ語話者はダニ語では区別しない色を混同しやすいことが予測されます。しかし実験の結果，覚えやすい色とそうでない色[15]は，2つの話者群間で大きな違いはありませんでした。この結果は，**言語の違いは色の記憶に大きな影響を与えない**ことを示唆します。しかしながら後に，色のカテゴリ境界を判断させる課題では言語の影響がみられることも示されています[16]。

色の記憶以外にも，さまざまな形で本仮説は検証されています[17]。ただし，言語が思考に与える影響は，言語がなければ認識・思考できないというような決定的なものではなく，部分的なものであると考えられています。

2 ピアジェの認知能力の発達段階理論

⋯⋯ ステップ**1** ⋯⋯

ピアジェ理論の基礎

前節では，成人の思考や推論を概観しました。本節では，思考能力を含めた認知能力[18]の獲得を説明するために提唱された，スイスの心理学者J.ピアジェの理論を解説します。彼は子どもの詳細な観察[19]に基づき，人間の認知

---

13 この仮説は彼の名を冠してウォーフ仮説とよばれることもあります。

14 Heider, *J Exp Psy*, 1972; Heider & Oliver, *Cogn Psychol*, 1972

15 覚えやすい色は典型的な青色のような焦点色とよばれる色で，覚えにくい色は緑がかった青色のような非焦点色とよばれる色でした。

16 色の物理的な変化量がおおよそ等間隔である3つの色（たとえば緑・青緑・青）のうち，似ていないものを選ぶ課題をおこなうと，3つのうち2つが同じ単語で表されるような言語の話者では，そうでない言語の話者と判断が異なりました（Kay & Kempton, *Ame Anth*, 1984）。

17 詳しく知りたい方は，針生 編，言語心理学，2006を参照してください。

能力は感覚─運動期，前操作期，具体的操作期，形式的操作期という4段階を順に経て発達していくと仮定しました。この理論は**発達段階理論**とよばれます[20]。

● 同化と調節｜ピアジェは私たちのもつ認知的枠組みをシェマ（スキーマ）[21]とよび，子どもは外界に働きかけることで，シェマを用いて外界の対象を認識したり（同化），自身のもつシェマを修正していく（調節）と考えました[22]。この同化や調節という心理的機能を用いて，子どもは外界を理解したり新しい知識を獲得することができます。またピアジェは，個体はそれを取り巻く環境とかかわるなかで，同化と調節の均衡を保つように発達すると考えました（均衡化）。ある発達段階のなかでは通常，同化と調節のバランスが均衡しています。しかしながら，たとえば理解できない事柄が増えて調節が多くなされるようになると，その均衡が崩れこれまでのもののとらえ方や思考では立ち行かなくなります。このような状態を解消し，同化と調節の均衡を取り戻すためには，それまでにはなかったシェマや認知能力を獲得する必要があります。このようなダイナミズムが，次の発達段階へと進む原動力になると考えられています。

------ ステップ2 ------

4つの発達段階

　本ステップでは，4つの発達段階それぞれの特徴について紹介します。

● 感覚─運動期｜誕生から2歳頃までの時期を指します。これはおおよそ乳児期に相当します。誕生してから乳児は原始反射（p.48）といった自らのもつ手段で環境とかかわりながら，行動を組み合わせて複雑な行動を編み出し

18　第5章でも触れたように，認知は感覚，知覚，記憶，感情の理解といった外界を知るための幅広い心的機能を指します。本章では，そのなかでも知識や思考といった知能にかかわる認知能力の発達について触れていきます。

19　彼自身の3人の子ども，ジャクリーヌ，ルシアンヌ，ローランも観察対象に含まれていました。また，ピアジェは言葉が思考を反映するものだと信じるあまりに，最初期には言葉を使える子どもを対象とした研究を精力的におこなっていましたが，自身の子どもたちが生まれたあと，彼らの行為を観察することで，自分の研究がいかに子どもの言葉に頼りすぎていたかを痛感し，反省したそうです。

20　認知能力の発達がみな同じ順序で進むことや，前の発達段階が次の発達段階の基盤となることを示した点が，ピアジェの理論の大きな功績であると考えられます。

21　私たちは「りんご」について，「赤い」「丸い形」「果物」「おいしい」といった知識をもっています。この対象に対する知識や枠組みをシェマとよびます。

22　たとえば，目の前にあるリンゴに働きかける（見る，触る，食べる）ことで，私たちは自分がもつ"リンゴ"のシェマ（知識）から「これは"リンゴ"だ」と理解します（同化）。また，青りんごを知らないときに青りんごを見た場合には，自分のもつ"リンゴ"のシェマにはないため，「青い"リンゴ"もある」とシェマを修正します（調節）。

ていきます。またその行動を手がかりに，新しいシェマ（知識）を獲得して
いきます。そのため，ここで獲得されるシェマは，**感覚や運動の影響を強く
受けます。**

　この時期のシェマが感覚や運動と結びついていることを示唆するものとし
て，物体の永続性の理解[23] が挙げられます。生後5〜7カ月の乳児の目の前
で，遊んでいたおもちゃを取り上げてハンカチで隠しても，乳児はハンカチ
の下を探索しようとはしません。ハンカチが盛り上がっている様子が見えて
いてもまるでそのおもちゃが消えたかのように，おもちゃを探しません。こ
の観察は，乳児にとっておもちゃのシェマは，視覚と強く結びついており，
"見えないものは存在しない"ととらえていることを示唆します[24]。

　運動機能が発達した生後8カ月頃の乳児は，ハンカチを取り除くことによ
って，目の前で隠されたおもちゃを見つけ出すことができるようになりま
す。しかしながら，場所Aに隠されたおもちゃを見つけ出す行為を何度も繰
り返したあとには，目の前で場所Bにおもちゃを隠したとしても，場所Aを
探索してしまいます（**A not Bエラー**，**図6-4**）[24]。これは，乳児のおもちゃの
シェマが，「Aを探したら見つかる」という**運動行為と強く結びついてしま
った**ためだと解釈できます。このような観察によりピアジェは，生後1年以
内の乳児は，外界にあるもの（おもちゃ）を感覚や運動といった手がかりな
しにこころで思い描くことができず，いわゆる表象を欠いている存在とみな
しました。

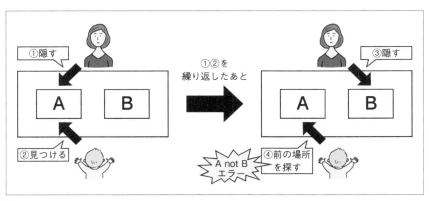

図6-4　A not Bエラー

23　私たちは，物体が見えなくなっても，それが移動しない限りそこにあり続けることを知っています。
　　これが物体の永続性の理解です。
24　ピアジェ（波多野・滝沢 訳），知能の心理学，1967；ピアジェ（滝沢 訳），思考の心理学，1968

1歳頃に子どもは初語（初めて発する意味のある言葉）を話します。1歳半以降には，**象徴遊び（ふり遊び）**や**遅延（延滞）模倣**を見せるようになり，語彙数も急激に増加していきます。これらの変化は，この時期に子どもはある対象を別のもので代替する[25]象徴機能を獲得しはじめ，目の前にない対象の表象を形成可能となることを示唆します。こうして，思考が感覚や運動に依存しなくなると，感覚—運動期は終わりを迎えます。

▶ **前操作期** ｜ 2歳から7歳頃までのおおよそ幼児期に相当する時期です。前半の4歳頃までを**象徴的思考段階**，4歳から7歳頃までを**直観的思考段階**とよぶこともあります。この時期には，表象を用いた思考が始まります。そのいっぽうで，論理的な操作[26]はまだすることができず，**直観的な考え方や判断がなされる**のが特徴です。

前操作期の思考の特徴として，**中心化**や**自己中心性**が代表的です。中心化とは，目立ちやすい顕著な側面に思考が影響を受けることであり，**保存課題**の失敗によって確認されます。保存課題（図6-5）とは，見た目が変化しても，ものの性質（体積，量など）は変化しないことを理解できるかどうかを調べる課題です。この時期の子どもは，見た目の変化に応じてものの性質も変化すると答えます。自己中心性とは，自身の知っていること・見ているものに思考が影響を受けやすいこと[27]を指し，**三つ山課題**の失敗によって確認されます。三つ山課題[28]は，自身とは異なる位置にいる他者の視点から見た風景を想像して答える課題です。この時期の子どもは，自分と同じように見えていると答えてしまいます。このほかにも，無生物も生物と同じように生きていると考える**アニミズム**的思考や，知っているものは実在するものと考える**知的リアリズム**（たとえば，サンタクロースの存在を信じる）といった思考も前操作期の特徴です。

▶ **具体的操作期** ｜ 7歳から12歳頃までの児童期に相当します。この時期の子どもは，実際に目にする，体験するといった**具体的な経験が伴う場合にのみ，論理的な操作をおこなうことができます**。

前操作期でみられた中心化や自己中心性から脱却し（**脱中心化**），保存課題や三つ山課題に正答することができます。この時期の子どもは，数の保存の課題において，間隔を空けたおはじきは，隙間を元に戻したら変化前と同

---

25 たとえばままごと遊びで，お茶碗に入れた砂でご飯を代替する光景がよくみられます。

26 心的に（頭のなかで）論理的な処理をおこなうことです。とくにピアジェは「A＋A'＝B」「B－A'＝A」といった数学的な操作に着目しました。

27 いわゆる「ジコチュウ」という，自身の利益を優先する態度とは異なります。

28 高さの違う3つの山の模型が机の上に置かれていて，子どもが見ている方向とは別の方向にいるぬいぐるみからは山がどう見えるかを尋ねる課題です。

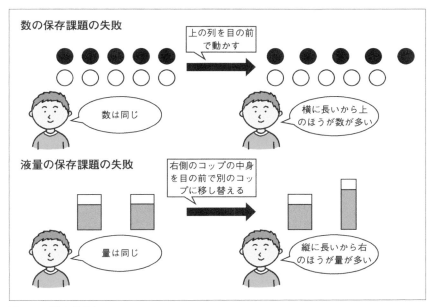

図6-5 保存課題

じである，という**可逆的な思考**をおこなえるようになります。ほかには，長さの大小という基準によって，複数ある対象を順番に並べる**系列化**もおこなえるようになります。たとえば，棒Bが棒Aよりも長い様子を見せたあとに，棒Cが棒Bよりも長い様子を見せると，棒Aと棒Cを同時に見せなくとも棒Cは棒Aよりも長いことを推論することができます[29]。このように，具体的操作期の子どもは，具体的な事物や経験が伴う場合であれば，たとえ対象が目の前になかったとしても，抽象的な思考をおこなうことができるのです[30]。

▶ 形式的操作期 | 12歳から15歳頃までの時期を指します。この時期の子どもは，未知の対象や経験不可能な対象に対しても，抽象的な思考をおこなうことが可能となります。たとえば，物語のような**文章**や，数式のような**記号のみを用いて示された情報に対しても，思考することが可能**となります。ま

---

29 これは，「A＜B，かつB＜CならばA＜C」という推移律推論を用いることができることを示しています。

30 小学校低学年の算数の授業では，おはじきを使って足し算や引き算をおこなったり，身近な買い物の例が用いられます。このような指導法は，具体的操作期の子どもの特徴に即した方法だといえるでしょう。

た，「もし〜なら」といった仮定についても思考できるようになります。

ピアジェの理論に対する反論

　ピアジェの発達段階理論は，その方法論[31]とともに1960〜70年代に広く受け入れられ，現在に至るまで発達心理学に大きな影響をおよぼしています。ピアジェの理論は，子どものさまざまな心的機能を対象とし[32]，**発達を質的な変化としてとらえ，さらにその進行過程を体系化**しました。その業績を称え，ピアジェは発達心理学の父とよばれています。また，それまで主流であった経験主義者の考える"無力な子ども"観とは異なり，自ら**能動的に環境に働きかけ，外界を知り考えようとする存在**として子どもを位置づけたこともピアジェの大きな功績です。

　しかしながらピアジェの発達段階理論には，多くの反論もありました。代表的なものは，「ピアジェのおこなった方法では，子どもの能力を過小に評価しすぎてしまう」という反論です。保存課題を具体例に挙げてみましょう。この課題では，いったん子どもに「並んでいる2つの数や数量は同じかどうか」を尋ねたあと，物体の見た目を変化させ再び「同じかどうか」を尋ねます。この手法を用いると，子どもは状況の不自然さに反応して，最初と異なる回答（「違う」）を選んでしまいがちです[33]。実際に，質問の回数を1回に減らしたり[34]，偶然見かけが変化するように工夫すると[35]，ピアジェが想定したよりも幼い年齢（4〜6歳）で保存課題に正答することが知られています。このように方法の一部を変更するだけで実験結果が変わることもあり，「特定の年齢になると特定の発達を遂げる」といったような，年齢と発達段階との単純な結びつけに対しては多くの批判がなされるようになりました。

31　とくに，言葉を話すことのできる子どもを対象に，実験的な状況下において質問をする（課題をおこなわせる）というスタイルは，臨床面接法とよばれます。

32　ピアジェは，思考以外にも，言語，感情，道徳といった多くの領域の研究をおこなっています。

33　こう尋ねられた子どもは，「なぜ『同じ』と言ったのに，また同じことを聞くのだろう。もしかして別の答えを求められているのかもしれない」と考えても不思議ではありません。

34　Rose & Blank, *Child Dev*, 1974

35　Light et al., *British J Edu Psy*, 1979

<table>
<tr><td>3</td></tr>
</table>

ピアジェ理論のその後

ステップ1

ピアジェ後の子ども研究

　ピアジェ後の子ども研究で，とくに大きく発展したのは乳児を対象とした研究です。ピアジェは，言葉を話せる子どもに対しては言語的な課題を用いましたが，そうでない子どもに対しては比較的自然な状況における観察に頼っていました。すなわち，彼の乳児を対象とした研究は，子どもの自発的行動に依存せざるをえませんでした。しかしR.ファンツが開発した**選好注視法**（p.52）を皮切りに[36]，乳児に対する実験法が洗練されていきました。またコンピュータ技術の発展により，画像や映像を用いて統制された実験状況をつくることも容易となりました。本ステップではこのうち，期待違反法と脳活動の測定を用いた乳児研究を紹介します。p.21 第2章

▶ **期待違反法**｜ 期待違反法（violation of expectation method）とは馴化-脱馴化法を発展させたもので，起こりえない出来事を目にすると驚いて注視時間が長くなるという乳児の性質を用いた実験法です。この期待違反法を跳ね橋課題に取り入れることによって，それまで1歳以降になるまで理解できないと思われていた物体の永続性の理解が，生後3.5カ月の乳児でも可能なことが示唆されました（**図6-6**）[37]。この実験では，まずある出来事①を繰り返し乳児に見せました。そのあとに見た出来事②が出来事①からの期待に反していた場合（A）に，期待と一致していた場合（B）よりも注視時間が長くなるかどうかを測定しました。同様に，期待違反法を用いて，5カ月児が「1＋1＝2」や「2－1＝1」のような簡単な加算減算，つまり論理的操作をおこなえることも示されています[38]。これらの研究はどちらも，**ピアジェが考えたよりも非常に幼い段階から高度な認知能力が獲得されている**ことを示唆するものです。

36　Fantz, *Science*, 1963
37　Baillargeon, *Dev Psychol*, 1987
38　Wynn, *Nature*, 1992

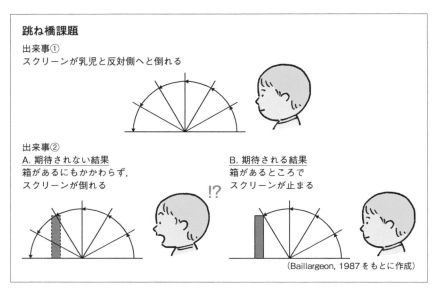

図6-6　乳児期の注視時間を用いた研究課題
跳ね橋課題では，乳児はまず手前側から奥へ向かってスクリーンが机の上を回転して倒れていく様子を見る（出来事①）。その際には，机の上にはスクリーン以外は何もないため，スクリーンはそのまま机の天板へ倒れる。そのあと出来事②で箱が現れ，箱があるにもかかわらずスクリーンが倒れ込む期待されない結果（A）と，箱があるためある角度でスクリーンが止まる期待される結果（B）を見る。出来事②ではAもBも箱はスクリーンで隠され見えなくなり，最後には完全に見えない。BよりもAを見たときのほうが注視時間が長い場合に，箱があるのにスクリーンが止まらないのはおかしいと乳児が認識している，つまり箱は見えなくても存在すると考えていると解釈できる。

▶ **脳活動の測定**｜近年では，乳児の脳活動を測定する方法も洗練され，認知処理をおこなっている際の脳活動を測定することも可能となりました。たとえば，**事象関連電位（ERP）**[39] を用いて，乳児の数の認知能力を検討した研究では，6～7.5カ月児であっても，図形の個数として小さい数（1～3）と大きい数（8～32）を呈示した際に[40]異なる脳活動を見せること，すなわち数を認識するための異なるシステムをもつことが示唆されています[41]。

　このように，とくにピアジェ後の乳児を対象とした研究では，発達早期の乳児のもつ認知能力が明らかにされてきました。これらの知見は，乳児は反射を用いて外界を知ることから始まると考えていたピアジェの考えを覆すも

39　特定の出来事（ここでは，特定の視覚刺激を見る）のあとの一過性の脳波の変化を指します。

40　数は，ディスプレイ上に複数の図形を表示する形で呈示されました。

41　小さい数では自然数を使って数え上げるような基数にかかわるシステム，大きい数では具体的に数を特定するのではなく，比率によって大まかに数を認識する概数にかかわるシステムが提案されています（Hyde & Spelke, *Dev Sci*, 2012）。

のです。現代の発達心理学研究では，対象を表象するための生得的な基盤が認知能力の獲得に大きく寄与しているという考えも提唱されています[42]。

······ ステップ 2 ······

認知発達に対する社会的影響

▶ **ピアジェ後の子ども観** さらにピアジェ後の研究において影響力の大きかった考え方として，子どもは自らの力のみで発達するのではない，という立場があります。ピアジェの発達段階理論が広まる1960年代から，このような指摘はすでになされていました。ピアジェは，子どもは環境に能動的に働きかける主体であり，発達の本質は子ども自らの力でなされる環境との相互作用であるととらえていました。しかしながら，実際の子どもは，周りの人々に支えられながら，**社会的な影響を受け発達していきます**。

▶ **社会的な側面を重視する立場** このような子ども観からピアジェの発達段階説に疑問を投げかけたのが，アメリカの心理学者である**J.ブルーナー**です。ブルーナーは子どもの発達における学校教育の重要性を説き，数の保存課題など，ピアジェが対象とした認知処理が教育の影響を大きく受けることを指摘しました。また，どの発達段階における子どもでも，適切な**足場かけ**（scaffolding）によって効果的な教育が可能であると考えました。

ブルーナーと同時期に子どもの発達における社会的な影響を重要視した人物として，ロシアの心理学者である**L.S.ヴィゴツキー**も有名です。ヴィゴツキーは，子どもの発達を，できること・できないことのように二分するのではなく，できつつあること，発達しつつあるところへ目を向けることの重要性を説きました。彼の考えは，彼自身が提唱した発達の最近接領域（zone of proximal development：ZPD，**図6-7**）という言葉に顕著に表れています[43]。発達の最近接領域とは，**子ども一人で達成できる発達水準（発達上できること）**と，**他者と協同すれば達成できる発達水準の差**を指します。他者との協同とは，大人からの教授や，友だちどうしの協同作業のような場面です。ヴィゴツキーの理論では，一人で達成するには少し難しい課題であっても，他者と協同して達成することができれば，**やがて一人でも課題を達成できるようになる**と考えています。このような考え方は，教育の有効性を保証

---

42 たとえば，S.ケアリーによる核認知（core cognition）や核概念（core concept）が代表的です（Baillargeon & Carey, In *Early childhood development and later outcome*, 2012）。
43 子どもの外言と内言における，ピアジェとヴィゴツキーの考え方の違いも，彼らの子ども観の違いを知るうえで参考になります（p.112）。

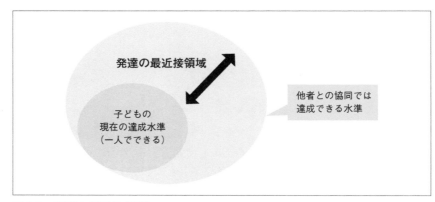

図6-7　発達の最近接領域

するものとして，とりわけ教育学分野に広く普及していきました。

🔹 **認知発達におよぼす教育の影響**｜思考にかかわる認知発達の研究では長らく，子どもがいつの時期までにどのような能力を獲得するのかに焦点が当てられてきました。しかしながら近年では，子どもの認知発達において，**他者から教わることの影響**が注目されています。

ハンガリーの認知科学者G.チブラとG.ガーガリィは，ヒトは文化を伝達するために効率的な教育をおこなうとするナチュラル・ペダゴジー理論（natural pedagogy theory）を提唱しています[44]。この理論は，**意図明示的手がかり**（ostensive cue）を用いて，文化に熟達した伝え手である大人が，その文化にまだ馴染めていない子どもに情報を伝達することを強調しています[45]。意図明示的手がかりとは，子どもとのアイコンタクトや子ども向け発話（対乳児発話）とよばれる抑揚のある話し方，子どもの名前を呼ぶといった，コミュニケーションに関する手がかりです[46]。

ナチュラル・ペダゴジー理論によると，物体の永続性を理解していないことを示すA not Bエラー（**図6-4**）は，実験者との意図明示的手がかりを含んだやりとりのなかで，「最初におもちゃを隠した場所Aこそが文脈にかかわらず重要である」と乳児が解釈したととらえられます。実際，生後10カ月の乳児は，意図明示的手がかりのあるコミュニカティブな状況ではA not B

....

44　Gergely & Csibra, *Interact Stud*, 2005; Csibra & Gergely, *Trends Cog Sci*, 2009

45　この理論は，子どもは①この手がかりに敏感であること，②この手がかりとともに示された情報は価値があると知っていること，さらに③情報が示された状況にかかわらず一般化した知識として学習すること，を仮定しています。

46　これは"あなたに向けて大事なことを伝えています"ということを示す手がかりです。

エラーを示すのに対し，そのような手がかりのない状況ではエラーが減ることが示されています[47]。

　ほかにも，4〜5歳児が大人から新奇なおもちゃの使い方を教えられる場面において，意図明示的手がかりがあったほうが，大人の行動を模倣する割合が高くなることも知られています[48]。ただし同時にこの研究は，意図明示的手がかりがあった場合には，教えられた行動以外の探索的な行動は逆に減少することも報告しています。このように大人による教育は，子どもの自発的な行動を阻害する可能性もあります。

······· ステップ 3 ·······

成人期以降の研究

　E.H.エリクソンにより，心理学の分野で成人期以降の発達段階が提唱されてから，発達を生涯続く現象ととらえる生涯発達の観点がもたらされました[49]。そのため，現在では成人期以降，とくに老年期の発達についても盛んに研究がなされてきています。本ステップでは，ピアジェが対象としなかった成人期以降の思考の発達について解説します。

▶ 加齢によるスキルの熟達 ｜ 第2章でもみてきたように，人間の能力は加齢によって低下するばかりではありません。アメリカの心理学者T.ソルトハウスは，19〜68歳までのタイピストを対象に，タイピングに関する2つの課題をおこないました。1つ目の課題は単純なもので，コンピュータの画面に「L」が出たら左端のキーを，「R」が出たら右端のキーを押すという選択反応課題でした。2つ目の課題は，画面に出てきた文章を打ち込むというタイピング課題でした。実験の結果，選択反応課題では，加齢とともに反応時間が長くなる傾向がみられました。しかしながらタイピング課題では，年齢による反応時間の遅延はみられませんでした（**図6-8**）。

　選択反応課題における成績低下は，加齢による判断や反応速度の低下によってひき起こされたと考えられます。いっぽうで，タイピング課題で速度低下がみられなかったことは，文章の先を予測し時間に余裕を生み出す戦略などによって，知覚・運動機能の低下を補っていることを示唆します。このよ

······························

47 Topál et al., *Science*, 2008。ただし，トパルらの研究では，A not B エラーが減ることは確認されましたが，正しい場所であるBを的確に探すわけではなかったため，物体の永続性の理解のすべてをナチュラル・ペダゴジー理論で説明できるわけではありません（Vorms, *Rev Phil Psycho*, 2012）。
48 Bonawitz et al., *Cognition*, 2011
49 教育学の分野では，すでにR.J.ハヴィガーストによって，一生涯の発達段階が提唱されていました。

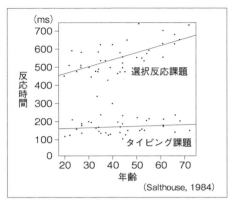

(ms)
反応時間
選択反応課題
タイピング課題
年齢
(Salthouse, 1984)

図6-8　2つの課題の年齢による変化

うに，ある機能の低下を別の能力で補うことを補償とよびます。文章のタイピングは，単に文字を視覚的に知覚して指を動かすだけの運動ではなく，言語機能や系列動作処理といったさまざまな認知機能を必要とする動作です。このような複雑なスキルは加齢による**知覚・運動機能の低下にかかわらず，生涯を通じて熟達が進む**と考えられます。 p.28,33 第2章

■ **英知の獲得**｜また，豊かな人生経験は思慮深さを育むのかという視点から，英知（wisdom）[50]についての研究がなされています。アメリカの心理学者U.M.スタウディンガーとドイツの発達心理学者P.P.バルテスは，英知を**"人生を生き抜くための実践的で高度に洗練された知識や判断"** と定義し，英知を測定する方法を考案しました[51]。具体的には，親友から「どうしようもなくなり自殺するつもりだ」という電話を受けた人はどのように対応すればよいか，といった質問に対する回答を分析し，その人の英知を得点化しました[52]。一連の研究から，成人期以降の加齢はあまり英知得点に影響しないこと[53]，いっぽうで，自らの経験を振り返り内省をおこなわせる場合には，若者よりも高齢者のほうが高い英知得点を示すことが明らかになっています[51]。これらの結果は，経験の豊かさではなく，人生経験を**振り返り内省する思考活動によって英知が獲得される**ことを示唆します。

50　なお，E.エリクソンは，英知を単なる深い知識や優れた判断では不十分と考えていました。彼は英知を"死に直面するなかで生じる，生に対する関心"と考え，老年期になって本格的に獲得される，人生を締めくくるための感覚や死への準備を含むものとしています（E.H.エリクソン・J.M.エリクソン（村瀬・近藤 訳），ライフサイクル、その完結 増補版，2001）。

51　Staudinger & Baltes, *J Pers Soc Psychol*, 1996

52　英知とみなされる基準は，人生についてやうまく問題を乗り切る方法の知識，人のおかれている家庭や職場のような社会的な文脈への気づき，人によって価値観が異なることへの気づき，物事や人生は予測できないこともあることを知っているか，といったものでした。

53　Baltes & Staudinger, *Am Psychol*, 2000

言語の発達

第**7**章

（山田千晴）

1　概念と言語

··········ステップ1··········

言語機能の獲得と発達

　一人で考え事をするにしても，他の人とのコミュニケーションを図るにしても，言語は私たちにとって必要不可欠です。言語を理解し（聞く・読む），表出する（話す・書く）といった複雑な機能をヒトはいつ頃獲得し，どのように発達させていくのでしょうか。本ステップではまず，乳幼児期（3歳頃まで）における言語習得過程について紹介します。

　子どもが言語を習得する速さには大きな個人差があるものの，その過程でどのような段階を経るかは使用言語や所属集団にかかわらず普遍的であるといわれています。言語習得段階は，前言語期，初語期（一語発話期），二語期（二語発話期）以降の3段階に大きく分けられます。ここで注意すべきは，ある段階から次の段階への移行は漸進的であるということです。たとえば，子どもは二語からなる文（二語文：ワンワン，いる！）を使えるようになった後もしばらくは，一語のみの文（一語文：ワンワン！）も使い続けます。

▶ **前言語期**｜前言語期とは子どもが初語を発する前の期間を指し，およそ生後12カ月まで続きます。新生児は発声器官や調音器官の形状が大人とは異なり，大人が発するような言語音をつくり出すことができません[1]。いっぽうで，乳児は生後1カ月の時点で身の回りで話されている言語の子音や音節[2]を聞き分けることができます[3]。生後3カ月頃まではあらゆる言語音を聞き分けていますが，第5章で述べたように，母語に含まれない音声を弁別する

··········

1　発声器官には喉頭・声帯など，調音器官には舌・唇・顎などが含まれます。多くの言語音は生成するのに，声帯の震えを口腔内で共鳴させる必要があります。新生児においては口腔内から声帯へと通る道が狭く，うまく声帯の震えを制御し響かせることができません。言語音をうまく発音できはしないものの，新生児の発する音声は声帯の震えによって生じたものであるため，quasi-resonant nuclei（擬似核共鳴）とよばれます。

能力は生後6～12カ月の間に失われ，音声知覚が母語に特殊化していきます[4]。 p.70 第5章

　生後2カ月頃までの乳児がコミュニケーションのために発する音はおもに泣き声です。生後2～4カ月になると，頭頸部の発達に伴いクーイング（鳩音）とよばれる，呼気が唇に触れない（唇を調音に用いない）発声がみられるようになります（アー，ウー，クーなど）[5]。生後6カ月以降の乳児は，子音と母音の組み合わせを含み，複数の音節から構成された喃語（babbling）という，より複雑な音を発するようになります[6]。クーイングから喃語への移行期には子音と母音の組み合わせが不明瞭な音声が発せられ，その後，生後6～10カ月頃になると，**規準喃語**とよばれるより明瞭な子音と母音の構造をもった音声になります。この規準喃語は，はじめは同じ子音と母音の組み合わせが繰り返されますが（例：bababa），生後11～13カ月になるとさまざまな子音と母音が組み合わさるようになります（例：babu，bada）。また，生後10カ月頃までの喃語は，乳児が耳にする言語音，生育環境の文化，さらに乳児の聴覚能力にかかわらず似通った音声になります[7]。しかし，生後10カ月以降に産出される喃語の音やイントネーションは，**乳児が耳にする言語音に影響される**ことが知られています[8]。

▶ **初語期（一語発話期）**｜前言語期と二語期（二語発話期）をつなぐ時期であり，およそ生後12～18カ月に該当します。この時期の発声の多くはまだ単語ではなく喃語に分類されるものの，特定の物体や行為を指し示す機能をもつようになります。語彙獲得の速さには，個人差だけでなく言語や国によ

....

2　言語音は，舌や唇などで空気の流れを妨げずに発声する母音と，妨げて発声する子音に分類されます。音節とは，言語音を区切るための単位の一種で，母音のみ，あるいは母音と子音の組み合わせからなる音のまとまりのことを指します。音節の区切り方は言語によって異なり，たとえば英語では「strike」/straik/という単語は1音節として数えられますが，日本語の「ストライク」/sutoraiku/は5音節（モーラ）として数えられます。

3　Eimas et al., *Science*, 1971

4　Werker & Tees, *Infant Behav Dev*, 1984。日本に生まれた乳児も/r/と/l/を弁別する能力をもっているものの，日本語の音声にさらされて暮らすうちに，その弁別能力は不要なものとして失われます。

5　ハトの鳴き声を表す英語の「coo」が語源になっています。クーイングにはさまざまな高さや長さがあり，乳児が快適な状態のときに，とくに養育者との社会的なかかわりの場面で発せられます。

6　生後4～6カ月には，喉頭の入り口部分と軟口蓋とが分離することに加え，舌の可動域も広がります。このような変化によって，大人のような言語音を発することが可能となります。

7　Locke, *Phonological acquisition and change*, 1983

8　de Boyson-Bardies et al., *J Child Lang*, 1984; Bee, *Developing child*（9th ed.），2000。聴覚障害をもつ乳児の場合，自分の発声がうまく聞こえないため，健常児と比較して規準喃語の出現が遅く，産出できたとしても発声全体に占める割合は非常に低いことが知られています（Oller & Eilers, *Child Dev*, 1988）。いっぽう，聴覚障害児は健常児が規準喃語を発するようになるのと同時期に，リズミカルな手の動きや特徴的な手の形状によって，手指喃語を用いるようになります（Petitto & Marentette, *Science*, 1991）。

る差もあります。**図7-1**は，13カ国11言語における子どもの語彙獲得を比較した研究の結果です[9]。**図7-1a**は聞いて理解できる語彙の数，**図7-1b**は発話できる語彙の数を言語ごとに示しています。この図から，表出語彙よりも先に，聴理解（聞いて理解すること）できる語彙の数が増えるという点はいずれの言語においても共通しているものの，同時期に獲得される語彙数は言語や国によって異なることがわかります[10]。

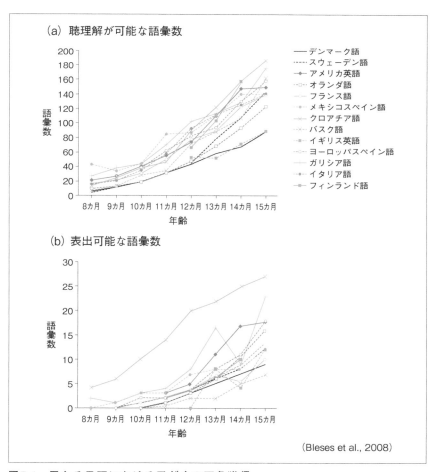

図7-1 異なる言語における子どもの語彙獲得

9 Bleses et al., *J Child Lang*, 2008

いっぽうで，どのようなタイプの語彙から獲得されていくのかについては言語や文化の差はないようです。幼児の表出語彙数について，7カ国[11]の生後20カ月児を対象に質問紙調査をおこなった研究から，**すべての国の言語において名詞がもっとも多く表出可能な語彙に含まれる**ことが明らかになりました[12]。幼児が獲得する語彙のなかでなぜ名詞がもっとも多いのかということについては未だ議論が続いていますが，名詞のカテゴリが知覚的・認知的に理解しやすいため学習されやすいなどの理由が考えられています[13]。

▶ **二語期（二語発話期）以降**｜生後18カ月頃になると，言語を理解し表出する機能はさらに発達します。この時期に子どもが急速に新しい語彙を獲得しはじめることを**語彙爆発**（vocabulary explosion, vocabulary spurt）とよぶことがあります。一般的に語彙の急増は子どもが50語を獲得した頃から始まるといわれているものの，語彙増加のペースには個人差があり，語彙の急増がみられない子どももいるという報告もあります[14]。

　語彙が急増するのと同時期に，子どもは「ごはん，食べる」のような二語文を話しはじめるようになります。二語文は，**電報文（電文体）**ともよばれ，二語の名詞，動詞，形容詞のみで構成されており，助詞などが省略されています。二語文での発話は生後約30カ月頃までに始まり，この頃の子どもが"複数の単語をどのように組み合わせればよいか"という文法的な規則，すなわち**統語**を身につけはじめていることを示しています[15]。子どもが統語を身につけていく過程では，単語が指し示すものの範囲が大人の適用範囲よりも広くなったり（**過大般用**）[16]，規則的な文法規則が不規則な対象にまで適用されたりします（**過剰規則化**[17]）。これらの誤用は，子どもが自分自身で大人が使用している**文法規則を推定し，試行錯誤しながら文法を学習**

- -

10　日本人を対象とした調査では，初語3語を発話するようになる月齢が13〜15カ月，20語を発話するようになる月齢が18〜19カ月であることが示されています（小椋，In 心理学研究法4 発達，2011）。また，50語を発話するようになる月齢は15〜21カ月であるという指摘もあります（小椋・綿巻，発達・療育研究，2008）。語彙獲得の速さには個人差があるため，研究によってその結果には幅があります。

11　アメリカ，アルゼンチン，イスラエル，イタリア，韓国，フランス，ベルギーの7カ国です。

12　Bornstein et al., *Child Dev*, 2004

13　Gentner, In *Language Development*, 1982

14　Goldfield & Reznick, *J Child Lang*, 1990; Ganger & Brent, *Dev Psychol*, 2004

15　統語の発達を時期によって明確に段階分けすることは難しいものの，文法が急速に複雑化しはじめる24〜36カ月頃のことを文法爆発とよぶこともあります（小椋，心理学評論，2006）。

16　反対に，自分の靴のことだけを指して「クック」と言ったりするように，特定の文脈において限定的に単語を用いることを過小般用といいます。

17　たとえば，英語の場合はgoやsingのような不規則動詞の活用形をgoed（went），singed（sang）と言ったり，日本語の場合は「トントンすれる？（することができる？）」や「小さいのワンワン（小さいワンワン）」と言ったりする誤用を指します。

していることを示唆します。

概念理解と語意学習

語彙の発達は，音声と表象との対応関係を理解する能力の発達と密接にかかわっています。たとえば，「犬」という単語は，/inu/という音声とそれが意味するイヌの表象と結びついています。子どもは，このような恣意的な対応関係をどのように学んでいくのでしょうか。p.90 第6章

単語の意味を学習するメカニズムにおける代表的な理論の1つに，アメリカの心理学者E.M.マークマンの**制約論**があります。マークマンは，子どもが単語の意味を推測するときには，事物全体制約，事物分類制約，相互排他性の3つの原理が働くと考えました。

▶ **事物全体制約** ｜ この制約は，新奇な単語を聞いたときには，その語がある対象の部分や性質ではなくその対象全体に該当するとする原理です。3歳児は，それまで名前を知らなかった物体（パゴダ[18]）を見せられ，その先端部の装飾を指しながら「ダックス」と言われると，「ダックス」が指すのはパゴダ全体のことだと推測します[19]。

▶ **事物分類制約** ｜ この制約は，ある新奇な単語の意味が元の指示対象（ターゲット）と同じカテゴリに属する事物に拡張されるとする原理です。たとえば4～5歳の子どもに骨（ターゲット関連物）と猫（カテゴリ関連物）を見せ，犬（ターゲット）と同じようなものをもう1つ選ぶように指示した場合には，骨がより多く選ばれます。しかし，そのターゲットを新奇な単語（ダックス）で呼んだ場合には，多くの子どもは"ダックス"のようなものとして猫を選びます[20]（**図7-2**）。

18 ミャンマー様式の仏塔のことです。
19 Markman & Wachtel, *Cogn Psychol*, 1988
20 Markman & Hutchinson, *Cogn Psychol*, 1984

図7-2　事物分類制約の原理

▶ **相互排他性**｜この制約は，1つのカテゴリの事物には言語的ラベルが1つ
だけつくとする原理です。すでに名前を知っている物体とまだ知らない物体
とを並べ，子どもに「ヘク（子どもが初めて聞く単語）はどっちかな？」と
尋ねると，3歳児は未知の物体を選ぶ傾向があります[21]。

ステップ3

言語獲得の生得性と社会性

　ヒトの言語発達を説明するために提案されてきた理論は**生得論—学習論**の
軸で大きく二分されます。生得論は，ヒトに固有の文法原理やルールが生ま
れながら備わっていると仮定するのに対し，学習論は，言語行動や言語能力
の獲得を学習や経験によるものと仮定します。本ステップでは，それぞれの
代表的な理論として，チョムスキーの生成文法理論とトマセロの社会認知理
論を概説します。

▶ **生成文法理論**｜アメリカの理論言語学者N.チョムスキー[22]は，『言語理論
の 論 理 構 造 』（1955） や『文 法 の 構 造』（1957） を 著 し，生 成 文 法
（generative grammar）理論を提唱しました。この理論では，健常な乳幼児

21　針生，教育心理学研究，1991
22　チョムスキーは言語哲学分野や認知科学分野に大きなパラダイムシフトをもたらしただけでなく，政
　　治やメディア批判も盛んにおこなっており，「巨魁（きょかい）」と評されます。

が言語を問わずきわめて短期間のうちに言語を獲得することができるのは，**普遍文法**（universal grammar）や，構文や文法などを処理する**言語獲得装置**[23]を生得的にもつためであると仮定します[24]。普遍文法とは，英語や日本語といった個別の言語の文法ではなく，どの言語にも共通した規則，制約のことです。**図7-3**に示すように，子どもはある言語データを受け取ることで普遍文法を働かせ，その言語に特有な個別の文法を獲得できるようになります。

入力　　　　　　　　　脳　　　　　　　　　　出力

言語獲得装置
普遍文法
原理
と
パラメータ

言語データ → 個別文法（英語文法，日本語文法など）→ 発話

図7-3　生成文法理論

▶ **統率・束縛理論** チョムスキーは1980年代以降にこの理論をさらに推し進めて，**統率・束縛理論**（government and binding theory）を提案しました（**図7-3**）。この理論は，普遍文法は，どのような言語にも共通する原理と，個別の言語ごとに異なる，いくつかの可変的なパラメータ（変数）からなるという考え方です[25]。この考え方に基づくと，子どもは生得的な言語獲得装置によって普遍文法のパラメータを母語の言語データに合うように調整することで，母語の文法を短時間で獲得することができます。

　また，チョムスキーは，入力される言語データに多くの制限や欠落があるにもかかわらず，子どもがそれらを補完して複雑な個別文法を生後数年で獲得できるのも，生得的な言語獲得装置が備わっているためであると考えました。たとえば，大人は日常会話のなかで主語や助詞をしばしば省略したり，

....

23　言語獲得装置とはあくまでも抽象的なものであり，脳のなかに存在すると仮定されるシステムのことを指します。

24　1950年代の言語発達研究では，B.F.スキナーが行動分析学の立場から，"子どもは生活環境下で耳にする音声を模倣し，繰り返し練習することで母語を学習する"という条件づけの概念に基づいた理論を提唱していました。チョムスキーはこのような学習理論を生成文法理論の立場から批判しました。

25　たとえば，英語の文はおもに主語，動詞，目的語の語順ですが，日本語の語順は主語，目的語，動詞です。英語を耳にする子どもと日本語を耳にする子どもは，語順に関するパラメータをそれぞれの言語データに従って設定していると考えられます。

子どもに対して単純な短い文で話しかけたりします。それでも子どもは，言語獲得装置によって，**母語に特化した文法を獲得する**ことができます。

▶ **臨界期仮説** | ドイツの言語学者・神経学者のE.レネバーグは，言語がなんらかの生物学的基盤をもつというチョムスキーの考えを支持し，言語獲得における臨界期仮説を提案しました。臨界期（critical period）とは，その期間内ではある機能の学習が成立するいっぽうで，**その期間を過ぎると同様の学習が成立しなくなる期間**を指します。レネバーグは，言語の獲得には年齢限界があり，乳児期から第二次成長期（10〜12歳）を過ぎると，母語話者と同等のレベルの言語を獲得できなくなると考えました。実際に，幼児期に人間社会から隔絶されて育った野生児あるいは隔離児とよばれる子どもは，その後教育を受けても言語能力は著しく劣ることが知られています[26]。本邦においても，被虐待児の言語発達に遅れがみられたという報告があります[27]。 ◀ p.56 第4章 ◀ 第10章

現在，加齢とともに言語習得が困難になるという考えは広く受け入れられています。ただし，発音・統語的規則・語彙など，言語能力によって臨界期は異なるという説もあり[28]，臨界期の存在自体についても未だ議論が続いています。また現在では，臨界期という単語がもつ「学習の急激な増加と減衰」という意味合いを避けるため，言語学習に敏感な時期があることを示す敏感期（sensitive period）という用語が多くの場面で用いられています。

▶ **社会認知理論** | チョムスキーの理論は統語の側面にのみ着目しており，言語の社会的な側面やコミュニケーションに関する側面については言及していません。これに対して社会認知理論（theory of social cognition）は，言語を習得するためにはただ言語に触れるだけではなく，言語を使って他者とコミュニケーションをとることが重要だとしています。この理論の代表的な研究者はアメリカの認知心理学者M.トマセロです[29]。

トマセロは，動詞の項構造獲得を説明する理論として，**動詞-島仮説**（verb island hypothesis）を提案しました。項構造とは，動詞と名詞の組み

....

26 言語の臨界期を過ぎてしまったために言語習得ができなかった事例としては，1797年に南フランスで発見されたアヴェロンの野生児（捕獲当時の推定年齢は11〜12歳）や，1970年に監禁から13歳で救出されたジーニーなどが有名です。いっぽう，1938年に6歳で発見された隔離児イザベルは，救出時は歩くことも言葉を話すこともできませんでしたが，言語訓練の結果2年後には1,500〜2,000語の語彙を獲得することができたと報告されています。『謎解き アヴェロンの野生児』（鈴木，2019）は当時の時代背景にも詳しく触れているので，興味がある方は読んでみてください。

27 たとえば，藤永，法と心理，2006

28 白井，外国語学習の科学 第二言語習得論とは何か，2008

29 トマセロ自身は自らの理論について「a usage-based theory of language acquisition」（言語獲得の使用依拠仮説）と表現しています（Tomasello, *Constructing a language*, 2003）。

合わせのことです。たとえば，「投げる」という動詞には主語と目的語を表す名詞を組み合わせることができます。しかし，2歳前後の子どもは「主語＋動詞（パパが投げた）」と言うことはできても「目的語＋動詞（ボールを投げた）」とは言えません。動詞―島仮説では，発達初期の子どもは**個別の動詞ごとに特有の表現（パパが投げた）を学習し，それを一般化することで**抽象的な文法を帰納的に獲得すると仮定します。そのため，言語発達の初期において，動詞はそれぞれ独自の項構造をもつとされます[30]。トマセロは，このような動詞ごとの項構造は，他者との言語的コミュニケーションを通して学習されると考えました。

　約2歳半〜約4歳半の幼児を対象におこなった研究では，子どもが幼いほど，動詞の使用法は他者が用いる文構造に影響されることがわかりました[31]。新奇な動詞について，英語の文法規則に沿った「主語＋動詞＋対象（SVO）」の文型で大人が話しかける条件では，その文型にしたがった語順の自発話が子どもに多くみられました。いっぽう，英語の文法的には不規則な「主語＋対象＋動詞（SOV）」や「動詞＋主語＋対象（VSO）」の文型で大人が話しかける条件では，4歳児ではSVOの語順に直した自発話が多くみられたいっぽう，2歳児や3歳児では大人が用いた語順のままの自発話が多くみられました。この結果は，他者とのコミュニケーションが子どもの言語発達に影響することを示唆しています。

2 他者と言語

..... ステップ1 .....

内言と外言

　この本を読みながら，内容について疑問が浮かんでいる人もいれば，「おなかすいてきたな」と思っている人もいるかもしれません。このような，発声を伴わず，自分のこころのなかで用いる言葉を内言（内語）[32]といいます。内言は，思考のツールとして用いられ，自身の行動を抑制，統御，調整する

---

30 項構造が動詞ごとに形成され，それぞれ独立に学習される様子が離れ小島のようであることから，動詞―島仮説と名づけられました。

31 Akhtar, *J Child Lang*, 1999; Abbot-Smith et al., *Cogn Dev*, 2001

32 心理学分野では，fMRI実験や行動実験をおこなっている最中に求められた言語応答を発話やボタン押しなしに頭のなかでおこなうことを，内言での応答とよぶこともあります。

機能をもちます。いっぽう，声に出す言葉は外言といいます。外言はおもに他者に意思を伝達するために用いられ，社会的交渉の機能をもちます。

　3〜4歳頃の子どもは内言をうまく使うことができず，考えていることをそのまま言葉として発することが多いものの（ひとり言），4歳以降になると徐々に内言を用いた思考ができるようになります。J. ピアジェは幼児期にみられるひとり言を自己中心的言語（egocentric speech）とよびました。そして，このような発話は，幼児期の認知特性である自己中心性が言語面に表れたものであり，幼児の社会性が未完成であるため出現すると考えました。いっぽう L.S. ヴィゴツキーは，内言が発話に表れるという現象は，子どもが社会性を獲得していないために生じるのではなく，子どもの言語獲得過程において過渡的にみられるものであると考えました。ピアジェはその後ヴィゴツキーの主張を受け入れており，現在の心理学においてもヴィゴツキーの見解が支持されています。 p.94 第6章

…… ステップ2 ……

二項関係から三項関係へ

　私たちは他者とコミュニケーションをとるなかで，その場にあるものだけでなく，目の前に存在しない事物について話すこともあります。私たちはどのように他者と同じ対象に注意を向ける能力を身につけてきたのでしょうか。

■ **共同注意**｜他者が何に注意を向けているのかを理解しその対象に対する注意を他者と共有すること，あるいは自分が注意を向ける対象を他者に理解させ注意を共有してもらうことを共同注意（joint attention）といいます。生後6カ月頃の子どもでは，他者の視線をモニターして，他者の視線の方向に自分の視線方向を合わせようとする行動（**視覚的共同注意**）が生じるようになります[33]。視覚的共同注意は生後約18カ月にわたって徐々に発達していきます。はじめは大人が左右方向に視線を動かすのに従って注意を移すことしかできなかったのが，やがて子どもの背後にあるものを大人が見つめたときにも，振り返ってそれを見つけることができるようになります[34]。

---

[33] 生後6カ月より前の時点でも，乳児は他者と見つめ合い，また乳児と他者との視線が重なったところに他者が持ってくるなんらかの物体を乳児が見つめたりもします。このようなかかわり合いを大藪は対面的共同注意とよび，視覚的共同注意に先立つ前駆的な能力であるとしました（大藪ら，共同注意の発達と臨床，2004）。

[34] Butterworth & Jarrett, *Br J Dev Psychol*, 1991

　生後9カ月頃の乳児は，おもちゃを指さしたり，おもちゃを介して他者とコミュニケーションをとったりして，自分の意思を伝えようとするようになります。このとき，自分（乳児）と物体（おもちゃ），自分（乳児）と他者といった関係性は二項関係とよばれ，自分と他者と物体からなる関係性は三項関係とよばれます（図7-4）。トマセロは，三項関係の上に成り立つコミュニケーションがみられるようになるこの時期を指して9カ月革命とよびました。

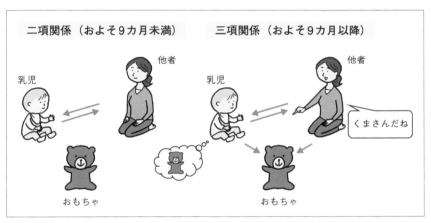

図7-4　二項関係と三項関係

▶ 共同注意と単語の獲得│共同注意の能力は，「相手が今どの対象について話しているのか」を理解する支えとなり，言語発達を促進します。トマセロは，子どもが単語を覚えるときに人の視線を利用することを明らかにしました[35]。たとえば，大人がある対象を見て「飛行機」と言ったとき，およそ生後11〜14カ月の子どもは大人の視線を追って対象物を見つけ，それが飛行機であることを学びます。生後12〜15カ月頃の子どもは，何かを要求したり，何かを知らせて共有したりしたいときには，指さしをして他者の注意を事物に向けようとします。このような指さしは初語期にもっとも頻繁に生起し，二語文を話しはじめるようになると（生後21カ月頃）減少していきます[36]。この指さしの減少は，1つの単語と指さしで示そうとしていた内容を，二語以上の言葉で表現可能になったために生じていると考えられます。

▶ ジェスチャーの発達│指さしが二語発話に先立つことは，指さしやうなず

35　Tomasello, *The cultural origins of human cognition*, 1999
36　Lock et al., In *From gesture to language in hearing and deaf children*, 1990

きといったジェスチャーは言語の発達に先行し，語彙や構文の発達を助けていることを示唆します。実際に，子どものジェスチャーに含まれていた対象物がその後発話される語彙に含まれるようになること，さらに，ジェスチャーと単語を組み合わせて使用する（鳥の絵を指さして「寝てる」と発話し，鳥が寝ていることを伝えようとする）時期が早い子どもほど，二語発話の開始も早いことが知られています[37]。

会話の発達

　子どもが言葉を話すようになって間もないうちは，会話は脈絡がなく，間が空きがちで，自分が話すべきタイミングで話しはじめなかったり，自分だけが話し続けたりすることがあります。他者とスムーズに会話するためには，お互いの話の始まりと終わりのタイミングを見計らったり，会話の内容に一貫性をもたせたりする必要があります。

　一般的な会話にみられる**ターンテイキング**（話し手と聞き手の順番交替）は，実は子どもが初語を発するようになる前，およそ生後9カ月頃から始まっています[38]。生後8カ月〜3歳5カ月児を対象とした研究では，ターンテイキングのタイミングが，子どもが幼いほど，あるいは求められる回答が複雑なほど遅くなることが示されました[39]。たとえば，「Yes/No」の二択での答えを求められたときよりも，「What/Where/Who」といった質問をされたときのほうが，質問を聞いてから答えるまでの時間が長くなりました。年齢が上がるにつれ，複雑な内容の語りかけに対する回答はすばやくなり，5歳頃になるとスムーズなターンテイキングを通して，大人や年齢の違う子どもとも難なく会話ができるようになります[40]。

37　Iverson & Goldin-Meadow, *Psychol Sci*, 2005; Özçalışkan & Goldin-Meadow, *Cognition*, 2005
38　Gratier et al., *Front Psychol*, 2015
39　Casillas et al., *J Child Lang*, 2016
40　Casillas, In *Pragmatic development in first language acquisition*, 2014

3 読み書き能力

ステップ 1

読み書き能力の獲得

日本語のように，ひらがな，カタカナ，漢字という3種類もの文字をもつ文字体系は世界でも類を見ません。ひらがなとカタカナはそれぞれ46文字ずつ，小学校で学習する漢字は1,026字[41]，さらに日常生活で使用するとされる常用漢字は2,136字もあるとされています。このように多種多様な字を読み書きする能力はおもに児童期以降に獲得されますが，簡単な文字の読み書き能力はそれ以前から発達しています。

▶ **萌芽的リテラシー** │読み書きの前段階として発達するスキル，知識，および態度のことを萌芽的リテラシーとよびます[42]。萌芽的リテラシーには，絵本をあたかも自分で読んでいるようなふりをしたり，文字に似た無意味図形（**図7-5**）を描いたりするといった行為が含まれます。また，話し言葉に関する**音韻意識**[43]も萌芽的リテラシーの1つです。音韻意識によって，「おやつ」の最後の音が「つ」であることや最初の音を抜いて読むと「やつ」であるということが理解できたり，単語

図7-5　4歳児が描いた文字に似た無意味図形の一例

の逆さ読みができたりします。つまり，音節あるいはモーラ[44]単位で言語音を認識し，操作できるようになるのです。音韻意識は，仮名文字の読みの理解にもつながります。なぜなら日本語には，1つの仮名文字が1つの音（モーラ，拍）を表すという対応関係があるためです。

▶ **ひらがなの読み書き** │一般的に，子どもは小学校入学後にひらがなの読み

---

41 文部科学省，小学校学習指導要領（平成29年告示），2017
42 Whitehurst & Lonigan, *Child Dev*, 1998
43 音韻意識とは，言葉の意味ではなく音に注意を向けて言葉を操作する能力のことです。
44 日本語の話し言葉の音長の単位です。モーラと音節は一致していることが多いものの，促音「っ」，撥音「ん」，長音「ー」といった特殊音節を含む語では1音節が2モーラとなります（「コップ」は2音節・3モーラ）。

書きを教わります。ただし，入学前からひらがなの読み書きを身につけている子どももいるため，実際の習熟度には大きな個人差があります。日本人の幼稚園児を対象にひらがなの読字数や書字数を調査した研究[45]では，5歳児クラスでは95％以上の子どもが清音，撥音の46文字を読め，6割以上の子どもが，濁音，半濁音を加えた71文字を読めるようになっていることや，半数近くの子どもが50文字以上を書くことができることが示されました（図7-6）。また，就学前にひらがなの読みを習得した子どもは，そうでない子どもに比べひらがなを読むスピードが速く，また読むスピードが速い子どもは読解力テストの得点が高いことが知られています[46]。ただし，このような関連は小学校3年生になると薄れていきます。

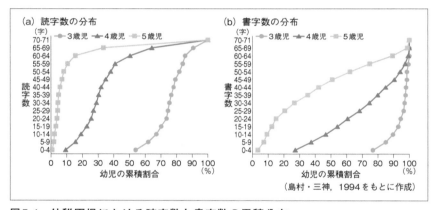

図7-6　幼稚園児における読字数と書字数の累積分布
(a) ひらがなの読字数の年齢による分布，(b) ひらがなの書字数の年齢による分布。

▶ **漢字の読み書き** ｜ ひらがなは就学前から学びはじめる子どもが多いいっぽう，ほとんどの漢字は学校教育において学習されます[47]。ひらがなと異なり，**漢字は読みと書きの能力が乖離する場合があります**。大人でも"読むことはできるが書けない"漢字や熟語に出くわすことは多いはずです。実際，漢字の書き取りでつまずく子どもは少なくはなく，読みに比べ書き取りの正答率には大きなばらつきがあり，その傾向は高学年になるほど強くなります

45　島村・三神，教育心理学研究，1994
46　髙橋，教育心理学研究，2001
47　現行の小学校学習指導要領（平成29年告示）では，1年生で80字，2年生では160字，3年生では200字，4年生では202字，5年生では193字，6年生では191字と，学年ごとに学習する漢字と字数が指定されています。

（**図7-7**）[48]。たとえば6年生の読みテスト（**図7-7a**最上段）では，90％以上の児童が答えられる漢字（青色）は229字であり，これは分析対象となった漢字全体の57.8％でした。いっぽうで書きテスト（**図7-7b**最上段）では，90％以上の児童が答えられる漢字（青色）は19字しかなく，これは対象漢字全体の5％以下でした。

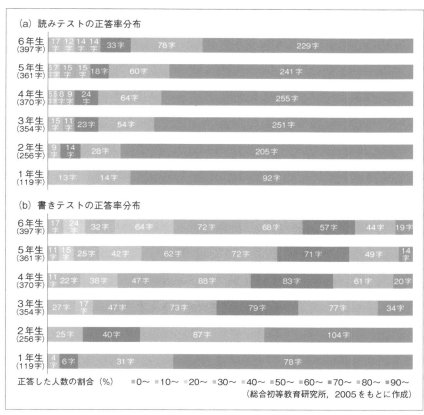

図7-7　学年別「読み」「書き」テストの正答した人数の割合
学年修了時における各学年の新出漢字に対する（a）読みテスト，（b）書きテストの正答人数の分布を示す。配当漢字に加え，読み替え漢字（1つの漢字に複数の読み方があるもの）をカウントしているため，各学年で対象となる漢字数は配当漢字よりも多くなっている（例：6年生で397字）。帯グラフ内の数値は，色分け（凡例参照）で示した割合の児童が正答した漢字数を示す。

48　この調査は全国の小学校33校および中学校20校を対象に2003年に実施されたものです。

言語学習障害・発達性読み書き障害

　学習障害（learning disability：LD）とは，全般的な知能の遅れや感覚運動障害などの明確な要因がないにもかかわらず，**言語，推論，計算といった能力の習得に困難を示す発達障害**です。そのなかでも言語関連能力に著しい習得困難を示す障害をとくに言語学習障害（language-based learning disability：LLD）とよびます。LDのうち非言語性の学習障害（視空間認知障害などが原因）は全体の10〜15％であることから，LDには言語能力が強く関連していることがわかります[49]。

▶聞く・話すことの障害｜聞く・話すといった音声言語面の障害とは，たとえば，**音韻意識**（p.115）や**ナラティブ**（語り）[50]をうまく習得できないといったことです。これらの障害は，日常的なコミュニケーションには現れづらいという点で，音の聞こえ（例：軽度難聴）や話し方（例：吃音（きつおん）[51]や構音障害[52]）の問題とは異なります。幼児期において身近な人とコミュニケーションをとるうえでは大きな問題がないものの，小学校における授業の理解やディベート，作文といった課題に求められるより高次な言語活動に支障が生じるようになります。

▶読む・書くことの障害｜読む・書くといった書字言語面の問題は，**発達性読み書き障害**（developmental dyslexia：DD）[53]とよばれます。日本語における発達性読み書き障害の出現頻度は，読み障害では，ひらがな0.2％，カタカナ1.4％，漢字6.9％であり，書字障害はひらがな1.6％，カタカナ3.8％，漢字6.1％であると報告されています[54]。この結果は，30人のクラスに1人は発達性読み書き障害の児童・生徒がいるということを示しています。

　近年，著名人が自身の読み書き障害について公表することも多く，とくに発達性読み書き障害を中心にLLD自体の認知度は高まってきています。た

49　田中，音声言語医学，2005

50　自分の体験を他者に伝えるために，時間的に連続した出来事を順序だてて言葉で表現することです。

51　話し言葉がなめらかに出てこない発話障害の1つで，ある音が繰り返し出たり，引き伸ばして発音されたり，言葉が出るまでに間が空いたりするような症状が現れます。

52　口腔や舌などの発声器官の運動障害が原因となり，言葉をはっきりと発音することができなくなる障害のことです。1音なら正しく言うことができても，会話になるとリズムや速さが乱れてぎこちない話し方になったり，発声が途切れ途切れになって不明瞭になったりします。

53　dyslexia（ディスレクシア）は直訳すると「読み障害」ですが，書字障害も合併することのほうが一般的であるため，多くの場合，発達性読み書き障害と表現されます。発達性読み書き障害の原因については さまざまな仮説がありますが，未だ結論は出ていません。

　54　Uno et al., *Read Writ*, 2009

だし，LLDに起因する問題は新しい知識を得たり物事の関係性を推論したりするといったような高次な思考が必要となるときに現れ，日常レベルのコミュニケーションに支障をきたすことは必ずしも多くはありません。そのため，周囲の人が気づくことは容易ではなく，**LLDの発見や診断には専門的な知識や経験が必要**となります。現在では，DA（ダイナミックアセスメント）[55]とよばれる評価法を用いて子どものLLDを判断し，RTI（responsiveness to intervention）[56]を導入した指導をおこなうことが推奨されています。

····· ステップ3 ·····

第二言語の習得

▶ **第二言語習得における臨界期** │ 母語の獲得における臨界期（敏感期）のように，第二言語の習得にも "母語話者と同じくらいの言語操作レベルに至るためには，決まった時期にその言語にさらされている必要があり，その時期以降では母語話者のような言語操作レベルを達成することができなくなる" という考えがあります[57]。臨界期の存在を主張する研究では，おおむね**幼児期から思春期にかけての時期が臨界期**にあたると考えられています[58]。

ただし，第二言語習得における臨界期は存在するのか，するとしたらいつ頃なのかについては未だ一貫した見解が得られていません。なかには，**臨界期は複数存在する**という考え方もあります[59]。臨界期を過ぎたあとは，学習開始時期の違いが習得レベルに与える影響はないと考えられているものの，比較的年齢が上がってから学習を始めた人のなかでも学習開始時期の早さが習得レベルの高さと関連する場合もあります。

「早いうちから母語以外の言語に触れているとその言語がうまくなる」という一般的な主張を支持するのは，発音や音韻の知覚，文法といった側面に関

....

55 Lidz, *Practitioner's guide to dynamic assessment*, 1991。DAは，ヴィゴツキーが提唱した発達の最近接領域（p.99）の概念に基づく評価法で，テストの成績に表れるような学習者のできること・できないことのみではなく，学習可能性も評価します。具体的には，学習者が独力で解決できる水準よりも少し高い課題を課し，学習者が課題を達成できるようになるまでに必要だった指導者の介入や支援の程度を評価します。

56 Fuchs et al., *Learn Disabil Res Pract*, 2003。教育現場における学習指導法の1つで，子どもの学習状況に応じた段階的な介入をおこなう方法です。クラス全体を対象とした評価と指導の結果，よい成績を出した児童にはその指導を継続し，学習につまずきがみられた児童にはより集中的な指導をおこないます。

57 Penfield & Roberts, *Speech and Brain Mechanisms*, 1959

58 Patkowski, *Lang Learn*, 1980; Johnson & Newport, *Cogn Psychol*, 1989; Hyltenstam, In *Cognitive Processing in Bilinguals*, 1992; DeKeyser, *Stud Second Lang Acquis*, 2000

59 Seliger, In *Second Language Acquisition Research*, 1978

する研究結果です。ヒトの**音韻知覚システムは生後8〜10カ月頃から母語の音韻に特化**していきます[60]。また，母語以外の言語の学習開始が12歳以降になると，その言語の音韻弁別は母語話者のレベルには至らなくなることも示されています[61]。文法については**第一言語，第二言語にさらされるようになった年齢が早いほどその言語の文法テストの成績がよい**ことが明らかになっています[62]。そのいっぽうで，語彙や意味理解に関する研究結果には，臨界期という考えを支持しないものもあります。たとえば，第二言語の語彙数は，その言語の学習を始めた年齢によらず母語話者と同程度まで増やすことができることが示されています[63]。

▶ **バイリンガルの言語発達** | 2つの言語を操ることができることをバイリンガルとよびます。バイリンガルの子どもはモノリンガルの子どもよりも母語の語彙数が少ないことが知られています[64]。いっぽう，バイリンガルの子どもの2言語における語彙総数はモノリンガルよりも多いといわれています[65]。

　近年，バイリンガルがもたらす認知発達的なメリットが注目されています。たとえば，バイリンガルの子どもは，ストループ課題[66]や心の理論を調べる課題（p.83）においてモノリンガルの子どもよりも優れた成績を示すことが知られています[67]。この優れた成績は，バイリンガルの発話では認知的な抑制を強く必要とされることに起因する，**抑制機能の発達**で説明されます。すなわち，バイリンガルの子どもが何かを話そうとするときには，2言語の語彙が同時に活性化してしまいます。相手や場面に適した言語を用いて会話するためには，使用しない言語の語彙を適切に抑制する必要があると考えられます[68]。 ▶ p.76 第5章

60　Werker & Tees, *Infant Behav Dev*, 1984; Kuhl et al., *Dev Sci*, 2006
61　Stölten et al., *Stud Second Lang Acquis*, 2015
62　Johnson & Newport, *Cogn Psychol*, 1989
63　Hellman, *Int J Appl Linguist*, 2011
64　Bialystok & Luk, *Lang Cogn*, 2012
65　Bosch & Ramon-Casas, *Int J Behav Dev*, 2014; Junker & Stockman, *Am J Speech Lang Pathol*, 2002。ただし，バイリンガルの子どもが同じものを指す言葉を2言語で獲得していることをふまえ，"獲得されている概念の数"を語彙数として数える手法もあります。この手法を用いた研究では，バイリンガルとモノリンガルには差がないとする報告も，モノリンガルのほうが語彙数が多いとする報告もあり，一貫した結果が得られていません。
66　アメリカの心理学者J.ストループら（*J Exp Psychol*, 1935）によって報告された，認知的な抑制機能を調べる課題です。参加者は，紙に示された色名単語が何色で書かれているか口頭で答えます。赤色で書かれた「青」という文字や，緑色で書かれた「黄」という文字を読む場合には認知的負荷が高くなり，答えることが難しくなります。不要な情報の抑制は前頭前皮質の活動と密接に関連しており，この抑制機能は3歳から5歳頃に著しく発達するといわれています。
67　Kovács, *Dev Sci*, 2009
68　バイリンガルの子どもは，2歳頃になると，相手や場面に合わせた言語の切り替えが可能になるといわれています。

Part 3

社会のなかにおける 発達の多様性

アタッチメント

（大久保圭介）

1 アタッチメントという概念

────── ステップ 1

私たちはなぜアタッチメント行動をとるのか

▶ **アタッチメント**[1]**とは**｜幼い子どもが何かしらのイベントによって恐怖や不安を感じたりしたときに，親などの特定の対象へと近寄り，"くっつく"（attach）ことによって安心感を得ようとする傾向をアタッチメントといいます。そして，そのような行動のことをアタッチメント行動とよびます。具体的には，しがみつく，後を追う，泣く，微笑むなどの行動です。なお，幼い子どもだけに限らず，大人もアタッチメント行動をとることがあります。また，自分のことを慰めてくれる重要な人との関係性や，その人に対して感じる情緒的なつながりのことをアタッチメントとよぶこともあります。

アタッチメントは，イギリスの精神医学者 J. ボウルビィによって1950年頃に体系化された概念です[2]。ボウルビィはアタッチメント理論をまとめるときに，サルなどの他の動物の行動についての研究や進化論[3]の考え方を参考にしました[4]。ヒトの赤ちゃんは**生理的早産**（p.20）といわれるように，身体の大きさの割に未熟な状態で生まれてきます。そのような小さな赤ちゃんが，危険や恐怖に直面したときには，自分のことを守ってくれる誰かに助けてもらわなければなりません。そのためにアタッチメント行動をとること

---

1 日本語では愛着と訳されることもありますが，慣れ親しんだ土地や長い間使っている文房具に対して感じる愛着とアタッチメントは別であるため，混同しないように「アタッチメント」というカタカナ表記で使用するほうが望ましいです。
2 ボウルビィの父親はイギリス王室に仕えたこともある医者でした。またボウルビィ自身，6人きょうだいの4人目であり，幼少期はおもにベビーシッターに育てられたとされています。ボウルビィが幼少期の親子関係に関心をもったのは，そうした自身の背景が関連しているのかもしれません。
3 生物のそれぞれの種は，環境に適応するために自然淘汰／選択を繰り返して生存／繁殖してきたと考える学説です。
4 ボウルビィの"動物行動学的"な考え方は，当時の精神分析家たちの強い反感を買うことになりました。しかしながら，アタッチメント理論は精神分析と切っても切り離すことのできない関係にあります。両者の関連や相違点については，フォナギー（遠藤・北山 監訳），愛着理論と精神分析，2008 に詳しく整理されています。

が重要になります。

　ボウルビィは，アタッチメント対象は，危機が生じた際に逃げ込むことのできる，子どもにとっての安全な避難所（safe haven）として機能すると考えました。さらに，子どもが安心感を取り戻したのちには，アタッチメント対象は，子どもが外の世界を探索するための安心の基地（secure base）として機能すると仮定しました。すなわち，アタッチメント対象は，子どもに物理的な安全だけでなく情動的な安心感をももたらし，子どもがひとり立ちしていくための拠点となるのです。

─── ステップ 2 ───

アタッチメント行動の個人差

▶ **子どものアタッチメント行動の分類** | 子どものアタッチメント行動には個人差があることが知られています。そのような個人差を類型化するために，発達心理学者 M. エインズワース[5] らは，養育者との分離および再会という場面を実験的につくり，そこでの子どものアタッチメント行動を観察する方法を開発しました。この方法はストレンジ・シチュエーション法（strange situation procedure：SSP）とよばれます。また，観察結果に基づいて分類されたアタッチメント行動のパターンを**アタッチメントタイプ**とよびます。SSP では，**図8-1**のように，子どもが養育者と分離し，見知らぬ大人と遊ぶ一連の場面を研究者が観察します。基本的に，SSP は生後 9 カ月以降の子どもに対して用いることができます。

▶ **子どものアタッチメントタイプ** | SSP では，アタッチメントタイプを A〜D タイプの 4 つに分類します。A タイプは回避型（avoidance 型）とよばれ，養育者と分離してもさほど混乱を示さず，養育者がそばにいる際にも相対的に距離を置きがちな子どもが該当します。B タイプは安定型（secure 型）[6] とよばれ，このタイプの子どもは養育者と分離した際に，泣いたりおびえたりといった不安を示します。ただし養育者と再会すれば，すぐに落ち着き，安心感を取り戻します。C タイプはアンビバレント（不安）型（ambivalent 型）とよばれ，養育者との分離に際して強く泣き叫ぶなど，過剰な反応を見

5　エインズワースはアタッチメント理論の黎明期の重要な研究者の一人です。もともとカナダに住んでいましたが，パートナーとともにイギリスに移住した際に，タビストッククリニックでボウルビィの同僚となります。

6　secure という単語が用いられているため，安心型というほうがより原義を反映しているかもしれませんが，日本語では安定型という語が頻繁に当てられます。

1. 保護者と子どもが実験室に入り，
部屋に慣れます。

2. 知らない人が入室し，保護者や
子どもと話します。

3. 保護者が退室します。
（1回目の分離）

4. 知らない人は部屋に残り，
子どもと遊ぼうと働きかけます。

5. 保護者が部屋に戻ってきます。
知らない人は退室します。
（1回目の再会）

6. 保護者が退室し，
子どもは一人部屋に残ります。
（2回目の分離）

7. 再度知らない人が入室し，子ども
を慰めたり，一緒に遊んだりします。

8. 知らない人が退室して，保護者
が入室します。（2回目の再会）

図8-1　ストレンジ・シチュエーション法
最初の場面を除いて，3分ごとに次の場面に遷移する。ただし，子どもの様子をみて，時間を早めたり，場面
をスキップしたりすることもある。

せます。さらに，養育者と再会したのちもネガティブな感情を引きずり，養育者が自分から離れたことに対して怒りや抵抗を見せることもあります。

当初，エインズワースは，アタッチメントタイプは上記3つの型に分けられると考えていました。しかしその後，相反する傾向である，回避型とアンビバレント型が混ざったような反応を同時あるいは連続的に示す子どもがいることも明らかとなりました。たとえば，危険や恐怖を感じる場面において，養育者に背を向けたまま近づいたり，抱きついたと思ったらすぐに離れて床に倒れ込んだり，あるいはどうしてよいかわからずフリーズしてしまったりします。このような子どもは，アタッチメント行動に一貫性がなく，組織化されていないと考えられたため，無秩序・無方向型（disorganized/disoriented型，Dタイプ）とよばれます。回避型もアンビバレント型も，安定型に比べると“不安定”とカテゴライズされるタイプですが，養育者に対する行動に一貫性がある点で，無秩序・無方向型とは異なります。安定型以外のA, C, Dタイプをまとめて不安定型とよぶこともあります。p.163 第10章

SSPのほかにも，子どものアタッチメントの個人差を評価する方法として，より自由な場面における親子の相互作用を観察してアタッチメント安定得点を算出する**アタッチメントQソート法**[7]や，人形を使って子どもにつくらせたお話の内容によってSSPと同様のアタッチメントタイプを分類するattachment doll play などがあります。

▶ **大人のアタッチメントタイプ** 乳幼児期に形成されるアタッチメントは，その後の発達のなかで変化することもあります。ある研究は，生後15カ月時点と18歳時点でのアタッチメントタイプが変化した割合は全体で6割程度であったと報告しています[8]。具体的には，安定型の子どものうち，大人になって不安定型に変化した割合は39％でした。いっぽう，不安定型の子どものうち，大人になって安定型に変化した割合は57％でした。これらの結果は，幼児期に安定型であっても大人になる過程で異なるタイプに変わる人が少なくないこと，および幼児期に不安定型であった人のほうが，アタッチメントタイプが変わりやすいことを示しています。子どものときに不安定型だった人が，その後の人生のなかで安定型になったケースをとくに，**獲得安定型**とよびます。

7　本測定法は，アタッチメントタイプを分類するものではありません（Vaughn et al., In *Measuring attachment development assessment across the lifespan*, 2021）。

8　Groh et al., *Monogr Soc Res Child Dev*, 2014。18歳時点のアタッチメントタイプは，子ども時代の親子関係を振り返るインタビュー（後述するAAI）によって評価されています。なお，同研究では，3つの不安定型（A, C, D）の間でも子どもから大人にかけて変化がみられることも示されています。

大人のアタッチメントタイプは，幅広い対人関係（友人や恋人，家族，上司や部下との関係など）と関連することが示されています。たとえば，安定型の人は不安定型の人と比べて，職場の人間関係も良好であり，仕事の業績もよい傾向にあることが知られています[9]。

▶ **AAI** ｜大人に対して，アタッチメントの個人差を評定するにはいくつかの方法があります。その代表的な方法がアダルト・アタッチメント・インタビュー（adult attachment interview：AAI）とよばれる半構造化面接法です[10]。AAIでは，参加者に子ども時代を振り返ってもらい，養育者との関係性を尋ねます。さらに，死別・離別，被虐待などの経験，子どもがいる場合はその子どもとの関係なども尋ねます。このインタビューの目的は，数々の質問によって"無意識を驚かす"ことで，本人も普段意識しえないアタッチメントの特性に関する情報を得ることです。質問への回答に基づいて，アタッチメントタイプを分類します[11]。大人のアタッチメントタイプは基本的に，**自律型**，**軽視型**，**とらわれ型**の3つに分類されます。これらはそれぞれ，安定型，回避型，アンビバレント型に対応すると仮定されています。また，死別や暴力などに起因する心的トラウマを克服できていない人は**未解決型**として分類されます。

▶ **ECR** ｜質問紙法によるECR（Experiences in Close Relationships）尺度もよく用いられます（**表8-1**）[12]。この尺度ではアタッチメント回避得点と不安得点を算出し，それぞれを回避傾向（回避型に対応）および不安傾向（アンビバレント型に対応）の高さとして扱います。

　このように，大人のアタッチメントの個人差を評定する方法は複数存在するため，目的や実施可能性を考慮して，適切な方法を選択することが可能です。半構造化面接法を用いるAAIは，被面接者のやりとりに応じて質問を付け加えることで，より詳細な情報を得ることができます。しかしそのいっぽうで，1回の調査に相当の労力が必要となります。質問紙法を用いるECRなどは調査者にとっても参加者にとっても負担の少ない方法であるいっぽう，その解析は本人に意識可能な言語的な情報に頼らざるを得ないというデ

9　たとえば，Paetzold, In *Attachment theory and research: New directions and emerging themes*, 2015
10　AAIやSSPを実施するためには，トレーニングを受け，テストに合格する必要があります。
11　George et al., *Adult attachment interview protocol*（3rd ed.），1996; Hesse, In *Handbook of attachment: Theory, research, and clinical applications*（2nd ed.），2008
12　本来のECR尺度は36項目ありますが，9項目からなる短縮版のECR-RS（Experiences in Close Relationships-Relationship Structures）尺度が作成されています。表8-1には，ECR-RS尺度の項目を示しています。項目数を少なくすることによって，同時に複数の人（母親と父親など）に対するアタッチメント行動傾向を測定することができます。古村ら（心理学研究，2016）により日本語版も作成されています。

表8-1　ECR-RS尺度（アダルト・アタッチメント・スタイル尺度）の9項目

教示文：（たとえば，母親とのアタッチメントを評定する場合）あなたの母親のことを思い浮かべてください。以下の項目はどの程度あてはまりますか。「1. まったくあてはまらない」から「7. 非常にあてはまる」までの7段階で答えてください。

アタッチメント回避	1. 私は，その人[a]に個人的なことを相談する[b]
	2. 私は，たいていその人に自分の問題や心配事を話す[b]
	3. その人は，私にとって頼りやすい人だ[b]
	4. 必要なときはその人に頼り助けてもらうことができる[b]
	5. 自分が心の奥底で考えていることを知られたくない
	6. 私は，その人に心を開くことを心地よく感じない
アタッチメント不安	1. 私がその人を大切に思っているほど，その人は私のことを大切に思っていないのではと心配になる
	2. その人が私のことを本当は大切に思っていないのかもしれないと，たびたび心配になる
	3. 私は，その人に見捨てられるのではないかと不安に思う

a 母親に対するアタッチメントを評定する場合には，表の「その人」の部分に「母親」を記入した調査票を用意することもある。
b 逆転項目

メリットもあります[13]。また，イラストに対する反応からアタッチメントの個人差を分類する投影的[14]な手法（Adult Attachment Projective）も提案されています。

······· ステップ 3 ·······

アタッチメントの個人差を決める要因

▶ **敏感性** ｜子どもが養育者に対してアタッチメント行動をとったときに，養育者がどのように振る舞うかが，子どものアタッチメントタイプを決める重要な要因になります。声や表情など，子どもの表出するシグナルに基づいて，その子どもの感情や欲求を的確に読み取り，迅速に反応することができる特性を**敏感性**（sensitivity）とよびます。先述したエインズワースは，SSPを開発する以前に，母子の相互作用場面の観察研究をおこない，敏感性

······

13 たとえば，ECR-RS尺度の「母親は，私にとって頼りやすい人だ」という項目を読んで，「とてもあてはまる」と答えた人は，母親に対して回避的ではないと評定されます。しかし，AAIでは，「母親は頼りやすい人でした」という語りがあったとしても，他の部分でその語りをサポートする出来事が語られなければ，母親を理想化しているととらえます。理想化した語りは軽視型の特徴です。

14 曖昧な刺激に対する参加者の自由な反応から，その個人の特徴を分析する方法です。参加者の無意識的な側面を引き出すことができることと，調査の意図を参加者に悟られにくいという利点があります。

に着目しました[15]。子どもの目線で考えると，養育者が自分のアタッチメント行動に敏感に応答してくれることで，「この人は自分のことを助けてくれる人だ」という信頼感が高まります。いっぽうで，自分が出したなんらかのシグナルに応答してくれなかったり，応答の内容が適切ではなかったりすることが繰り返されると，子どもはシグナルを出すことをやめてしまったり（回避型），逆に過剰なシグナルを出すようになったり（アンビバレント型）することにつながります。養育者の敏感性の高さは，現在においても子どものアタッチメントともっとも強く関連する要因として考えられています[16]。

■ **敏感性以外の要因** │ 養育者の敏感性は子どものアタッチメントタイプに影響する重要な要因です。しかし，それだけではアタッチメントの個人差を完全に説明することができるわけではありません。遺伝や子ども自身の気質，あるいは家庭の社会経済的地位[17]なども影響することが知られています。さらにアタッチメントの個人差に影響する養育者の要因として，**マインド・マインデッドネス**（mind-mindedness），**洞察性**（insightfulness），**情緒的利用可能性**（emotional availability）なども知られています。マインド・マインデッドネスは，子どものことを，こころをもっている存在として扱い，そのこころを読み取る性質です。たとえば，子どもが泣いているのを見たとき，それを単なる生理現象とみなすのではなく，「寂しがっている」ととらえて接するような態度を指します。洞察性は，子どもの視点に立って物事をとらえる能力です。情緒的利用可能性は，信頼できる存在がそこにいて，いつでも頼ることができるという感覚です。

2 アタッチメントの対象

ステップ1

アタッチメントの対象

子どもがアタッチメント行動を向ける大人には誰が含まれるのでしょう

---

15 ウガンダでの観察研究が有名です（Ainsworth, *Infancy in Uganda: infant care and the growth of love*, 1967）。

16 比較的新しいメタ分析で示されている，養育者の敏感性と子どものアタッチメントタイプ（安定型か不安定型か）の関連の強さは$r=.35$です（Verhage et al., *Psychol Bull*, 2016）。

17 SES（socio-economic status）と略して使用することが多いです。学歴や収入などがSESの指標として利用されます。SESが低い家庭であっても適切な支援や介入があることで子どもが安定したアタッチメントタイプを形成することができる可能性があります。たとえば，Woodhouse et al., *Child Dev*, 2020

か。また，子どもが大人になったときには，誰に対してアタッチメント行動を向けるのでしょうか。

■ **さまざまなアタッチメント対象** │ 子どもの場合には，母親だけでなく父親も，祖父母も，親戚も，きょうだいも，あるいは園や学校の先生もアタッチメント対象になる可能性があります。大人の場合にはおもに，パートナーや親友などがアタッチメントの対象になります。また，アタッチメント対象は，誰か特定の1人だけではなく，複数存在することも多くあります[18]。さらに，その複数のアタッチメント対象にはおおまかな序列があることもわかっています[19]。たとえば，子どもが成長して大人になるにつれて，親よりも，恋人や親友が上位のアタッチメント対象になっていきます。

----- ステップ 2 -----

父親に対するアタッチメント

子どもにとっては，母親がもっとも主要なアタッチメント対象になることが一般的です。そのため，多くの研究が母子関係におけるアタッチメントに焦点を当ててきました[20]。しかしながら近年では，父親を対象とした研究も多くなされるようになりました[21]。

一般的に，父親は母親に次ぐ2番目のアタッチメント対象になります。子どもは父親に対しても母親と同等に強固なアタッチメントを形成することができ，アタッチメントタイプ（回避型／安定型／アンビバレント型／無秩序・無方向型）も母子関係におけるそれと同様に分類されることが示されています[22,23]。

■ **父親のかかわりの特徴** │ 父親の敏感性も，父子のアタッチメント形成において重要な要因となります。ただし，父親の敏感性の高さは，母親ほどアタッチメントタイプに関連しないことが知られています[24]。いっぽうで，父親

----

18 複数のアタッチメント対象をもつことが子どもの発達において有益であることが多くの研究から示唆されています（Dagan & Sagi-Schwartz, *Child Dev Perspect*, 2018）。

19 たとえば，Trinke & Bartholomew, *J Soc Pers Relat*, 1997 や Umemura et al., *Attach Hum Dev*, 2021。

20 ボウルビィの代表作 "Attachment and Loss" は，翻訳版では『母子関係の理論』とされています。そのことから，アタッチメント理論は母子関係についての理論であると勘違いされることが多いですが，母子関係に限らず，幅広い関係についての理論です。

21 もともと父親に対するアタッチメント研究は，戦争により "父親不在" となった家庭における子どもを対象とした研究から始まりました。

22 たとえば，以下のメタ分析。Fox et al., *Child Dev*, 1991

23 なお，霊長類の中には，父親が主要なアタッチメント対象である動物（たとえば，ワタボウシタマリンなど）がいることも報告されています。たとえば，Myowa & Butler, In *The cultural nature of attachment: Contextualizing relationship and development*, 2017

のstimulationが高いほど，父子関係において安定型のアタッチメントを獲得できる確率が高いことが報告されています[25]。stimulationとは，"子どもに向けられるあらゆる行為"と定義され[26]，具体的には，声掛け，拍手，くすぐり，おもちゃなどを使って気を引くことや，非言語的な感情の表出なども含まれます。ただし，父親の侵入性（intrusiveness）が高くない場合のみ，stimulationがアタッチメントの安定性に寄与しました。侵入性とは，子どもの自律的な意図や行動を制限したり妨害したりする傾向を指します。さらに，stimulationのような刺激を与える働きかけをしていても，子どもとかかわる時間が少ないと，アタッチメントの安定性にはつながらない可能性も指摘されています[27]。

…… ステップ 3 ……

保育者や教員に対するアタッチメント

　最後に，保護者以外にアタッチメント対象となる可能性がある保育者や教員に対するアタッチメントを取り上げます。

▶ **一時的なアタッチメント**｜園の保育者や学校の教員は，多くの子どもにとっては親族以外で初めて生活の大部分を一緒に過ごす大人です。保育者や教員は子どもへの教育のみならず，子どもの身体的・情緒的なケアをおこないます。子どもたちは園や学校の生活のなかで，嫌なことがあれば保育者に慰めてもらおうとしたり，教員に相談したりするでしょう。そういった意味で，保育者や教員は子どものアタッチメント対象の候補となります。ただし，その関係性は，一度に多くの子どもと接するという点で親子関係とは異なりますし，永遠に続くものではないため，一時的なアタッチメントといえるでしょう。しかし，限られた期間の関係性であっても，保育者や教員に対するアタッチメントの安定性が，子どもの社会的コンピテンス[28]の高さに影響することを示唆する研究もあります[29]。とくに，家庭で保護者との関係性が良好でない子どもや厳しい家庭環境の子どもであるほど，家庭外の大人と

24　母親の敏感性と母子関係におけるアタッチメントタイプの関連は*r*=.24，父親の敏感性と父子関係におけるアタッチメントタイプは*r*=.17あるいは*r*=.12と報告されています（de Wolff & van IJzendoorn, *Child Dev*, 1997; van IJzendoorn & DeWolff, *Child Dev*, 1997; Lucassen et al., *J Fam Psychol*, 2011）。

25　Olsavsky et al., *Attach Hum Dev*, 2020

26　Miyake, et al., *Monogr Soc Res Child Dev*, 1985

27　Lucassen, et al., *J Fam Psychol*, 2011

28　他者と円滑にコミュニケーションをおこなうための能力

29　たとえば，Copeland-Mitchell et al., *Early Educ Dev*, 1997 や Howes & Ritchie, *Dev Psychopathol*, 1999.

の間で良好な関係性を形成することによってもたらされる発達へのよい影響は大きいようです[30]。

▶ **集団的敏感性**｜先述したように，保育者や教員は，一度に大人数の子どもの世話をしなければならないという点で，家庭の保護者とは大きく異なります。保育者や教員も保護者と同様に，1対1で接している子どものシグナルを正確に読み取り，迅速かつ適切に応答する敏感性（二者関係的敏感性）の高さが求められます。ただしそれに加えて，集団全体に目を配りながら，それぞれの子どものシグナルに応答するような**集団的敏感性**も求められます（**図8-2**）。とくに，保育者の集団的敏感性が高いことは，保育者と子どもの間のアタッチメントの安定性をもたらすことが示唆されています[31]。

図8-2　二者関係的敏感性と集団的敏感性

3 生涯発達的視座からみたアタッチメント

······ ステップ1 ······

生涯発達とアタッチメントの影響

　乳幼児期に形成されたアタッチメントは，その後の生涯にわたる対人関係に影響します。つまり，アタッチメントは"揺り籠から墓場まで"，私たちの発達にとって欠かせない心理学的基盤の1つであるといえます。

▶ **乳幼児期のアタッチメントの発達**｜赤ちゃんは，およそ生後2，3カ月頃

30　Eckstein-Madry et al., *Infant Ment Health J*, 2020
31　Ahnert et al., *Child Dev*, 2006

には，自分の養育者とそうでない他人の区別がつきます。ただしこの時期は，どの人に対しても同様のアタッチメント行動を示します。6カ月頃までは引き続き，誰に対しても友好的に振る舞いますが，日常よくかかわっている養育者に対してはとくに頻繁にアタッチメント行動を示すようになります。6カ月〜2，3歳になるまでの間に徐々に，**特定の養育者との間にアタッチメントを形成**します。この時期は，子どもはハイハイや歩行が成立し，自分の力で養育者に近寄ったり，離れたりすることができるようになる時期です。またこの時期には認知機能も大きく発達していきます。これらの発達とともに，養育者に対するアタッチメント行動の経験と，それに対してどのように応答されたかが**内在化**[32]されていくと考えられます[33]。こうして2，3歳になる頃には，「自分が助けを求めたときには養育者が助けに来てくれる」という**心理的な安心感**が育まれ，養育者が物理的に近くにいない状況においても，子どもは困難なことに挑戦し，それらを乗り越えることができるようになります。このようなアタッチメントの発達プロセスとして，ボウルビィは**表8-2**に示すような4つの段階を仮定しました。

表8-2　ボウルビィのアタッチメント理論

段階	アタッチメント行動の特徴
第1段階 （〜2，3カ月頃）	特定の人ではなく，近くにいる人に対してアタッチメント行動を向ける。
第2段階 （〜6カ月頃）	普段自分の世話をよくしてくれる人を選好してアタッチメント行動を向ける。
第3段階 （〜2，3歳頃）	次第に特定の人に対してアタッチメント行動を向けるようになる。また，目標修正的なアタッチメント行動をとるようになる。すなわち，安心感を与えてほしいという目標を達成するために，アタッチメント対象の状態やかかわり方に合わせて，自分の行動を柔軟に工夫することができるようになる。
第4段階 （3歳前後）	自分がアタッチメント行動を向けたときにアタッチメント対象がどのように対応してくれるかという行動のパターンがイメージとして内在化される。アタッチメント対象が近くにいなくても，そのイメージが拠り所として機能するため，この時期には子どものアタッチメント行動の頻度と強度は減少していく。

....

32　自分の中に取り入れ，それに基づいて考えたり行動したりすること。

33　ボウルビィは，「物理的な世界における，アタッチメント対象や自分の振る舞いについての期待，それらの相互作用についてのモデル」のことをアタッチメントの内的作業モデル（internal working model：IWM）とよびました（Bowlby, In *Attachment and loss: attachment*, 1969）。IWMは経験をもとにして構築された認知処理モデルであり，「こういう場合にはこう振る舞うとよい」というような状況判断や予測をおこなうためのモデルです。ただし，細かな定義は研究者により異なります。IWMと乳幼児の認知処理発達の関係については，Sherman et al., *Dev Rev*, 2015が参考になります。

▶ **アタッチメントタイプと児童期以降の発達**｜乳幼児期に形成されたアタッチメントタイプは，その後の発達段階におけるさまざまな対人関係に関連します[34]。たとえば，児童期や青年期では，乳児期のアタッチメントタイプが安定型であったことが，良好な友人関係や精神的な健康，学業成績の高さなどとも関連することが示されています。また，アタッチメントの個人差は，青年期から成人期における恋愛関係や夫婦関係とも関連します。たとえば，安定型のアタッチメントタイプの人は，そうでない人と比べて，長期的で満足度の高い恋愛・夫婦関係を経験することがわかっています。中年期から老年期にかけては，親の介護への向き合い方や，自分が介護してもらう立場になった際に，どのように介護をしてもらいたいかということとも関連するようです。

　現代に特有の事象として，たとえばSNS（social networking service）との付き合い方などとの関連も検討されてきています。たとえば，ECRなどで評定したアタッチメント不安傾向の高い人はSNS依存傾向にあり，多くの人とつながりたいと思っているようです。また，回避傾向が高い人はSNS上でもあまり自己開示しないことが示されています[35]。

▶ **環境への適応という視点**｜多くの知見が示すように，アタッチメントタイプが安定型であることは，概ねポジティブな発達と関連し，この型のみが適応的であるかのように見えます。しかし近年では，環境への適応という点では，安定型だけでなく，不安定型とされる**回避型やアンビバレント型も，それぞれ与えられた環境において適応的な（有効に働く）行動をとる型である**という見方が一般的です。つまり，養育者が自分のシグナルに応えてくれないという環境だからこそ，その環境でうまく生きていくために，これまでよりもたくさんシグナルを出すようになったり（アンビバレント型），毎回嫌な思いをするのを避けるために最初からシグナルを出さなくなったりする（回避型）のだと考えられます。また，他者と親密にコミュニケーションをとらなければならない環境においては，他者とのつながりを求める傾向が強いアンビバレント型であることが適応的に作用することや，回避型であることによって，他者とのつながりではなく，技術の熟達にエネルギーを使うことができ，結果的に高い専門性を身につけることにつながるという仮説も提

34　ここで紹介する研究結果は，基本的には乳幼児期に形成された保護者に対するアタッチメントタイプを扱ったものです。それぞれの研究の詳細は，*Handbook of attachment: Theory, research, and clinical applications*（Cassidy & Shaver（eds.），2016）を参照してください。

35　アタッチメントタイプとSNS使用の関連については以下のレビュー論文が最新のもので参考になります。Stöven & Herzberg, *J Soc Pers Relat*, 2021

案されています[36]。

　いっぽう，無秩序・無方向型は，環境に対してどのように働きかければよいかわからず混乱し，一貫性のない行動をとります。こうした行動特徴の背景には，不適切な養育環境や，親のおびえ・おびえさせる行動[37]などによる影響があることが指摘されています[38]。

アタッチメントの世代間伝達

　子どもの頃のアタッチメントタイプは，その子どもが大人になり，自身の子どもを育てるようになった場合の子どもとの関係にも影響する可能性が示されています。

　一般的に，アタッチメントタイプは親子間である程度関連することが明らかになっています。すなわち，養育者が安定型であれば子どもも安定型になる可能性が高く，養育者が不安定型であれば，その子どもも不安定型になる可能性が高くなります[39]。このように，異なる世代の間で，同じアタッチメントタイプが受け継がれることを，アタッチメントの**世代間伝達**（intergenerational transmission）とよびます。

　最近おこなわれたメタ分析[39]から，不安定型のほうが世代間の関連が強いことや，若年齢出産や早産などの要因がその関連を強くすることもわかっています。また，アタッチメントの世代間伝達を説明する候補として考えられているのが，養育者の敏感性です。しかしながら，このメタ分析は，養育者の敏感性はアタッチメントタイプの世代間伝達を28％（.07/.25＝28％）しか説明しないことを明らかにしました（**図8-3**）。つまり，養育者の敏感性は世代間のアタッチメントに影響するものの，その影響は全体として見れば大きくないことが示唆されます。

‥‥‥‥‥‥‥‥‥‥‥‥‥‥‥‥‥‥‥‥‥‥

36　たとえば，Del Giudice, In *Evolutionary psychopathology*, 2018
37　Hesse ＆Main, *Psychoanal Inq*, 1999。具体的には，乳児の行動に養育者がおびえた様子をみせる，養育者が急に乳児をおびえさせるような行動をとる，などが挙げられます。
38　無秩序・無方向型の行動を生み出す養育者との相互作用に関しては，工藤，支援のための臨床的アタッチメント論，2020が参考になります。
39　Verhage et al., *Psychol Bull*, 2016。この論文の著者の一人であるM. van IJzendoornというオランダの研究者は，およそ10年に1度，それまでにおこなわれたアタッチメントの世代間伝達に関する研究をメタ分析した論文を発表しています。今回の解析からは，研究が行われた年代が新しくなるにつれて，報告される世代間伝達の関連の強さが小さくなっていくことも明らかになっています（たとえば，安定型の関連は1995年時点で*r*＝.47であるのに対し，2016年時点では*r*＝.31）。

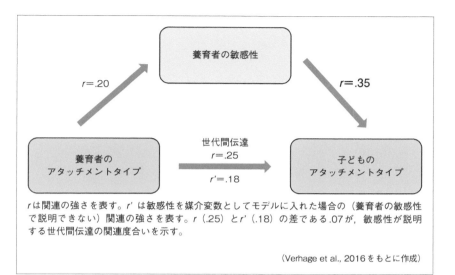

rは関連の強さを表す。r' は敏感性を媒介変数としてモデルに入れた場合の（養育者の敏感性で説明できない）関連の強さを表す。r（.25）とr'（.18）の差である.07が，敏感性が説明する世代間伝達の関連度合いを示す。

(Verhage et al., 2016 をもとに作成)

図8-3　アタッチメントの世代間伝達

⋯⋯ ステップ 3 ⋯⋯

安定したアタッチメントにつながる支援

　安定型のアタッチメントタイプの形成のために，3歳頃までの子どもをもつ養育者を対象として，子どもへの敏感性を高めることを目指す介入プログラムもいくつか開発されています。たとえばVIPP（Video-feedback Intervention to Promote Positive parenting）では，家庭訪問を繰り返し，養育者と子どもの相互作用場面の映像を一緒に見ながら，養育者のかかわりのよい点や悪い点のフィードバックをすることで，養育者の敏感性やかかわりのスキルを向上させることを目指します。またCOS（Circle of Security）プログラムでも，映像によるフィードバックをおこないながら，子どもが“安心感の輪”を広げていくことができるような関係性やかかわり方を目指します（**図8-4**）。

　安心感の輪とは，養育者のもとで，子どもが安心して探索行動とアタッチメント行動を繰り返すことができるサイクルを指します。つまり，子どもが探索をおこない，そこでつまずいたときには養育者に対してアタッチメント行動をとり（安全な避難所），それに対して養育者が応答することにより安

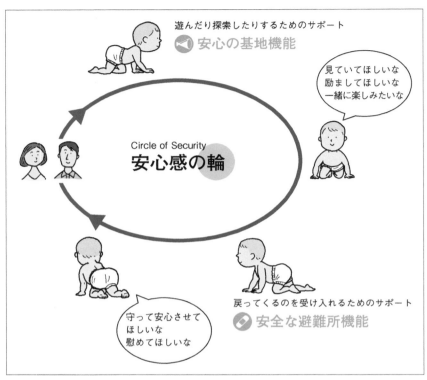

図8-4 安心感の輪（Circle of Security）プログラム

心感を得て（安心の基地），再び探索に出かけることができます。なお，ここでの探索とは，新しいおもちゃで遊んだり，初めて会う人とコミュニケーションをとったりすることを指します。養育者としては，子どものアタッチメント行動を受け入れて慰めてあげること，そして安心感を得た子どもを探索に送り出してあげることが重要な役目になります。養育者が安全な避難所および安心の基地としての機能を満たすことで，子どもの安心感の輪を徐々に広げていくことができ，"成熟した"アタッチメント[40]を育むことができると考えられています。

....

40 英訳では "full-blown attachment" といわれます。以下が参考になります。Hazan & Zeifman, In *Advances in personal relationships*, 1994

第9章

子育ての悩み

（相馬花恵）

1 妊娠・出産期における親のメンタルヘルス

ステップ1

妊娠期から始まる親の変化

新しい命の芽生えと誕生を意味する妊娠・出産は，親のこころや身体にさまざまな影響をおよぼします。本ステップでは，妊娠期からみられる親の心身の変化について紹介します。

母親の身体面の変化｜まず注目するのは，妊娠期から出産に至るまでの，母体の急激な変化です。**図9-1**は，妊娠期から出産にかけての，母体のホルモンバランスの変化を示しています。ホルモンとは，細胞間で指令を伝達する物質です。体内のさまざまな部位（脳下垂体や甲状腺・副甲状腺，副腎皮質・副腎髄質などの内分泌器官）から分泌され，生理機能を調節し，**ホメオスターシス（生体の恒常性）を維持すること**に役立っています[1]。

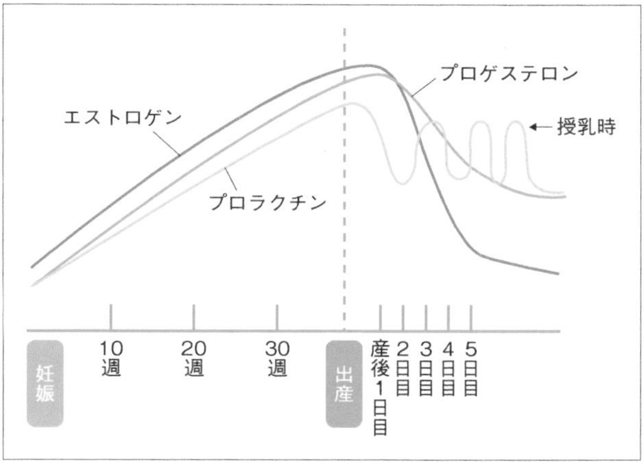

図9-1　妊娠・出産期におけるホルモンバランスの変化[2]

妊娠・出産にかかわるホルモンとし

1　ホメオスターシスとは，生体が外的・内的環境の変化を受けながらも，形態的・生理的状態を一定に保とうとする性質・機能を指します。体温調整能力はその一例です。間脳に位置する視床下部が，内分泌系と自律神経系（交感神経・副交感神経）を調節し，ホメオスターシス維持に重要な役割を果たしています。

2　妊娠・出産には，図9-1で示すホルモン以外にも，リラキシン（骨盤・恥骨結合部を柔軟にして産道を広げ，出産を助ける），オキシトシン（陣痛の促進，母乳の分泌を助ける）などが関与しています。

て，まず，女性の卵巣でつくられる2つの女性ホルモン[3]があります。このうち，エストロゲン（卵胞ホルモン）は，子宮内膜を厚くし，妊娠の準備を担います。また，乳房の発育など，妊娠・出産期の女性の身体づくりにも関与します。また，プロゲステロン（黄体ホルモン）は，エストロゲンの働きによって厚くなった子宮内膜を柔らかく維持して妊娠しやすい状態にします。また，基礎体温を上昇させることなどにも関与します。妊娠中はエストロゲンやプロゲステロンが増加しますが，分娩によってこれらのホルモン量は急激に低下します。

　産後，女性ホルモンが減少することで働きが高まるのがプロラクチンです。このホルモンは，脳の下垂体前葉から分泌され，母乳の分泌の開始と維持に作用します。また，母体をリラックスさせ眠気を促す作用もあります。夜間授乳における"赤ちゃんの吸啜刺激（乳頭を吸う刺激）→乳房が空になったことが間脳に伝達→間脳から脳下垂体に命令→プロラクチンの分泌→母乳の分泌"というサイクルが，母親の睡眠におよぼす影響については，さらなる検討が求められています[4]。

▶ **母親の心理面の変化**｜上記のうち，とくに**産後直後にみられる女性ホルモンの急減**は，自律神経系に影響をおよぼし，産後の疲労感や頭痛，気分の落ち込みといった心身の不調をもたらすこともあります。なかでも，産後直後にみられる涙もろさやイラつき，気分の落ち込みといった精神的な動揺は，マタニティーブルーズとして知られています。マタニティーブルーズの多くは，産後10日頃までには軽減しますが，症状が長期間続く場合は，以下で述べる**産後うつ病への移行**を疑う必要があります。

ステップ2

産前・産後のメンタルヘルス

▶ **産後うつ病**｜産後うつ病とは，妊娠・出産を機に発症するうつ病です[5]。とくに産後に気分が沈み，日常生活でそれまで楽しいと思えていたことが楽しめなくなったり，物事に対する興味がなくなったりする状態が一日中，かつ一定期間（目安として2週間以上）続いている状態を指します。それ以外

3　女性に比べて分泌量は少ないものの，男性の体内でも女性ホルモンは分泌されます。同様に，女性の体内でも，男性ホルモンであるテストステロンが分泌されます。
4　詳細は，廣瀬・長尾，日本食育学会誌，2016を参照。
5　うつ状態は，産後だけでなく，妊娠期から現れる場合もあります。DSM-5では，抑うつ症候群に関する記述のなかに「周産期発症」が加わりました。上記のうつ状態が妊娠中または産後4週以内に始まっている場合，「周産期発症」とみなされます。

の症状として，食欲の減退または増加，睡眠の障害，疲れやすさ，不安感や焦燥感の増大，罪責感，思考力や集中力の低下，希死念慮（死にたいと願うこと）などが挙げられます。

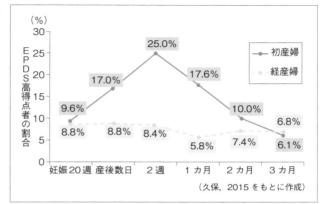

図9-2　産前・産後の初・経産婦におけるうつ病のリスク
縦軸は，産後うつ病のリスクを測る質問票（EPDS，p.140）への回答の結果，うつ病の疑いがある（高得点である）とされた母親の割合を示す。なお，初産婦とは，初めて出産をする妊産婦を，経産婦とは，過去に出産の経験がある妊産婦を指す。

産後うつ病の好発時期は，産後1～2週目から数カ月以内であり，とくに初めて子を産んだ母親の場合，産後2週目がその発症のピークであることがわかります（図9-2）。

　産後うつ病の罹患率は10～15％程度です。なお，産後にうつ状態を呈した人の50％は，産前からその症状が始まっていることが指摘されており[6]，ここから，**産前，すなわち妊娠期からのメンタルヘルス支援が重要である**ことがわかります。とくに，希死念慮や罪責感が強い場合，またうつ症状により家事や子育てがおこなえない場合などは，早期に精神科治療につなげる対応が求められます。

▶ **産 褥 精神病**｜産褥精神病とは，産褥期（産後6～8週間）に幻聴，被害妄想，まとまりのない会話などの精神病状態を呈する疾患です。本人に**病識がない**（疾患によってもたらされる変化に対する気づきがない）こともあります。多くは産後数日から数週以内に発症し，発症率は0.1～0.2％程度です[7]。妊娠・出産に伴う精神疾患のなかでは比較的珍しい病気といえます。

　適切な治療がなされないと，自殺企図，母子心中，嬰児殺などのリスクが高まります。そのため，必ず精神科治療に結びつける必要があります。抗精神病薬[8]による薬物療法をおこなうと，短期間で精神症状は改善することが

6　Evans et al., *BMJ*, 2001
7　立花，母親のメンタルヘルス サポートハンドブック，2016
8　向精神薬（中枢神経系に作用し，精神機能を変容させる薬物）の一種で，幻覚，妄想などの精神病症状に対して効果を有する薬物の総称です。

多いです[9]。いっぽうで，精神科病棟への入院治療が必要になるケースもあるため，**保健医療領域の専門職らと連携をしながらの支援**が求められます。

▶ **そのほかのメンタルヘルス問題** │ このほか，母親の強迫性障害や双極性障害などは，産後の子育てに影響をおよぼす疾患として知られています。強迫性障害は，強迫観念と強迫行為の2つを特徴とします。**強迫観念**は，反復的・持続的な思考やイメージ（例：「自分は菌に汚染されているのではないか」）を指し，苦痛や不安をもたらします。この強迫観念による苦痛・不安を解消するための行動が，**強迫行為**です（例：長時間手を洗い続ける）。子育てへの影響例として，汚染への不安により何かに触れたあとはすぐに手を消毒したいという衝動が強まるため（強迫観念），子どもの食事やおむつ替えの最中に，手を洗いに行かざるをえず（強迫行為），子どもの世話が難しくなる，などが挙げられます。

また，双極性障害（躁うつ病）は，躁状態とうつ状態の2つの状態を繰り返し呈する精神疾患です。躁状態では，テンションが高く活動的になる，多弁で考え方にまとまりがなくなる，些細なことに怒りやすくなる，などの症状がみられます。躁状態のとき，本人は「調子がいい」と感じ，病的な状態に気づかないこともあります。双極性障害の既往があると，産後に躁状態になったり，逆にうつ状態になったりするリスクが高くなります。

さらに，**妊娠中の物質乱用**（アルコールや薬物などの乱用・依存）も，生まれてくる子どもに重篤な影響をおよぼします。現在あるいは過去において，アルコール等の嗜癖に問題がある場合は，特定妊婦[10]として，**保健師と連携を図りながら支援をする**など，早期からの介入が求められます。

▶ **予防・治療のために** │ 産後のメンタルヘルス問題の発症および重篤化を予防・治療するために，目の前の対象者（母親）の状態を適切に把握（アセスメント）し，必要な支援へとつなげていくことが重要です。たとえば，産後うつ病は，EPDS（Edinburgh Postnatal Depression Scale：エジンバラ産後うつ病質問票）という**スクリーニング検査**[11]が確立されており，国内外で

9　妊娠中・授乳中に薬物療法をするか否かは，そのリスクとベネフィットを担当医が総合的に検討し，判断します。いっぽう，薬が胎児や子どもに移行するのではと，服薬に抵抗を示す母親は少なくありません。母親が安心して薬物療法を受けることができるよう，保健指導をおこなう必要があります。たとえば，妊娠初期（胎児の器官が形成される時期）に向精神薬を服薬すると胎児に奇形が生じるリスクが高まることが指摘されていますが，妊娠中に服薬をしてもとくに問題ないと考えられている向精神薬もあります。

10　産後，子育てをするにあたって，出産前の時点から支援をおこなうことがとくに必要と認められる妊婦を指します。具体的には，親の知的・精神的障害などで育児困難が予測される，不安定な就労と収入，複雑な家族構成をもつなどが挙げられます。自治体に妊娠届が提出されていなかったり，妊婦健診が未受診の場合もあるため，いかに早期発見するかが課題となっています。

広く活用されています。支援方針の決定の際は、メンタルヘルス問題のリスク要因と予防要因のバランスも考慮しながら[12]、親自身はもちろん、親の周りの環境（子どもや祖父母世代、職場環境なども含む）にも働きかける必要があります。

――― ステップ3 ―――

父親を対象とした子育て研究

これまでの妊娠・出産期を含む子育てに関する研究は、その多くが母親を対象におこなわれてきました。しかしながら、2000年代以降、イギリスにおいて父親を対象とした産後うつ病に関する大規模な研究が報告されるなど[13]、**父親を対象とした子育て研究**も進められるようになってきました。

父親の産後うつ病の割合は、母親と比べて全般的に低いことが指摘されています。たとえば、産後3カ月までの有病率割合は7.7％、妊娠期から産後1年までの全期間でみると10.4％という報告があります[14,15]。

また、父親の産後うつ病の場合、夫婦関係の悪さやソーシャル・サポートの少なさなどのほか、パートナー（母親）の産後うつ病も発症のリスク要因に加わります[16]。産後、母親だけでなく父親もうつ病に罹患することにより、子どもの世話どころか、子どもとのアタッチメント形成のために必要なかかわりさえも希薄になり、結果として子どもの心身の発育・発達にさまざまな悪影響をもたらすことになります。具体的には、子どもの向社会性の低下や多動、問題行動の増加、情緒的な不安定さ、言語発達の低下などに、父親の産後うつ病が影響を与えることが指摘されています[17]。

以上より、母親が産後うつ病であると判定された場合、父親の精神的な健康状態も定期的に確認することが求められます。また、妊娠・出産から子育

11 スクリーニングとは、ターゲットとなる集団（この場合は産後の母親）に検査を実施し、ある疾患の罹患が疑われる、あるいは発症が予測される対象者を選別することを指します。EPDSの質問内容は、「悲しくなったり、惨めになった」など、うつ病の代表的な症状により構成されています。

12 産後うつ病の場合、望まない妊娠や夫婦関係のあつれき、母親自身の精神疾患の既往やアタッチメントの不安定さ、子ども側の育てにくい気質や重度の障害などの存在が、発症のリスク要因になります。

13 Ramchandani et al., *Lancet*, 2005

14 Paulson & Bazemore, *JAMA*, 2010

15 父親の産後うつ病に関しては、スクリーニングのカットオフ値（高得点であるか否かを決める値）が定まっていないなどの課題があります。

16 ただし日本人を対象とした研究では、父親と母親の産後うつ病間の関連は認められないという指摘もあります（Nishimura & Ohashi, *Nurs Health Sci*, 2010）。

17 竹原・須藤、小児保健研究、2012

て期にかけての親のメンタルヘルスに関する問題に対して，**家庭内だけでは**
なく，ソーシャル・サポートを得ながら対処していくことも重要です。

▶ **子育て家庭を支える機関**｜育児中の親への支援の担い手として，子育て世
代包括支援センター（**母子保健法**における名称は「**母子健康包括支援センタ
ー**」）があります。本センターが設置されるまでは，母子保健や子育てにか
かわるさまざまな支援についての情報が，子育て家庭をはじめとする地域住
民に十分に伝わっていない点が問題視されていました。また，利用者ひとり
ひとりの状況を把握し，子育てに関する問題の重篤化を未然に防ぐための予
防的な支援が手薄であることも指摘されてきました。こうした状況を受け，
2017年4月に，本センターを市区町村に設置することが努力義務とされまし
た。**妊娠期から子育て期にわたるさまざまなニーズに対して総合的な相談支**
援を提供するワンストップ拠点としての機能が期待されています。

2 子育て期における親のメンタルヘルス

ステップ1

子育てに対して抱く感情

本ステップでは，子育て期に抱く親のさまざまな感情について紹介しま
す。

▶ **親の否定的な感情**｜子育てに対する否定的感情の1つに，育児不安が挙げ
られます[18]。本概念の定義は統一されておらず，研究者によりとらえ方が異
なります。本書では，"**子どもの成長・発達や，自身の子育てに対して抱く**
不安"と定義します。本定義は，育児不安には"**子どもの育ち**"に関するも
のと"**親としての適性・育児能力**"に関するものの両方が含まれていること
を示しています。こうした不安のほか，日常的な子育て場面における苛立ち
や束縛感，子どもへの嫌悪感といった育児への負担感につながる感情を抱く
親も少なくありません[19]。

子育てへの否定的感情は，専業主婦のほうが有職の母親よりも高いことが
指摘されています[20]。また，父親などの周囲のサポートを得ているほど，育
児に対する否定的感情が低いことも多くの研究で支持されています[21]。

---

18 日本では"育児不安"と"育児ストレス"は同義語として用いられています。欧米では，"parenting stress"と表現されます。

142 　19 荒巻・武藤，発達心理学研究，2008

さらに今日では，「子どもを虐待している／してしまうのではないか」「周囲から虐待していると思われているのではないか」といった虐待不安（虐待に対する漠然とした不安や恐れ）が注目されています。この**不安の強さは，育児効力感（子育てにおける親としての自信）の低下や虐待傾向（不適切な養育態度をとるリスク）の増大と関連する**ことが指摘されています[22]。 第10章

▶ **親の肯定的な感情** 上述したような子育てに対する否定的感情に焦点を当てた研究は，親の否定的感情を軽減するための支援策を検討することにつながるという点で，大きな意義をもちます。いっぽう，子育ては親に喜びをもたらし，人生を豊かにするといった側面もあります。今日では，こうした子育てに際して抱く肯定的な感情を育児幸福感としてとらえ，親の幸福感を高めるための支援策を検討するための研究もおこなわれています。

育児幸福感は，育児不安と負の相関関係をもつものの，その関連はごく弱いものにすぎないことが指摘されています。ここから，子育てに対する否定的感情と肯定的感情は，必ずしもシーソーのようにどちらかいっぽうが増大すると片方が減少するといった関係ではないと考えられます[23]。

▶ **両感情のバランス** 子育てにおいて，多くの親は不安感や負担感などの否定的感情を抱きます。**こうした感情を，親自身そして周囲が，自然に生じる当たり前のこころの動きととらえる**ことが大切です。たとえ否定的感情が生じても，子育てに対する肯定的感情が根底にあれば，強い育児不安が喚起されることはなく，それによる混乱も生じないとされています[24,25]。しかし，過度な不安が長期間続き，対処されずにいると，両感情のバランスは崩れてしまいます。強すぎる否定的感情は，親や子ども，そして親子関係にも影響をおよぼします。この点については，ステップ3で説明します。

---

20 妊娠・出産を機に仕事を中断し，その後専業主婦になった高学歴女性は，子育てへの否定的感情および生活への不安・焦燥感が高い傾向にあります（三枝，In 育児不安の国際比較，2008）。いっぽう，仕事を中断しない場合には，仕事と家事両方から受けるストレスの高さが問題視されています（牧野，子育てに不安を感じる親たちへ，2005）。

21 山崎ら，日本公衆衛生雑誌，2018 など

22 渡邊，子育て研究，2015

23 子育てに際して抱く幸福感を「子どもの成長」「希望と生きがい」「親としての成長」など，8つの側面から測定する尺度が開発され，育児不安との関連等について検討されています（清水ら，日本看護科学会誌，2007）。

24 住田，子ども社会研究，1999

25 「否定的感情＝なくすべきもの」ととらえられがちですが，母子関係における母親の否定的感情には，子の自律性を促すといった適応的側面があるという指摘もあります（Nagayama, *Integr Psychol Behav Sci*, 2011）。

現代における子育てと親のメンタルヘルス

　母親の育児不安が心理学研究において取り上げられたのは，1980年代のことでした。日本経済は絶頂期を迎え，多くの一般家庭が，夫の給与だけで生活できていた時代です。その分，家庭で子どもを育てるおもな担い手は専業主婦の母親となりました。また，当時から核家族化[26]が進んでおり，子育ては家庭という密室のなかでおこなわれる傾向が強まっていきました。こうした時代背景のもと，「立派な子育てをしなくてはならない」という圧力に押され，自分の**子育てに自信がもてない母親**の存在が注目されはじめたのです。

　時を経て，現代の子育て家庭を取り巻く環境は，女性の社会進出の増加をはじめ大きく変化しています。本ステップでは，現代における子育てが，親のメンタルヘルスにどのような影響をおよぼしているのかを解説します。

■ 核家族化と父親への期待｜2019年の調査報告によると，児童のいる世帯の約8割が核家族です[27]。また日本では，子育てのおもな担い手は，依然として母親であることが示されています（**図9-3**）。

　そうしたなか，家庭内における母親のパートナーである父親の役割に期待が集まっています[28]。乳幼児を育てる父親を対象とした研究[29]では，父親の多くが「子育ては自分にとって価値がある」「父親は子どもに対して無償の愛を与えるものだ」といった信念を肯定していることが示されています。しかし，こうした信念を強く肯定する父親は，子育てに対して悲しみやイライラ，むなしさといった否定的感情も強く抱いていることも明らかになりました。この結果は，「こうあるべき」という信念を強くもついっぽう，それがなんらかの理由により達成できなかった際に否定的感情が高まってしまうというメカニズムが存在する可能性を示唆します。

　また，同研究では，父親の子育てに際するストレス要因が，家庭内だけでなく，"子育てと仕事の両立の難しさ"など家庭外にも存在しており，互い

26　核家族とは，"夫婦のみ"，"夫婦と未婚の子"，"父または母どちらかと未婚の子"の世帯を指します。1980年代は，核家族の世帯が60％を超えていました。

27　厚生労働省，2019年国民生活基礎調査の概況，2020

28　父母以外にも，祖父母や保育士，幼稚園教諭，そして地域住民等も子育ての担い手となります。とくに母親以外の個体による養育は，アロペアレンティング（alloparenting）とよばれます。アロペアレンティングは，母親の育児負担を軽減するとともに，子どもが成長した際の集団適応にもよい影響をおよぼします（根ヶ山，教育心理学年報，2016）。父母のみで子育てをすべて担おうとするのではなく，いかに子育てネットワークを構築し，アロペアレンティングを実現させるかという視点も重要です。子ども・子育て支援にかかわる機関や専門職については，次節で説明します。

　29　清水，小児保健研究，2006

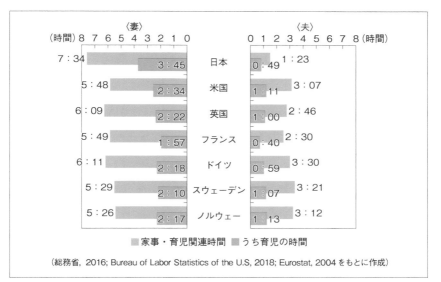

図9-3　6歳未満の子どもをもつ夫婦の家事・育児関連時間
1日あたりの時間を週全体平均より算出。日本の値は"夫婦と子"の世帯に限定した夫と妻の1日あたりの家事，介護・看護，育児，買い物の合計時間（週全体平均）。いずれの国でも，妻のほうが夫よりも家事・育児に割く時間は長い。しかし，日本における夫婦間の差の大きさは，諸外国と比べて顕著である。

に影響し合っていることも明らかになりました。近年，**子育てに時間を割きたいという希望をもちながらも，職場環境などを理由に実行に移せない父親の存在**が取り上げられるようになり，男性の育児参加を促進するための法改正などが進められています。この点については，第3節で紹介します。

▶ **女性の社会進出と子育て** ｜ 近年の生産年齢人口（15〜64歳）のうち，とくに女性の就業率が上昇しています。2021年度の女性（15〜64歳）の就業率は71.3 ％です[30]。また，女性が職業をもつことに対する意識をみると，「子供ができても，ずっと職業を続けるほうがよい」という回答が，男女ともに増加しています（男性58.0％，女性63.7 ％）[31]。しかし実際には，出産後にも就業継続する女性は38.3 ％にとどまっており，子育てをしつつ「個人（職業人）としても生きたい」という志向をもちながらも，それが実現できない現状に直面している女性が一定数いると考えられます[32]。こうした**ライフコースの選択に際する理想と現実とのギャップ**は，子育てに対する否定的

30　総務省統計局，労働力調査（基本集計）2021年（令和3年）平均結果，2022
31　内閣府，男女共同参画社会に関する世論調査，2019
32　内閣府男女共同参画局，男女共同参画白書 令和2年版 特集第1節 「家事・育児・介護」と「仕事」のバランスをめぐる推移，2020

感情を生じさせる1つの要因となるでしょう。また，母親の就業に否定的な
パートナーをもつ場合，肯定的なパートナーをもつ場合と比べて，母親の抑
うつ度が高くなることも示されています[33]。さらに，**図9-3**で示されている
父親の家事・育児への参加の少なさも，働く母親を取り巻く日本特有の問題
です。

▶ **父母のワーク・ライフ・バランス** ｜ こうしたなか，夫婦がともに働きなが
ら子育てを楽しむ社会を構築するための，父母のWLB（work life balance：
ワーク・ライフ・バランス）の実現が重視されるようになりました[34]。仕事
と家事・育児を男女平等に担い，もっともWLBが達成されているとされる
オランダとの比較研究では，日本の父母はWLBが欠けており（父親よりも
母親が育児・家事を多く担う），育児への否定感やストレスが高く，自尊心
が低いことが明らかにされています[35]。このように**WLBは子育てに対する
感情，そして親のメンタルヘルスに影響をおよぼす**ことが示唆されているこ
とから，日本の共働き世帯の現状をふまえた支援制度の充実が求められます。

····· ステップ3 ·····

親のメンタルヘルスが子ども・子育てにおよぼす影響

　本ステップでは，子育て期における親のメンタルヘルスが，子どもの心身
の発達や子育てにおよぼす影響について解説します。

▶ **子どもの発達におよぼす影響** ｜ うつ病の母親は，自身の子どもに対してで
さえアイコンタクトやスキンシップ，発声，微笑みが少ないことが知られて
います。また，否定的な表情をしている，子どもへのかかわりが極端に少な
いか，逆に過剰に侵入的（過干渉）になる，といった傾向もみられます。こ
うした特徴は，子どもにどのような影響をおよぼすのでしょうか。まず，乳
児期から，**活気の喪失や視線回避**といった特徴がみられます[36]。そして幼児
期以降になると，**不安定なアタッチメント**の形成や，**攻撃的な行動の増加**な
どもみられるようになります。

　33　福丸，家族心理学研究，2000
　34　仕事との両立を考える際にさらに大きな問題となるのが，子育てと介護を同時期に担う，いわゆる
　　　"ダブルケア"です。日本では，高齢出産をする女性の増加や国民全体の高齢化に伴い，ダブルケア
　　　をおこなう家庭が増えつつあります。こうした事態を受け，改正育児・介護休業法（p.153）では，
　　　2021年1月1日から，育児や介護をおこなう労働者が，子の看護休暇や介護休暇を時間単位で取得
　　　することができるようになりました。
　35　佐藤，教育心理学研究，2015
　36　Lundy et al., *Infant Behav Dev*, 1996

▶ **養育行動におよぼす影響** │ ここでは，子どもの養育にかかわる親の行動上の問題として，近年注目されている子ども虐待に焦点を当てます。子ども虐待の発生リスク要因には，夫婦間の不和や暴力などの家族環境，子ども側の育てにくい気質や身体的・精神的障害など，さまざまなものが挙げられています。そのなかの1つに，親側のメンタルヘルスの問題（うつや不安，依存症など）があります。たとえば，母親の育児不安が高いと，子どもの反抗的な行動に対して「自分が否定されているように感じる」といった親の被害的認知がひき起こされます。こうした認知が子どもに対する虐待的行為をもたらすことが指摘されています[37]。 第10章

▶ **不適切な養育の予防・減少のために** │ 乳児は泣くのが仕事といわれますが，生後2週間頃から**パープルクライング**とよばれる，原因がわかりにくい激しい泣きがみられるようになります[38]。この泣きは親のかかわり（子育ての仕方）に関係なく現れるものであり，たとえ泣きやまなくても，過度に自分を責めないことが大切です。いっぽうで，思いどおりにならない乳児に敵意を抱いたり，「ダメな親だ」と評価されているように感じたりすると（被害的認知），不安感・負担感はより強まるでしょう。

このような否定的感情や被害的認知が行動に現れ，激しく子どもを揺さぶるなどの暴力的な行為におよべば，AHT（abusive head trauma：虐待による頭部外傷）[39]をひき起こしてしまうかもしれません（図9-4）。このことからも，子どもの発達段階特有の言動に関する正しい知識をもつことは非常に重要です[40]。加えて，親自身が認知および感情をコントロールする力を育むことも大切です。 p.156 第10章

これらの知見を考慮すると，親のメンタルヘルスの不調を軽減・緩和するための支援[41]だけでなく，**子どもの発達に関する心理教育**や，**子どもの言動**

---

37 中谷・中谷，発達心理学研究，2006。なお，ここでの被害的認知とは，子どもの言動の背景に，悪意・敵意があると解釈する傾向を指します。

38 peak of crying（生後2カ月頃がピーク），unexpected（泣きの理由を予想できない），resists soothing（なだめることができない），pain-like face（痛みはないのに痛そうな表情で泣く），long lasting（長く続く。1日5時間泣くことも），evening（とくに午後から夕方にかけてよく泣く）の頭文字をとって，PURPLE（パープル）と名づけられました。

39 頭部に直接強い力が加えられたり，激しく揺さぶられたりすることで乳幼児の頭蓋骨や頭蓋内に生じる損傷を指します。かつてはSBS（shaken baby syndrome：乳幼児揺さぶられ症候群）などとよばれていましたが，図9-4で示す症状は，揺さぶり以外の暴力的な行為によっても生じることが指摘されるようになりました。現在では，SBSはAHTの一型と位置づけられています。

40 厚生労働省が作成した，乳児の泣きの特徴とその対処法を理解するための動画（「赤ちゃんが泣きやまない：泣きへの対処と理解のために」）が公開されています。

41 子育ての孤立化を防ぎ，育児不安を軽減させるための事業として，母子保健法による新生児訪問指導や，児童福祉法による乳児家庭全戸訪問事業（こんにちは赤ちゃん事業）があります（p.166）。

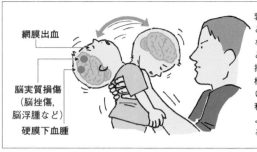

乳幼児の身体を強く揺さぶったりすることで，脳が損傷したり，頭蓋骨と脳をつなぐ血管が切れたりする。典型的な症状として，硬膜下血腫・網膜出血・脳実質損傷がある。ただし，この3徴候のみを根拠に機械的に虐待の判断をおこなうわけではない。AHTの診断は，脳神経外科や眼科，整形外科などを含むチームによる協働で進められるべきとされている。

網膜出血

脳実質損傷
（脳挫傷，
脳浮腫など）

硬膜下血腫

図 9-4　AHT（虐待による頭部外傷）

に対する認知の歪みにアプローチをする臨床心理学的支援[42]の実施が，不適切な養育リスクを減らすために不可欠だといえます。

3　子ども・子育て支援の実際と課題

…… ステップ1 ……

子ども・子育て支援

　子育て支援は，保護者が安心して子どもを産み育てるための支援と，子どもの健やかな発達・成長を促す支援の両方を指します。**子育てを支援することは，子どもの発達を支援することにもつながる**のです。そこで本書では"子ども・子育て支援"という用語を用い，その具体例や課題について解説していきます。

　子ども・子育て支援はさまざまな場で実践されています。また，かかわる専門職の種類も多様です（**図9-5**）。

▶**保育園**｜保育園[43]では，通園児の保育だけでなく，延長保育や病児・病後児保育[44]，一時保育など多様な保育がおこなわれ，共働き家庭の仕事と子育

42　物事に対する認知にアプローチする方法の1つとして，"認知療法"があります。近年では，この認知療法とマインドフルネスを統合した"マインドフルネス認知療法"も注目され，うつ病の再発予防をはじめ，さまざまなメンタルヘルス問題の改善に効果を発揮しています。

43　厚生労働省が管轄し，児童福祉法に位置づけられる児童福祉施設です。いっぽう，幼稚園は，文部科学省が管轄し，学校教育法に位置づけられる教育施設を指します。両機能をあわせもった幼保一体型施設として，認定こども園もあります。

44　子どもが病気中または病気の回復期にあって集団保育が困難な期間，保育園等に付設された専用スペースにおいて保育および看護ケアをおこなう保育支援です。

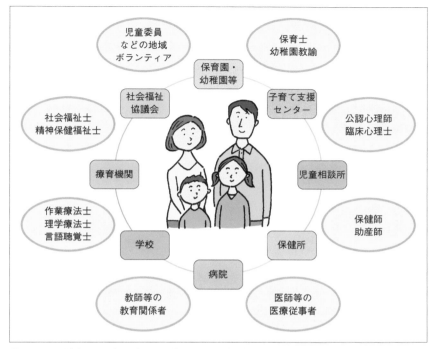

図9-5　子ども・子育て支援実践の場と関係職種の例

ての両立支援を担っています。また，園庭開放などを通して地域住民がつながる場づくりの役割ももっています。

▶ **子育て支援センター**｜子育て支援センター[45]は，親子の居場所や子育て相談の場となったり，世代間交流や親子遊びの機会を提供したりします。各地域のニーズに沿った支援が求められており，たとえば，地方から引っ越してきた子育て世代の家族が多く住む地域では，親どうしのネットワークをつくるような取り組みがなされたりします。そのほか，父親対象の支援や母親の再就職支援など，多様な支援が実践されています。

▶ **児童相談所**｜児童相談所では，公認心理師などの専門職者が，子どもの発達の遅れや障害などへの相談支援に応じます。また，子ども虐待やDV（domestic violence：ドメスティック・バイオレンス），親のうつ病など，家庭や親自身の悩みに対する相談支援も役割の1つとなります。保健医療・

45　地域子育て支援拠点事業の1つとして位置づけられた，おもに乳幼児とその保護者が交流を深める場です。なお，自治体により "子ども家庭支援センター" など名称が異なります。

福祉・教育など，各専門職・専門機関間の連携した支援が求められます。

自治体によるそのほかの支援 | 自治体におけるおもな子ども・子育て支援の拠点として，子育て世代包括支援センター（p.142）と市区町村子ども家庭総合支援拠点があります。前者は，妊娠期から子育て期にわたるさまざまなニーズに対して，総合的な相談支援を提供するワンストップ拠点です。後者は，市区町村がすべての子どもと家庭および妊産婦等を対象として，その福祉に関し必要な支援に係る業務全般をおこなう支援拠点です。基本的には，自治体内の同一の担当部署が，両者の機能を担います。この体制により，たとえば，子育て世代包括支援センターにおいて把握した要支援児童[46]等に対して，その後も切れ目ない支援を提供することが可能となります。**子育て支援施策と母子保健施策との連携・調整を図りながら，子ども・子育て家庭をより効果的な支援につなげる**うえで，両者は重要な役割を果たしています。

---- ステップ2 ----

子ども・子育て支援の実践

妊娠期から始まる子育て支援 | 第1節で紹介した**産後うつ病になる人の約半数は，妊娠中からうつ状態を呈している**といわれています。産後のケアはもちろん，妊娠中から，メンタルヘルスの不調を見逃さないことが重要です。**精神疾患の既往，ソーシャル・サポートの不足，精神的に大きな負担のかかるライフイベント**などは，妊娠中からみられるうつ病のリスク因子の代表例です[47]。こうしたリスク因子の存在に早期に気づくための情報収集の場として，産婦人科や保健センター[48]の役割が期待されています。

また，メンタルヘルスに不調をきたしている妊婦を必要な支援につなげるための対策として，**妊娠中からの精神的症状に関するスクリーニングの実施**が挙げられます。妊娠中のうつ病および不安症に対するスクリーニングツールは限られていますが，産後うつ病のスクリーニングで用いられるEPDS（p.150）は，妊娠中に実施することも可能です[49]。妊婦の抑うつや不安は，児の死産，早産，低体重出生などのリスク因子となるため，早期から適切な

46　保護者の養育を支援することがとくに必要と認められる児童を指します。なお，保護者のない児童または保護者に看護させることが不適当であると認められる児童を"要保護児童"といいます。

47　ほかにも，家庭内での孤立やDV，望まない妊娠，家族の精神疾患の既往などもリスク因子になります。これらの因子は，産後におけるうつ病のリスク因子とも共通しています。

48　市町村ごとに設置され，地域住民に対し母子保健事業をはじめとする総合的な保健サービスを提供する施設です。

介入につなげるためのこうした取り組みは重要となります。

保育カウンセリング

カウンセリングとは，個人あるいは集団が抱える悩みや困り事を解決することを目的とした臨床心理学的な援助を意味します。このうち，保育カウンセリングは，おもに保護者（親など）や保育者（幼稚園教諭，保育士など）から報告された，子どもの特性や発達に関する相談や子育て・保育の方法に対する助言を中心におこなう心理学的援助を指します（**表9-1**）。基本的には，**公認心理師**などの有資格者が園においてその実務を担います。

表9-1　保育カウンセリングのおもな相談内容の例

	相談内容	具体例
子ども関連	基本的生活習慣	少食，偏食，手づかみ食べ，夜泣き，夜尿，日中のおもらし
	身体・運動能力	身体の発育が遅い，病弱，運動遊びが苦手，手先が不器用
	言語能力・会話	言葉の発達が遅い，発音が未熟，エコラリア（オウム返し），一方的な会話が多い
	親子・対人関係	親への過度な甘え・分離不安，強い人見知り，きょうだいへの嫉妬，集団遊びですぐにけんかをする
	その他の行動特徴	暴言暴力，ひどく反抗的，小動物・弱いものいじめ，多動・衝動的，こだわりが強い，過敏，チック（p.234），陰部いじり
	就学準備	環境の変化への不安，学習（とくに書字や読字）への不安
保護者関連	子育てに関する不安感・負担感	子育ての知識・経験不足，情報に振り回される，子育てに自信がもてない，つい感情的に叱ってしまう
	家族・対人関係	夫の子育て不参加，夫婦での子育て方針の不一致，ほかの保護者との関係不和，園に対する不信感

▶**保育カウンセリングの特徴** ｜ 保育カウンセリングのおもな特徴は3つ挙げられます。まず，**面接において助言の比率が一般のカウンセリングよりも高い**ことです。相手の話を傾聴し，共感的に理解するという，カウンセリングにおいて求められる基本的態度はもちろん重要です。しかし，それだけでは子どもの発達や子育てに関する疑問の解決に至らない場合も多くあります。そこで保育カウンセリングでは，具体的な助言を通して，保護者・保育者が自らの力で問題解決に向かう機会を提供することを目指します。

2つ目は，**園そのものが，保護者にとって来談しやすい場となっているこ**

....

49　うつ病に対しては"2項目質問票（Whooley et al., *J Gen Intern Med*, 1997）"，不安症に対しては"GAD-2（Generalized Anxiety Disorder-2: Spitzer et al., *Arch Intern Med*, 2006）"の使用も推奨されています。

とです。日々の送り迎えで保護者自身が来園する機会が多いため，保護者にとって園は親しみやすい相談の場の1つといえるでしょう。

3つ目は，園でのカウンセリングを通して，子どもや保護者だけでなく，**保育者を支えること**も可能である点です。保育者とのコンサルテーション[50]などを通し，対象となる子どもやその家族に対する心理学的な理解や第三者的な立場からの見方を提供することが可能となります。

▶ **保育カウンセリングの役割** ｜保育カウンセリングの役割は，子どもの発達上の問題や障害への理解の促進にとどまらず，**虐待などの不適切な養育を防ぐための相談・助言等の援助**，地域で利用できる社会的資源（医療機関や相談機関など）に関する情報提供など多岐にわたります。これらの担い手となる臨床・発達心理の専門職は，子どもの発達や子育て，地域の社会的資源等に関する豊富な知識はもちろん，**守秘義務**[51]および**集団守秘義務**[52]に対する理解と実践への応用力を有していることなどが求められます。

---- ステップ3 ----

子ども・子育て支援の発展

▶ **男性の育児参加を実現するために** ｜ここ数年における育児休業取得者の割合は，女性が8割を超えるのに対し，男性は1割未満という状況が続いています。いっぽうで，男性新入社員に対する調査では，「子どもが生まれたときには育休を取得したい」と回答した割合が約8割で過去最高となったという報告もあります[53]。こうした希望をもっていても，「業務が繁忙で職場の人手が不足している」「職場に育休を取得しづらい雰囲気がある」などの理由により，それがかなえられない男性が多くいることが推測されます[54]。

こうしたなか，父親の産休・育休取得率を上昇させるための取り組みとして，"さんきゅうパパプロジェクト"や"イクメンプロジェクト"などが制

....

50　異なる専門性をもつ複数の者が，援助対象（子どもや保護者など）に関する問題状況について検討し，よりよい援助のあり方について話し合うことを指します。

51　公認心理師法第41条には，"公認心理師は，正当な理由がなく，その業務に関して知り得た人の秘密を漏らしてはならない。公認心理師でなくなった後においても，同様とする"という秘密保持義務が明記されており，これに違反した場合，罰則が課されます。ただし，例外的状況として，"明確で差し迫った生命の危険があり，攻撃される相手が特定される場合"などにおいては，関係者への警告，警察への通告が求められます。

52　園や学校などでは，カウンセラーのもつ情報をチーム内で共有することが，よりよい支援を可能にします。そのため，チーム全体で守秘を徹底し，情報を有効に活用する態度が大切となります。

53　公益財団法人 日本生産性本部，2017年度 新入社員 秋の意識調査，2018

54　三菱UFJリサーチ＆コンサルティング，平成29年度 仕事と育児の両立に関する実態把握のための調査研究事業，2018

定されました[55]。前者は，妻の出産前後における男性の休暇取得を目的に内閣府が実施しています。後者は，男性の育児休業取得の推進等を目的に厚生労働省が実施しています。また，子育てや介護を担う労働者のワーク・ライフ・バランスを支援するための法律である育児・介護休業法[56]では，片親のみが育児休業を取得する場合だと子が1歳になるまで休業可能であるのに対し，両親がともに取得する場合には，休業可能期間が1歳2カ月まで延長される制度（パパ・ママ育休プラス）が定められています。これらの制度はいずれも，**男性が家事・育児に参加し，これまでの働き方や家庭での過ごし方を見直す機会とすること**，そして，**子どもを含む家族全体の心身の健康の維持・促進につなげること**を最大のねらいとしています。

▶ 青年期を対象とした子育て教育 ｜ 少子化の深刻化や子ども虐待の対応件数の増加[57]など，子ども・子育てをめぐる問題は後を絶ちません。こうした諸問題の根底には，子どもとの接触経験が不足した状態で親になる者の増大や，親になることや育児そのものに対して不安を抱く若者の増大が関係していると指摘されています[58]。こうしたなか，親になる前段階にある**青年期を対象とした**子育て教育[59]が，中学校や高校などにおいて広がりをみせています。

子育て教育を通して，産前・産後にかけての女性の心身の変化や，望まない妊娠がもたらす親のメンタルヘルスや養育行動への影響などを学ぶことにより，**妊娠・出産に伴うメンタルヘルスの不調や不適切な養育を予防する**ことにつながります。また，直接子どもや育児期の親と触れ合う機会をもつことにより，次世代育成への興味・関心を促し，親になることや子育てそのものに対する不安を緩和するといった効果も期待されるでしょう。この流れを，**子育てを担う直前の世代（とくに大学生）にまで拡大し，次世代育成力を促す教育・支援を切れ目なく実施していくことが重要**といえます。

◀ 第10章 ◀ 第11章

---

55 男女ともに育児に参加するのが当たり前の社会であれば，「さんきゅうパパ」や「イクメン」といった言葉は登場しないでしょう。日本で男性の育児参加がいかに進んでいないかが表れたネーミングともいえます。

56 2021年6月に改正法が成立し，男性が妻の出産直後に計4週間まで取得できる"出生時育児休業制度"が導入されました。

57 2020年度の全国の児童相談所における子ども虐待の相談対応件数は20万人を越え，過去最高となりました（p.155）。いっぽう，当該件数の計上方法が自治体により異なる（たとえば，1人の被虐待児に関して複数回通告があった際，それを1件とカウントする自治体と，通告の数だけカウントする自治体がある）といった問題が指摘されています。子ども虐待の実態を正確に把握するため，計上方法の統一が求められます。

58 糊澤ら，教育心理学研究，2009 など

59 本書では，子育てに関する理解の促進や乳幼児と触れ合う機会の拡充など，次世代を育む親となるための取り組み全般を"子育て教育"と定義します。

第10章 子ども虐待

（児玉（渡邉）茉奈美・相馬花恵）

1 子ども虐待の定義と対応

ステップ1

子ども虐待とは

▶ **虐待の定義** | 一般的に虐待とは，繰り返しあるいは習慣的に，肉体的あるいは言葉による暴力をふるう，嫌がらせや無視をするなどの行為を指します。虐待の対象が子ども（18歳以下[1]）である場合にはとくに，**児童虐待**，または**子ども虐待**とよばれます。現在の日本における子ども虐待は，2000年に制定された児童虐待の防止等に関する法律（通称，児童虐待防止法）によって，身体的虐待，性的虐待，ネグレクト，心理的虐待の4つに区分されます（**表10-1**）。

▶ **不適切な養育** | 虐待というと，親が子どもに対して積極的に何かを"おこなう"というイメージが強いかもしれません。しかし実際には，親が子どもに必要な世話を提供"しない"という消極的な姿勢（ネグレクト）も虐待に含まれます。このことをより強調するため，近年では子ども虐待（child abuse）という用語ではなく，より包括的な意味をもつ不適切な養育（child

表10-1 児童虐待防止法における虐待の定義

虐待の種類	定義
身体的虐待	児童の身体に外傷が生じる暴行，または生じるおそれのある暴行を加えること。
性的虐待	児童にわいせつな行為をすること，または児童にわいせつな行為をさせること。
ネグレクト	児童の心身の正常な発達を妨げるような著しい減食，または長時間の放置，保護者以外の同居人による児童への虐待の放置，その他の保護者としての監護を著しく怠ること。
心理的虐待	児童に対する著しい暴言，または著しく拒絶的な対応，児童が同居する家庭におけるパートナーに対する暴力，その他の児童に著しい心理的外傷を与える言動を行うこと。

----

1 ここでは，児童福祉法および児童虐待防止法に明示されている"児童"の定義に基づき，子どもの年齢を示しています。

maltreatment）を用いることが増えています[2]。

子ども虐待対応件数 | 2020年度時点の日本全国の児童相談所[3]における虐待相談の対応件数は205,044件でした。この件数は，30年前と比較するとなんと約200倍になっています[4]。ただしこの件数増加は，虐待が増加したというよりも，虐待に関する知識の浸透や法整備等が進んだことによって，**通報や相談の件数が増えた**と考えるほうが自然でしょう。言い換えると，これまではそれだけ多くの子ども虐待が見過ごされてきたことになります。

図**10-1**に，2009～2020年度における各虐待件数の推移を示します[5]。2020年度の内訳は，身体的虐待が24.4％，性的虐待が1.1％，ネグレクトが15.3％，心理的虐待が59.2％です。心理的虐待の対応件数の急な増加の背景には，2016年度からドメスティック・バイオレンス（DV）の目撃（面前DV）が心理的虐待に含まれるようになったことがあります[6]。すなわち現在では，児童本人が暴力を受けたり，暴言を吐かれたりしなくても，"**同居する家族**

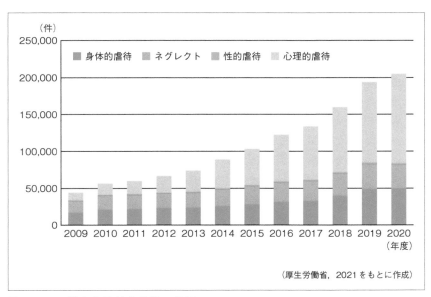

（厚生労働省，2021をもとに作成）

図**10-1　子ども虐待対応件数の推移**

2　なお，child maltreatment はそのまま「マルトリートメント」と記されることもあります。

3　児童福祉法に基づき，各都道府県に設置される行政機関です。原則18歳未満の子どもに関する相談・通告に応じます。

4　厚生労働省，令和2年度　児童相談所での児童虐待相談対応件数，2021

5　実際には数種類の虐待が重複することもありますが，本統計では代表的なもの1つだけがカウントされています。

6　前年度と比して児童虐待相談対応件数が増加した自治体からの聞き取り調査による知見。

間で生じた暴力を目撃すること”も心理的虐待と認定されるのです[7]。

ステップ2

子どもの生命を脅かす虐待

　子ども虐待は，子どもの発達に悪影響をおよぼすだけでなく，生命を脅かすことさえあります。2021年に発表された厚生労働省の調査[8]によると，心中以外の子ども虐待による死亡事例のなかでもっとも多かった虐待の種類は身体的虐待でした（29.8％）[9]。また，もっとも多かった直接の死因は頭部外傷（18.4％）でした。このような実態をふまえ，以下に，深刻な身体的虐待を紹介します。

▶ **AHT** ｜ 重い後遺症や死亡につながるような身体的虐待のうち，主要なものとして，AHT（abusive head trauma：虐待による頭部外傷）が知られています。AHTとは，偶発的な事故や内因性の病態ではおよそ説明し難い頭部外傷を指し，**"5歳未満の子どもの頭部に鈍的外力や激しい揺さぶり，またはその両方が意図的に加えられたことで頭蓋骨や頭蓋内に生じる損傷"** と定義されます。AHTの症状は多様であり，重症の場合には，けいれん，意識障害，呼吸障害などに加えて，**硬膜下血腫，網膜出血，脳実質**[10]**の異常**を呈します。軽症の場合には，嘔吐，不機嫌，哺乳不良など，ほかの原因によってもひき起こされる症状を呈するため，しばしば見逃されていることもあるのが現状です。 p.147 第9章

　アメリカの調査では，乳児に対するAHTの発生率は約0.003％（10万人に約30人）であり，そのうち4人に1人が死亡しているという報告があります[11]。日本においては，AHTを確定的に診断された乳児は約0.007％であり，AHTの疑いのある乳児は約0.041％に上ります。

▶ **代理によるミュンヒハウゼン症候群** ｜ 子どもを故意に怪我や病気にさせることにより，周囲の注目を自身に集める精神疾患を，代理によるミュンヒハウゼン症候群[12]（Munchausen syndrome by proxy，以下MSBP）とよびま

7　なお，児童虐待防止法における心理的虐待の定義には，「面前」や「子どもの目の前で」という用語は出てきません。たとえ家族間の暴力場面を子どもが目撃していなくても，暴力的な雰囲気の家庭で過ごすことは，子どもの心理面に深刻な影響をおよぼすといえます。

8　社会保障審議会児童部会児童虐待等要保護事例の検証に関する専門委員会，子ども虐待による死亡事例等の検証結果等について（第17次報告），2021

9　なお，調査対象者57人のうち，ネグレクトは22.8％でした。ただし，回答として一番多かったのは，虐待類型が「不明」であり，45.6％でした。

10　大脳・小脳・脳幹，脊髄など，脳膜に包まれた部位を指します。

　11　AHTについては日本小児科学会の見解（日本小児科学会，2020）が参考になります。

す。たとえば，子どもの尿に血液を混ぜて症状を捏造したり，実際に薬物を子どもに飲ませたりすることによって症状をひき起こします。保護者の本当の目的は子どもに危害を加えることではないとはいえ，子どもに重篤な後遺症が残ったり，死に至ったりする場合も少なくありません。疾患の診断の難しさから数値にはばらつきがありますが，MSBPによる子どもの**死亡率は6〜15％**であるとされています[13]。

······ ステップ3 ······

子ども虐待にかかわる法整備

▶ **虐待への注目**｜1950年代，アメリカの医師のH.ケンプは，自身の病院に入院した多くの子どもの怪我が，事故ではなく，保護者からの肉体的な暴力に起因するものであったことに気づきます。しかしながら当時は「親が子どもに危害を加えるわけがない」と考える風潮が根強く，ケンプの主張はあまり信じてもらえませんでした。その後ケンプは，それらの子どもに共通する特徴的な臨床所見を被殴打児症候群（battered child syndrome）としてまとめ，情報共有と注意喚起のために，1962年に論文として報告します。この報告が，アメリカにおいて子ども虐待に対する意識を高めるきっかけになったといわれています。

▶ **日本における法整備**｜日本では1947年に，子どもの健全な育成を図ることを目的とした児童福祉法が公布され，1994年には児童の権利に関する条約（子どもの権利条約）が批准されています。児童の権利に関する条約とは，1989年に国連総会において採択された条約であり，児童の基本的人権の尊重，保護の促進を目指したものです。この時期には日本においても，子ども家庭110番電話相談が開始されたり，日本医師会によって子ども虐待の問題が学術雑誌で取り上げられはじめたりしました[14]。

さらに2000年に，児童虐待の防止等に関する施策を推進することを目的とする児童虐待の防止等に関する法律（児童虐待防止法）が制定されまし

························

12 "ほら吹き男爵"として知られるドイツのミュンヒハウゼン男爵が由来です。ただしMSBPは自分ではなく子ども（代理の対象）に関する嘘をついて注目を集めようとする行為であるため，代理によるミュンヒハウゼン症候群と名づけられました。海外では，MSBPではなく，ほかの用語（たとえばmedical child abuse, fabricated or induced illness）が同じ疾患を指す用語として使われることも多いため，文献調査の際には注意が必要です。

13 Fujiwara et al., *Pediatr Int*, 2008; Glaser, *Child Abuse Negl*, 2020

14 日本において子ども虐待が注目されるようになった原因は諸説ありますが，1970年代前半に駅などのコインロッカーに新生児が遺棄される事件（コインロッカーベイビー事件）が多発して社会問題となったことが1つのきっかけだといわれています。

た。2019年の改正では，子どもに対する**体罰が明確に禁止**されました[15]。同時に，**身体になんらかの苦痛や不快感をひき起こす行為は，どんなに軽いものであっても"体罰"とされる**という指針も示されています[16]。このほか，児童相談所の体制強化および関係機関間の連携強化などに関する措置についても示されました。子どもの発達支援にかかわる者はとくに，こうした法改正の内容を正しく理解し，子ども虐待の防止はもちろん，子どもの健全な発達促進を目的とした具体的な支援につなげていくことが求められます[17]。

2 虐待が子どもに与える影響

ステップ1

本節では，虐待の発生や抑止にかかわる要因，および虐待が子どものこころや身体に与える影響について紹介します。

リスク因子と保護因子

多くの研究によって，虐待の発生に寄与する**リスク因子**（risk factor）や，逆に虐待を抑制する**保護因子**（protective factor）の特定が試みられてきました。しかしながら，研究ごとに特定されるリスク因子はさまざまであり，決定的な結論は出せないのが現状です。これは，子どもへの虐待は，時代背景や文化などを含め，**多くの要因が複雑に絡み合ってひき起こされる**ためです。

▶ **一般的なリスク因子** | リスク因子は，親自身，子自身，親子関係に関するものから社会経済的なものまでさまざまです。たとえば，親に関連するリスク因子は，年齢や学歴が低いこと，被虐待経験，精神疾患，薬物濫用や攻撃

---

15 この法改正より早い2014年に，日本行動分析学会から「『体罰』に反対する声明」が出されていました。本声明では，体罰を「学び手の学習を口実とした教え手による暴力行為」とみなし，教育の場における体罰に反対しています。同声明では，心理学の科学的アプローチによる知見を活かし，体罰の問題点や体罰以外の方法による子どもへのかかわり方も解説されています。

16 この法改正の背景には，家庭内における"しつけ"を名目におこなわれる体罰が，虐待につながっている例が多いことがありました。たとえば，2018年3月（東京都目黒区）と2019年1月（千葉県野田市）に，父親の体罰によって幼児・児童が死亡する事件が立て続けに生じ，大きなニュースになりました。

17 たとえば，脚注15で示した"体罰以外の方法による子どもへのかかわり方"を保護者向けに解説するといった取り組みも，広い意味で子どもの健全な発達支援になりえます。近年発表された，厚生労働省，体罰等によらない子育てのために，2020が参考になります。

的なパーソナリティなどです。また，親にとってのネガティブなライフイベントやそれにより生じるストレスもリスク因子となります。子どもに関連するものでは，年齢の低さ[18]，育てにくい性格[19]，発達障害を含む各種障害，健康状態の悪さ，素行上の問題などです。さらに，親子を取り巻くサポート体制の希薄さや，経済的要因（貧困）も子ども虐待が生じるリスクとなります。

▶ **虐待の種類とリスク** ｜ これらのリスク因子がどの程度虐待の発生に関与するかは，虐待の種類によっても異なります。たとえば，1975〜1992年の間にニューヨークの644の家庭に対して実施された調査[20]は，身体的虐待，性的虐待，ネグレクトのリスク因子はそれぞれ異なることを明らかにしました（表10-2）。ただし同時に，**母親の年齢と母親の反社会的パーソナリティ（ソシオパシー）**は3つすべての虐待の発生に関与していることもわかりました。

　日本においても，母親がおこなう身体的虐待とネグレクトに対するリスク因子の検討がおこなわれています[21]。この研究で用いられたモデルでは，**母親の健康状態の悪さ，うつ傾向，身体的な被虐待経験**の3つが身体的虐待とネグレクトのどちらにも寄与していました。いっぽうで，身体的虐待には**子どもの数の多さ**が，ネグレクトには**出産時低体重の子ども，ひとり親，母親の年齢の低さ**が，それぞれのリスク因子として示されました。

　この結果は，先述のアメリカ人を対象とした調査結果と一致している部分もありますが，一致しない部分もあります。このように，調査対象や調査時期，調査方法によって報告されるリスク因子は異なる可能性があります[22]。子ども虐待のように社会生活のなかで発生する事象は，**さまざまな因子が複雑に絡み合っており，時代・文化共通のリスク因子を特定することは困難**です。

▶ **被虐待経験** ｜ 幼少期に虐待を受けた経験は，虐待をひき起こすリスク因子になります。アメリカの心理学者であるJ. カウフマンとE. ジグラーが実施

---

18 子どもの年齢が低いほど，コミュニケーションがうまくできなかったり，抵抗ができなかったりするため，虐待につながってしまうと考えられます。

19 たとえば，なだめてもなかなか泣き止まない，頑固である，などの性格です。

20 Brown, *Child Abuse Negl*, 1998。対象となった家庭は，1975年の時点で1〜10歳の子どもをもつ家庭のなかからランダムに選ばれました。

21 周, 医療と社会, 2019。ただし，この研究で解析対象となった虐待件数は少ないため，結果を解釈する際にはとくに注意が必要です。

22 アメリカ人を対象とした虐待の再発に関するリスク因子研究（Ethier et al., *J Fam Violence*, 2004）や，ドイツ人を対象とした近年の虐待のリスク因子研究（Liel et al., *Child Abuse Negl*, 2020）でも，本書で紹介した以外のリスク因子が報告されています。

表10-2　各虐待に対するリスク因子のオッズ比

身体的虐待の リスク因子	オッズ 比[a]	ネグレクトの リスク因子	オッズ 比	性的虐待の リスク因子	オッズ 比
人口統計学的リスク因子					
母親の教育歴の低さ	2.59	エスニシティ（non-white）	4.35	母親の年齢の低さ	2.26
宗教活動への参加の少なさ	2.22	家族メンバーの多さ	3.21	父親の死別	2.62
母親の年齢の低さ	3.52	収入の低さ	5.11		
ひとり親	2.26	母親の教育歴の低さ	5.12		
生活保護	3.74	母親の年齢の低さ	2.22		
		ひとり親	2.57		
		生活保護	11.01		
家族に関するリスク因子					
母親からの早期の別離	4.08	母親からの早期の別離	3.61	母親のソシオパシー	6.27
母親の不満	2.44	母親の疎外感	2.73	ネガティブなライフイベント	4.43
母親のLocus of control（統制の所在）が外的帰属型[b]	2.16	母親の怒り	2.81	継父の存在	3.32
		母親の不満	5.01	厳しい罰	3.22
母親の反社会的パーソナリティ（ソシオパシー）	4.91	母親のLocus of control（統制の所在）が外的帰属型	1.79		
夫婦関係の悪さ	1.98	母親のhostility（子どもに対する否定的・攻撃的な態度）	2.26		
母親の重度の疾患	2.06	母親の自己評価の低さ	2.71		
		母親の反社会的パーソナリティ（ソシオパシー）	4.38		
		夫婦の対立	2.44		
		父親の精神疾患	2.28		
		父親のソシオパシー	2.28		
		夫婦関係の悪さ	2.66		
		母親の重度の疾患	2.18		
育児に関するリスク因子					
母親の育児へのかかわりの低さ	2.68	父親の育児へのかかわりの低さ	3.54	望まない妊娠	3.10
父親の育児へのかかわりの低さ	3.18	子どもに対する父親の温かさの希薄さ	2.13		
子どもに対する父親の温かさの希薄さ	3.24				
子どもに関するリスク因子					
妊娠あるいは出産時の合併症	2.45	幼少期の不安／引きこもり	2.02	子どもの性別（女性）	2.44
		子どもの言語IQの低さ	2.70	子どものハンディキャップ	11.79

（Brown, 1998をもとに作成）

a ある事象の起こりやすさを2つの群や条件間で比較して示すときの指標です。1より大きいとその事象（たとえば虐待）が生じやすく、1より小さいとその事象が生じにくいことを示します。たとえば貧困を要因としたときには、オッズ比は（貧困あり層における、虐待あり数／虐待なし数）／（貧困なし層における、虐待あり数／虐待なし数）で計算されます。

b 自分の行動に対する結果が外的な要因（他者など）によってコントロールされているととらえること。

した文献調査では，虐待を受けた親が自身の子に虐待をおこなう確率は25～35％であることが明らかになりました[23]。先に紹介した日本人を対象とした調査でも，被虐待経験は比較的高い寄与率でした[24]。

ただし，**被虐待経験があっても，虐待を繰り返す人はむしろ少数派である**ことも事実です。被虐待経験が次世代への虐待につながる現象は“虐待の連鎖”とよばれることもあります。しかし実際には，虐待の発生には複雑な要因が関与しており，1つの要因が虐待をひき起こすといった単純化した見方は危険です。

▶**虐待を抑制する因子** │ 基本的には，これまで紹介したリスク因子の“逆”が保護因子となります。ただし，保護因子という言葉を使う際には，**変えられない特性ではなく，変えられる特性に焦点を当てます**。たとえば，ある人の年齢や金銭的問題（収入の低さ）などはすぐに変えることは困難ですが，保護者への教育や家庭訪問によって，**保護者の態度や行動は変えることが可能です**[25]。そのため，虐待の予防においては，保護因子に注目した評価と介入が重要となります。**表10-3**に示すとおり，保護因子は一般的に，①家族機能，②情緒的サポート，③物質的サポート，④養育とアタッチメント，⑤養育や子どもの発達に関する知識，の5つに分類されます[26]。

表10-3 子ども虐待の保護因子

保護因子	意味と具体例
家族機能	家族に問題が生じたときに家族で乗り越えるための適応的なスキル（例：家族で，ポジティブまたはネガティブな経験をオープンに共有したり，問題を受け入れたり解決したりしようとすること）
情緒的サポート	情緒的なニーズを満たすための非公式な家庭内外からのサポート
物質的サポート	ストレスに家族が対処するための物やサービスへのアクセスを可能にすること
養育とアタッチメント	長年かけて形成した親子のポジティブな相互作用に基づく情緒的絆
養育や子どもの発達に関する知識	効果的なしつけ，年齢に適した子どもの能力の理解や活用

(Counts et al., 2010)

....

23 Kaufman & Zigler, *Am J Orthopsychiatry*, 1987
24 そのほか，97の研究を対象とした近年のシステマティックレビューにおいても，幼少期の身体的な被虐待経験あるいは暴力を目撃した経験は，自身が親になった際の身体的虐待あるいはネグレクトと関与していることが示されています（Greene et al., *Clin Psychol Rev*, 2020）。
25 Ross & Vandivere, *Child Trends*, 2009
26 Counts et al., *Child Abuse Negl*, 2010

こころへの影響

▶ 虐待によるこころの傷 ｜ 幼少期における被虐待経験は，子どもにとって
"心的外傷（心的トラウマ）"体験となりえます。心的外傷体験とは，命にか
かわるような出来事（虐待のほか，事故，災害，戦争など）を体験したり，
あるいはそのような出来事を目撃したりすることなどです[27]。こうした体験
によってもたらされるストレス症候群を，心的外傷後ストレス障害（post-
traumatic stress disorder：PTSD）とよびます。

　PTSDには3つの主症状があります[28]。すなわち，①侵入症状（自身の意
図にかかわらずトラウマ事象を想起あるいは追体験してしまうこと），②回
避症状（トラウマ事象に関する思考や事象の回避行動），③過覚醒症状（不
安，睡眠障害，過度な警戒心など）です。また，これらの症状が1カ月以上
持続することがPTSDと診断される要件となっています[29]。

▶ 複雑性PTSD ｜ 子ども虐待のようにある程度長期にわたる反復的な体験が
原因となって生じたPTSDをとくに複雑性PTSD（C-PTSD）とよびます[30]。
複雑性PTSDは，先述したPTSDの症状に加えて，否定的自己認知，感情の
制御困難，および対人関係上の困難を呈します。

アタッチメントへの影響

　子どもが保護者と一貫性のあるアタッチメントを築けない場合には，無秩
序・無方向を特徴とするDタイプに分類されます。Dタイプは，保護者への
"近接と回避"という，本来ならば両立しない行動を見せることが特徴です。
被虐待児の80〜90％（非虐待児は42％）[31]，おもにネグレクトによって生じ
る非器質性の発育不良（p.165）の子どもの46％（非虐待児は16％）[32]がD
タイプに分類されることが報告されています。ただし，上記の数値を見ても

27　DSM-5では，ほかにも"近親者や親しい友人が体験した心的外傷となる出来事を耳にすること"，
　　"そうした出来事の強い不快感をいだく細部に，繰り返しまたは極端に曝露されること"が挙げられ
　　ています。後者の例は，子ども虐待の詳細に繰り返し曝露される警官などです。

28　Karatzias et al., *Eur J Psychotraumatol*, 2017

29　1カ月未満の場合には急性ストレス障害（acute stress disorder：ASD）とよばれ，PTSDとは区別さ
　　れます。

30　複雑性（complex）PTSDは2018年に公表されたICD-11で初めて通常のPTSDと区別されました。診
　　断名として正式に発効されたのは2022年です。

31　Cicchetti et al., *Dev Psychopathol*, 2006。研究対象となった子どもの8.8％が身体的虐待，0％が性
　　的虐待，84.6％がネグレクト，69.2％が心理的虐待を受けていました。なお，この研究では，被虐
　　待群と非虐待群，それぞれの家庭収入は同程度（両群とも低所得家庭）になるように統制されていました。

32　Ward et al., *Infant Ment Health J*, 2000

わかるように，Ｄタイプの子どもであるからといって，虐待を受けているとは限らない点には注意しましょう。 第8章

▶ **反応性アタッチメント障害**｜DSM-5では，虐待あるいはアタッチメント形成の機会の喪失に起因するアタッチメント様式を，反応性アタッチメント障害（reactive attachment disorder：RAD）と定義しています[33]。保護者に対する抑制され，情動的に引きこもった行動が一貫している状態であるとされ，苦痛があるときでも保護者に助けを求めません。また，脅威がない場合にも苛立ち，悲しみ，恐怖を見せたりするなどの情動面の特徴も有します。5歳以前に上記の特徴が明らかであることが診断の要件の1つです。

▶ **脱抑制性対人交流障害**｜RADとは"真逆"の，見慣れない大人にも警戒心なく近づき，過剰になれなれしい態度で交流するタイプの行動様式を，脱抑制性対人交流障害（disinhibited social engagement disorder：DSED）とよびます。2013年に改訂されたDSM-5において，それまでRADの1タイプであるとみなされていた社会的／脱抑制型（social/disinhibited）RADが，独立の障害（DSED）として分類されることになりました[34]。そのため，それ以前のRADには，DSM-5の基準でいうRADとDSEDが混在しているため，注意が必要です。

▶ **BEIP**｜虐待とアタッチメントの問題に関しては，ブカレスト早期介入プロジェクト（BEIP）とよばれる，ルーマニアの孤児に対しておこなわれた一連のプロジェクトが有名です。これらの孤児は国の施設に収容され，機械的に養育されており，いわばネグレクトを受けていた状態でした[35]。ある研究では，これらの孤児95名（施設群）と統制群50名を対象としてアタッチメントタイプを評価しました。その結果，統制群ではＢタイプ（安定型）がもっとも多かった（74％）のに対して，**施設群ではＤタイプ（無秩序・無方向型）がもっとも多い**（65.3％）ことがわかりました[36]。また，RAD症状はその後里親のもとに引き取られるとすみやかに改善するいっぽうで，DSED症状は里親のもとに行ってもなかなか回復しないことが示されまし

---

33 この定義からもわかるように，Ｄタイプ＝反応性アタッチメント障害ではありません。

34 現在のICD-10ではRADとDSEDはそれぞれ，小児期の反応性愛着障害，小児期の脱抑制性愛着障害と記載されます。

35 1980年代までルーマニアの独裁者として君臨したN.チャウシェスクは，国力を増進させるため，人口を増やすことを目指しました。この政策では，避妊・中絶の禁止をはじめとして，妊娠可能な女性が妊娠しているかどうかを毎月検査し，妊娠していない場合には罰金を科したり，子どもが4人以下の家庭に課税したりするなど極端なものでした。その結果，子どもの数は爆発的に増加したいっぽうで，貧しい家庭では子どもを育てることができませんでした。その結果，1989年時点で約10万人もの子どもたちが施設に引き取られ，暮らしていたのです。

36 Zeanah et al., *Child Dev*, 2005

た[37]。ただし，早く里親に引き取られた子どもほど，DSED症状の改善が速いこともわかりました[38]。

　ほかの研究からも，虐待を受けたあとでも，**養育者と安定したアタッチメントを改めて形成することによって，アタッチメントの障害から回復可能である**ことは示唆されています[39]。ただし，アタッチメントに問題がある子どもの言動や情緒は不安定であり，良好な関係を形成することは決して容易ではありません。新たな養育者は，支援施設と連携しながら，子どもの特性や抱えている問題を理解し，それらに応じた養育の在り方を見いだす必要があります。

身体への影響

　虐待は，子どもの身体にも直接的・間接的に影響を与えます。虐待を早期発見するためにも，身体への影響についても把握しておく必要があります。

▶ **虐待による直接的影響**｜身体的虐待の場合には，ひっかき傷，あざ，骨折，やけどなどの傷が残ります。治療が雑であったり，複数の傷あるいは治癒の程度が異なる傷痕があったりする場合にはとくに身体的虐待が疑われます。年齢が低い子どもへの性的虐待は，**粘膜の損傷や，性感染症への感染が生じる可能性があります**[40]。乳幼児への虐待の場合には，先述したAHTのように，外傷がなくても頭蓋内の損傷によってさまざまな症状が現れます。ネグレクトを受けている子どもは，身体や衣服の衛生状態が悪かったり，虫歯の治療がおこなわれていなかったりする場合があります。

▶ **虐待による間接的影響**｜性的虐待は，自傷行為[41]の引き金になると指摘されることが多いものの，実際は，性的虐待と自傷行為の関連の程度は必ずしも高くありません[42]。ネグレクトの場合には，必ずしも高い確率ではありませんが，FTT（failure to thrive：発育不良）が生じる可能性があります[43]。FTTとは，身体が必要としている栄養が足りていないために，乳幼児期の

37　Gleason et al., *J Am Acad Child Adolesc Psychiatry*, 2011
38　Guyon-Harris et al., *J Am Acad Child Adolesc*, 2018
39　たとえば，Roisman et al., *Child Dev*, 2002
40　Thornton, *J Associ Nurse AIDS Care*, 2015。性感染症への感染リスク増大は，粘膜の損傷に加え，子どもの免疫系が未発達であることにも起因します。
41　自殺の意図なしに，故意に自らの身体に対して直接的な損傷（自身の身体を切る，焼く，殴る，毛を抜くなど）を加える行為です。なお，自傷は長期的には自殺のリスク因子になることが指摘されています（詳しくは，松本，児童青年精神医学とその近接領域，2019を参照）。

望ましい体重増加が得られてない状態を指します。とくに，FTTの原因が生まれつきの疾患でない場合，非器質性（nonorganic）FTTとよばれます。十分な食べ物（栄養）を与えられない場合はもちろん，適切な環境刺激（部屋の明かりや声掛けなど）を与えられない場合にも，ストレスによって食欲不振に陥り，結果的にFTTが生じる可能性があります。

これ以外にも，虐待による心理的ストレスが，脳機能や脳構造に影響することを示唆する研究も増えてきています。しかし現状では，その影響が本当に虐待に特異的なものなのか，虐待に関係するさまざまな因子に起因するものなのか，あるいは統計的な誤差なのか，これらの可能性を判断できるほど，確実な知見が蓄積されているわけではありません。

3 子ども虐待への対応

ステップ1

子ども虐待を未然に防ぐためには，虐待のリスクとなりうる因子を特定して，必要な家庭に対して継続的な支援をおこなうことが重要です[44]。子ども虐待は，3つの段階で対応します。第1段階が，虐待が起きないようにする**未然防止**，第2段階が，虐待が起きたときの**早期発見と早期介入**，第3段階が，虐待を受けた子どもやその家族の回復を目指す**アフターケア**です。本節ではそれぞれの段階に応じた対応を述べます。

なお，「文部科学省，学校・教育委員会等向け虐待対応の手引き，2020」や「日本小児科学会こどもの生活環境改善委員会，子ども虐待診療の手引き改訂第3版，2022」に虐待の徴候の発見の仕方，対応の仕方がよくまとまっています。

42　Klonsky & Moyer（*Br J Psychiatry*, 2008）のメタ分析によると，2つの変数の関連性を示す指標であるファイ係数の推定値は0.20〜0.26でした。この範囲の値は，あまり強くない関連（連関）があることを示します。Maniglio（*Acta Psychiatr Scand*, 2011）でも，性的虐待は自傷や自殺についての小〜中程度のリスク因子となることが示されています。これらの結果から，性的虐待そのものではなく，その後遺症（抑うつ症状など）が自傷行為の生起に直接関与していると考えられています。

43　Wright（*Arch Dis Child*, 2000）のレビューによれば，FTTの子どものうち，5〜10％が虐待によるものであるとされています。ただし，FTTの子どもが虐待を受けている割合は，発育が正常な子どもの4倍以上とされます。

44　子ども虐待をなくすことをよびかける市民運動としてオレンジリボン運動があります。

虐待の未然防止

▶ **徴候とリスクの把握** | 虐待の徴候やリスクを早急に見つけ対処するため，子どもと保護者それぞれの健康状態や家庭の状況などを，第三者が定期的に確認する取り組みが欠かせません。以下に，日本において実施されている，乳幼児とその保護者を対象とした代表的な取り組みを2つ紹介します。

1つ目は，乳児家庭全戸訪問事業（こんにちは赤ちゃん事業）です。本事業は，乳児のいる家庭と地域社会をつなぐ最初の機会となるものです。市町村が実施主体となって，生後4カ月[45]までの乳児のいるすべての家庭を訪問します。子育て家庭の孤立化を防ぎ，乳児の健全な育成環境を確保するため，育児に関する不安や悩みに対して相談に応じます。ほかにも，子育て支援に関する情報提供をおこなったり，親子の心身の状況や養育環境等の把握・助言をおこない，支援が必要な家庭に対しては適切なサービスにつなげたりします。

2つ目は，乳幼児健康診査（以下，乳幼児健診）です。乳幼児健診は，母子保健法で定められた健診であり，1歳半（〜2歳），3歳（〜4歳）の幼児を対象に実施することが市町村に対して義務づけられています[46]。乳幼児健診は，子どもの身体発育状況などの把握だけでなく，**育児相談および保護者のメンタルヘルスの把握**も目的としています。子ども虐待の未然防止のためには，健診による問題の発見だけではなく，受診率を100％にして地域のすべての親子とつながることが重要です[47]。医療機関や児童相談所等との連携，さらには，転居の際のフォローアップのための市町村間連携の構築を通じて，乳幼児健診の未受診者対策が求められています[48]。

そのほかにも，保育所や幼稚園，児童館，地域に親子が集い交流できる空間を提供する**地域子育て支援拠点**，子育て支援にかかわるNPO法人などによる支援が展開されています。

▶ **アウトリーチ活動の強化** | 虐待を防ぐ取り組みが幅広くおこなわれているいっぽうで，虐待をしてしまう保護者は後を絶ちません。その原因の1つと

---

45 虐待死亡事例の多くが4カ月未満であるという実態を受けて4カ月までと設定されました（社会保障審議会児童部会児童虐待等要保護事例の検証に関する専門委員会，子ども虐待による死亡事例等の検証結果等について（第17次報告），2021）。

46 1カ月，3カ月，6カ月，9カ月にも，自治体が費用負担をする乳幼児健診があります。1カ月健診は通常産院で，母親を対象とした産後健診とあわせておこなわれます。3カ月健診はほとんどの自治体でおこなわれますが，6カ月，9カ月の健診は自治体によっては実施されない場合もあります。

47 乳幼児健診のうち，1歳半健診では4.8％，3歳児健診では5.5％の未受診者がいることが報告されています（厚生労働省，令和2年度地域保健・健康増進事業報告の概況，2022）。

48 国立成育医療研究センター，乳幼児健康診査事業 実践ガイド，2018

して，虐待をしてしまう人たちは，上記のような取り組みにアクセスしようとしないことが考えられます。そのため，本人から求められていなくても積極的にサポートを提供するというアウトリーチ活動をより一層強化していく必要があります[49]。市町村に設置されている要保護児童対策地域協議会[50]では，虐待を受けた子どもだけでなく，虐待が疑われる子どもや特定妊婦（p.140）に関しても，関係職種・機関の間で情報を共有し，支援方針を検討します。

······· ステップ2 ·······

虐待の早期発見と早期介入

● 虐待発見後の対応プロセス｜日本では，虐待が発見されたとき，基本的に図10-2に示したプロセスで対応をおこないます。すなわち，虐待の通告，当該児童の安全確認，一時保護です。

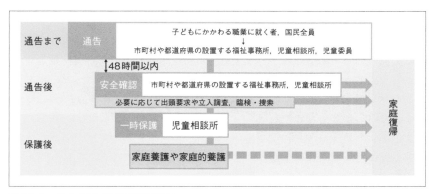

図10-2　日本における虐待対応

● 虐待の発見と通告｜子ども虐待は家庭内でおこなわれることが多く，一般の大人が発見することは容易ではありません。しかし，学校関係者や医師など，子どもにかかわる職業に就く者は虐待の徴候に比較的気づきやすい立場にあります。そのため，児童虐待防止法第5条では，そのような者に対す

························

49　先述した乳児家庭全戸訪問事業では，本事業の対象となっていても実際の訪問には至らない家庭が約4.4％存在します（厚生労働省，乳児家庭全戸訪問事業の実施状況調査，2019）。

50　2004年の児童福祉法改正を機に設置が進められました。地域の関係機関等が子どもやその家庭に関する情報等を共有して適切な連携のもとで対応することによって，要保護児童等を早期に発見して支援を開始するための体制を整える役割を担います。

る，子ども虐待の早期発見の努力義務が明記されています。また第6条では，国民に対する，虐待を発見した際の通告義務が示されています（**表10-4**）。

表10-4　児童虐待防止法における虐待の早期発見の努力義務と通告義務

第5条	学校、児童福祉施設、病院（中略）その他児童の福祉に業務上関係のある団体及び学校の教職員、児童福祉施設の職員、医師（中略）その他児童の福祉に職務上関係のある者は、児童虐待を発見しやすい立場にあることを自覚し、児童虐待の早期発見に努めなければならない。
第6条	児童虐待を受けたと思われる児童を発見した者は、速やかに、これを市町村、都道府県の設置する福祉事務所若しくは児童相談所又は児童委員を介して市町村、都道府県の設置する福祉事務所若しくは児童相談所に通告しなければならない。

　現在，児童相談所への虐待相談の経路は，警察が50.5%，近隣・知人が13.5%です[51]。早期解決のためには，まずは，虐待に気づいたときに通告をすることが国民の義務であること，通告者のプライバシーは守られること（第7条）などを広く周知し，地域の人々に理解させる必要があります。なお，全国共通の児童相談所虐待対応ダイヤル「**189（イチハヤク）**」を利用すれば，発信元の地域を管轄する児童相談所に電話がつながります。p.149 第9章

▶ **通告後の対応：危機介入**｜通告を受けた児童相談所等は，以下の危機介入をおこないます。まず，当該児童の安全確認をおこないます。「児童相談所運営方針」において，この安全確認は，通告を受けてから原則48時間以内に目視でおこなうよう定められています。具体的には，児童相談所職員等が家庭や学校を訪問します。こうした訪問を通しても子どもの安全の確認がとれない場合は，出頭要求や立入調査がなされます。これらは，明確に児童虐待があると確認できなくても，子ども虐待がおこなわれているおそれがある場合に実施することが可能です[52]。これらの措置を保護者が正当な理由なく拒んだり妨害したりした場合かつ，児童虐待がおこなわれている疑いがある場合は，さらなる措置として臨検・捜索がおこなわれます。これらの調査等を経て，児童相談所長が必要だと判断した場合には，**保護者の意にかかわらず児童の保護**（一時保護）をおこないます。

▶ **保護後の対応**｜当該児童を保護したあとは，児童を保護者のもとへ戻すことが可能かどうかの判断がされます。もし，保護者のもとへ戻すことが適切ではないと判断された場合には，児童本人やその親族，未成年後見人，児童

51　厚生労働省，令和2年度　児童相談所での児童虐待相談対応件数，2021。被害者である子ども自らが訴えることは1.0%ときわめて少ないです。

　52　たとえば，家庭訪問をしても長期間子どもの姿を確認できない場合などです。

相談所長などの申し立てによる保護者の親権喪失や親権停止といった措置がなされる場合があります。親権喪失は，**適用されれば無期限に親権が失われる**ため，慎重な検討が求められます。いっぽう，親権停止は２年間が上限です。親権停止の期間を通して，子どもの安全を確保するとともに，親子関係の修復・改善を図るための取り組みがおこなわれます。

······ ステップ 3 ······

日本におけるアフターケア

　虐待が生じてしまった場合には，虐待を受けた子ども自身に対してはもちろん，子どもの家族へのケアが必要になることがあります。

▶ **子どもに対するケア** ｜虐待を受けた子どものケアの１つとして，安心して生活できる環境や養育者を提供するための家庭養護や家庭的養護が推進されています。前者は，**里親やファミリーホーム**のように私的な場でおこなわれ，後者は，**児童養護施設**などの公的な施設でおこなわれる養護です[53]。とくに家庭的養護は，より家庭環境に近づけ，丁寧なケアを実現するために，小規模化が進められています。

　家庭養護や家庭的養護の場には，安定したアタッチメントが形成されておらず，対人関係に問題を抱える子どもや，生活習慣や学習習慣が身についていない子どもも入所します。そのような子どもに対しては，根気強くひとりひとりと安定した関係を築いたり，社会で生きるうえで必要なルールを教えたりしなければなりません。さらに，なんらかの障害を抱える子どもに対しては，**遊戯療法や認知行動療法**[54]，**薬物療法**などを実施することがあります。

　いっぽうで，こうした家庭養護や家庭的養護の場や人手が少ないことが問題となっています。とくに日本の要保護児童における里親委託率[55]は，海外と比較しても圧倒的に少なく，オーストラリアで90％を超えているのに対して，日本は21.5％です[56]。里親の基本的要件は，①愛情をもって子どもを

53　これら２つは"社会的養護"とよばれます。社会的養護とは，保護者のない児童や，保護者に監護させることが適当でない児童を，公的責任で社会的に養育し，保護するとともに，養育に大きな困難を抱える家庭への支援をおこなうことです。

54　たとえば，トラウマ・フォーカスト認知行動療法（TF-CBT）があります。TF-CBTについては，コーエンら（亀岡ら監訳），子どものためのトラウマフォーカスト認知行動療法，2015が参考になります。

55　里親委託率は，"（里親等に委託されている児童数）／（児童養護施設等に入所している児童数＋里親等に委託されている児童数）"で算出されます。

56　日本のデータについては，厚生労働省，里親制度（資料集），2021

養育すること，②経済的に困窮していないこと，③里親や同居人に犯罪歴等がないことです。ただし，上記に加え，里親の種類によっては，年齢制限や研修を修了する必要などもあります[57]。

▶ **加害家族に対するケア** ｜ 厚生労働省は2008年に「児童虐待を行った保護者に対する援助ガイドライン」を公表しました。このガイドラインにおいて，加害者である保護者の支援は，**子どもと保護者が一緒に在宅で生活する場合（在宅指導）**と，子どもが児童福祉施設に入所する場合の2種類に分けられます。実施主体はいずれも児童相談所です。

在宅指導では，児童相談所が，児童福祉施設や保健所等と連携しながら保護者への支援をおこないます。具体的には，家庭訪問等により，**子どもへの接し方や養育方法，生活改善の方法に関する指導**などをおこないます。子どもが児童福祉施設に入所する場合には，上記の指導に加えて，子どもの入所に対する保護者の同意の有無や，保護者自身の問題，親子・家族関係などに応じた支援をおこないます。たとえば，保護者自身の問題に対しては，医療の受診をはじめ，問題の克服に向けた行動を促したりします。

保護者を対象とした支援の目的は，親子（家族）の再統合です。すなわち，子どもに対する適切なかかわり方などを伝えることを通して，親子関係を修復・再構築することを目指します。この目的を達成するため，児童相談所の**児童心理司**や児童養護施設の**心理療法担当職員**らが中心となって，コモンセンス・ペアレンティング[58]などのプログラムが実施されています。子ども虐待の支援にかかわる心理職は，上述のようなプログラムに関する専門的な知識・スキルの修得はもちろん，親子の生活を支えるための法制度や社会資源等に関しても精通しておく必要があります。また，**家庭支援専門相談員**[59]をはじめとするほかの専門職との連携は欠かせません。

---

57 里親は4種類に分けられます。①養育里親：養子縁組を目的としない，要研修。②専門里親：専門的ケアを必要とする児童を養育する，要研修。③養子縁組里親：養子縁組を前提とする，要研修。④親族里親：要保護児童の親族，研修不要。（厚生労働省，里親制度（資料集），2021）

58 アメリカで開発されたプログラムです。学習理論に基づき，暴力や暴言を使わずに子どもを育てる技術を保護者に伝え，さらなる虐待の予防や親子関係の回復を目指します。親子再統合を目的としたプログラムの実践に関しては，加藤ら，児童相談所における保護者支援のためのプログラム活用ハンドブック，2014が参考になります。

59 ファミリーソーシャルワーカー。乳児院や児童養護施設等に配置が義務づけられています。児童相談所と連携して，保護者との連絡調整，家庭復帰や里親委託等のとりまとめをします。

児童〜青年期の悩み

（村上祐介）

自己に関する悩み

"わたし"をめぐって

　他者と自分をつい比べ，「どうして自分はこんなに…」とつらい思いをしてきた人もいるでしょう。本ステップではこのような"わたし"に対する悩みについて考えてみます。

▶ **自己概念の発達**｜心理的・身体的な特徴，資質，技能，役割など自分自身についての記述や評価のことを自己概念とよびます[1]。自己概念は，いくつかの領域に分けることができ，発達に応じて変化します。日本の小・中・高生に対する自己概念の調査[2]では，小学生の約3割は，名前や性別，身体的特徴，家族等の表面的な面のみを記述していました。いっぽうで，中学，高校と学年が上がるにつれ，性格，進路や容姿に対する希望，欲求等についても記述する割合が増えました。このように，**年齢とともに自己の内面に意識が向き**，他者とは異なる"わたし"という存在への理解が深まっていきます。

　自己概念のなかでも，自分が好きとか嫌いといった，自分自身に対する評価を自己評価といいます。また，自分自身を全体的にとらえたときに，自分を好ましいと感じ，価値ある存在だと思う程度[3]を自尊心（自尊感情）とよびます。さまざまな調査を通じて，肯定的な自己評価は小学生から中学・高校生にかけていったん低下したあと，年齢とともに上昇することが示されて

1　American Psychological Association, APA Dictionary of Psychology（https://dictionary.apa.org/self-concept）
2　岩熊・槙田，社会心理学研究，1991
3　新谷，自尊心からの解放，2017. 自尊感情の向上が学業や問題行動の改善をもたらす，という科学的根拠は乏しいにもかかわらず（Baumeister et al., *Psychol Sci Public Interest*, 2003），今もなお自尊感情の肯定的影響を過信する"自尊感情神話"（中間，自尊感情の心理学，2016；山崎，自尊感情革命，2017）の問題が指摘されています。いっぽう，自尊感情の利点を再評価するレビュー（Orth & Robins, *Am Psychol*, 2022）もおこなわれるなど，現在も議論が続いています。

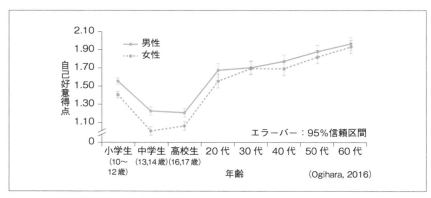

図11-1　自己好意得点の年代比較

います[4]（図11-1）。

■ 認知機能・社会性の発達｜ 自己概念の変化は，認知機能や社会性の発達と連動しています[5]。まず，認知機能の発達に伴って，複数の領域に応じた自己評価（例：ある特定の場面ではうまくやれる自分）が形成されたり，理想と現実の自分を比較したりする**分化**がおこなわれます。また，一見矛盾した自分の側面を，より意味のある抽象的な自己像としてまとめる**統合**もおこなわれます。たとえば，"熱く"もあり"さめた"人間でもある，といった自分の異なる側面も，"こころ惹かれるものへの基準が明確な私"というように，よりまとまりをもった形で自分のなかに取り込んでいくことができるようになります。

家族以外の人たちとの接点が増えることで，他者からの評価や，規範や価値などについて学ぶ社会化も自己概念の形成に影響します。そのため，**自己は社会的に構成されるもの**であるともいえるでしょう。11歳から21歳の青少年を対象とした実験でも，自己評価と，友人はどう自分を評価していると思うか，とのギャップは，年齢を重ねるにつれ徐々に小さくなることが示唆されています[6]。そのため10代は，他者の視点も内在化させながら，自己概

4　岸，明星大学研究紀要人文学部，1997; Ogihara, *Lett Evol Behav Sci*, 2016

5　Harter, *The Construction of the self* (2nd ed.), 2012

6　van der Cruijsen et al., *Neuropsychologia*, 2019。この研究で，参加者は，「私は賢い」などの特徴文を呈示され，その特徴が自分にどの程度あてはまると思うか（直接的自己評価）と，友人はその特徴が自分にどの程度あてはまると思っているか（間接的自己評価）を評定しました。それぞれの評定時の前頭前野内側部の活性度の差は，年齢の上昇に応じて減少しました。この脳部位は，自分に関連する情報を重視することに関係しており，10代初期は他者からの評価により重きを置くものの，10代後半にかけ直接的自己評価も同程度に重要になるのではないか，と考えられています。

念を形成する時期であるといえます[7]。

いっぽうで，このような認知機能・社会性の発達は，新たな悩みももたらすかもしれません。学業的自己概念を例にとれば，10歳前後は，論理的な思考も徐々にできるようになるなど，認知機能の質的な変化を迎えることに加え，扱う勉強の内容も難しくなる時期です[8]。また，自分と他者を比べる**社会的比較**もおこなわれ，自分の能力の相対的な位置づけを意識するようにもなります。11〜21歳の青少年対象の研究を通じて，学業領域の自己概念が10代半ばにもっとも否定的なものになることが明らかになりました[9]。さらに，11〜14歳頃に自分は数学が苦手だと考えているほど，そのときの実際の能力と関係なく，16〜18歳頃の数学の成績まで低くなることもわかりました[10]。勉強に悩みはじめた子どもには，「これならやれそう」という期待や自信，すなわち自己効力感[11]を抱けるような学習支援をおこない，早期から苦手意識を緩和することが重要です。

▶ **アイデンティティの形成**｜発達に伴い，自分のさまざまな側面を発見したり，他者の生き方に触れたりするうちに，「私は結局，どんな人間なの？」と悩むことがあります。このような「自分とは何者なのか」という問いに対する答えを構成してくことは，アイデンティティの形成に関連しています。

E.H.エリクソン[12]によれば，幼少期より，私たちは，身近にいる影響力のある人の特徴を自らに重ねるなどして，暫定的にアイデンティティを形成しようとします。しかし，発達に応じて周囲の環境からの要求も変化していくため，その都度，アイデンティティを再構成する必要に迫られます。そして，青年期になると，モラトリアムという，大人としての責任をもつことができるようになるまでの猶予・遅延期間を通じて，自由な**役割実験**（試行錯誤）をおこないながら，社会のなかに，自分だけのためにつくられたような"適所（ニッチ）"を見つけていきます。青年期の終わりには，職業選択や社会的要求といった圧力を受けつつ，独自の一貫性をもった自己を，**社会**，とくに**重要な他者に承認されながら統合していく（アイデンティティ統合）**ことが想定されています。p.24 第2章

---

7 SNS利用が多いほど，自己評価と他者評価のズレは少ない反面，学業面や身体面（とくに女子）の自己評価は低下します（Peters et al., *Dev Cogn Neurosci*, 2021）。

8 "10歳の壁"といわれることもあります。

9 van der Cruijsen et al., *Dev Cogn Neurosci*, 2018

10 Susperreguy et al., *Child Dev*, 2018

11 Bandura, *Am Psychol*, 1982。自己効力感とは，「予測される状況に対処するために求められる一連の行動を，自分は実行できるだろう」という確信を指します。

12 Erikson, *Identity*, 1968（中島 訳，アイデンティティ，2017）；Erikson, *Identity and the life cycle*, 1959（西平・中島 訳，アイデンティティとライフサイクル，2011）

■ **コミットメント** | アイデンティティ形成のプロセスにおいて，勉学や人間関係，職業など，さまざまな領域に対する選択や，またその選択がもたらす自信をコミットメントとよびます。今おかれている環境での学習や将来設計が，自分らしさや将来への自信を与えてくれると感じる人もいるでしょう。また，自らのコミットメントについて，情報を探したり他者と話をするなどして積極的に考えているのであれば，それは深い探求をおこなっている状態です。いっぽう，現在のコミットメントに満足できなくなり，ほかの選択肢と比較することをコミットメントの再考とよびます。コミットメントや深い探求，再考を繰り返し，自分の全般的な資質や可能性にうまく適合していると思えるような意味のある選択がおこなわれることで，アイデンティティの統合が促されます[13]。日本人を対象とした研究では，アイデンティティ統合の得点が高いほど，人生満足度が高いことがわかっています[14]。

■ **アイデンティティの混乱** | いっぽう，コミットメントがうまくいかないことで，「自分とは何者なのか」という問いに対する答えが見つけられず混乱した状態もあります。これをアイデンティティの混乱（拡散）とよびます。この状態が深刻化すると，危険で社会的に望まれない**否定的アイデンティティの選択**，勤勉さの拡散，時間的展望の拡散に陥ることも指摘されています[15]。近年の研究でも，アイデンティティの混乱の程度が高いほど，抑うつ状態も高いことがわかりました[16]。また，将来の方向性を絶えず考え，探し続けてしまう反芻的な探求が，1年後の情緒的・行動的な問題を起こす可能性を高めることが明らかになっています[17]。

┈┈ ステップ 2 ┈┈

人生の意味を考える

■ **人生の意味と幸福** | 自己をめぐる悩みの先に，「そもそも，自分は何のために生きているのだろう」という問いを抱えた経験はないでしょうか。壮大な問いだと敬遠する人もいるかもしれませんが，人生の意味を見いだし，将来に一定の方向性を感じることは，心理的幸福感を高めるためには重要な要因です[18]。すなわち，人生の意味を見いだしている人ほど，年齢に関係なく

13 Crocetti, *Child Dev Perspect*, 2017
14 畑野ら，発達心理学研究，2020
15 勤勉さの拡散の例として，課題への集中力の欠如，過剰な読書等の自己破壊的な没入行動が，時間的展望の拡散の例として，非常に強い切迫感，時間への配慮の喪失が挙げられます。
16 Bogaerts et al., *J Adolesc*, 2021
17 Hatano et al., *J Youth Adolesc*, 2020

高い人生満足度を示します[19]。

▶ **人生の意味への向き合い方** ｜ 人生の意味を考えるこころの働きには，いくつかの側面が存在します。まず，人生の意味や目的を見いだしている状態を指す **"保有"** と，それらを探している状態である **"探求"** です。大学生を対象とした調査から，保有が高く探求が低い人は心理的に健康であるいっぽう，保有が低く探求が高い人は心理的に不健康で，攻撃性などのネガティブな心理的指標の得点が高いことがわかりました[20]。

このほかにも，人生の意味を考えなくとも大した問題ではないと考える "回避"，人生の意味を知ることは重要な使命の1つととらえる "欲求"，考えるのをやめられない "不安"，こうした問いに戸惑いを覚える "混乱" といった状態もあります。回避・不安・混乱が高く，保有が低い傾向を示したグループの人は，その他のグループの人に比べ，自尊心や人生満足度が低く，ネガティブ感情や抑うつ傾向が高いことが示唆されています[21]。

また，ある研究では，一日の意義深い瞬間（人，場所，モノ等）を写真におさめ，それをインスタグラムにアップし，どのような点で人生に意味をもたらすのかを書き出すことを実験参加者に求めました。実験の結果，それらの行為が参加者の人生の意味や人生満足度を高め，抑うつ傾向やストレスを減少させることが示唆されました[22]。

これらの知見に基づくと，人生の意味を考えることから目を背けてしまったり，不安にかられて悩みすぎたりするよりも，日々の暮らしを見つめ直すなどして，適度に意味や目的を考え，自分なりの答えを見つけてみることがこころの健康につながりそうです。**人生の意味をもたらす源** には，身近な他者との関係，奉仕，目標の達成，仕事，自然などが含まれます[23]。

───── ステップ 3 ─────

自己に関する悩みを支える

▶ **ありのままを受け入れる** ｜ 教師やカウンセラーなどの援助者が，子どもが抱える "自己に関する悩み" を支援するにあたり，まずは，大人自身の言動

---

18 Ryff & Singer, *J Happiness Stud*, 2008
19 Li et al., *J Happiness Stud*, 2021。100カ国約42,000人を対象とした調査（Alter & Hershfield, *PNAS*, 2014）を通じて，29歳，39歳，49歳といった各年代の終わりに，人生の意味について悩む頻度が高くなることも明らかになっています。
20 Dezutter et al., *J Pers*, 2014
21 Zhang et al., *J Happiness Stud*, 2018
22 van Zyl et al., *Int Rev Psychiatry*, 2020
23 浦田，人生の意味の心理学，2013

が，子どもの悩みの種になっていないか振り返ってみることが重要です。たとえば，大人が子どもの特定の側面ばかりを受け入れるような声かけをするほど，子どもは，自らのさまざまな特徴を認めづらくなるかもしれません。子どもと接する際，「〜さんは明るく元気でいい子だね」というように，子どもの長所に言及することがあります。しかし，こうした称賛は時に「明るくしていないと価値がない」というメッセージとなってしまい，その子が存在価値の条件を抱えてしまうきっかけになるかもしれません[24]。

そのため，大人には，「元気がなく暗い気持ちになっていても，あなたという存在そのものを大切に思っているよ」という態度を示すことが求められます。これは，カウンセリングの無条件の肯定的関心（眼差し）という態度です。子どもが，自己のさまざまな側面を統合するには，「"明るい"私は"落ち込んだ姿"なんて見せちゃいけない」というように，限られた側面に縛られることなく，よいところもそうでないところも等しく関心を向けることが重要です。

▶ **自分にやさしくなれるようサポートする** | 悩むことにより，自分の長所や短所をより深く理解したり，成長につながることもあります。しかし，「あれもできない，これもだめ」と過度に自分に厳しい状態のままでは，前に進めません。このような自己批判が強い子どもには，苦しむ他者を慈しむように，自分に慈しみの気持ちを向けるセルフ・コンパッションを感じられるよう支援することが役立つかもしれません。セルフ・コンパッションとは，自分の苦しみにこころを開き，やさしさをもって癒やしたいと願うことであり，人間誰しも悩みを抱えるものと思えるよう，自分の痛みや失敗をありのままに見つめることです[25]。急に自分を好きになるのは難しくとも，まずは，自分にやさしくなることから始められるよう，サポートしてみるのがよいかもしれません。

2 人間関係に関する悩み

ステップ1

"他者"をめぐって

児童〜青年期は，保護者から徐々に自立し，**友人**や**仲間**（ピア），恋人な

---

24 池見 編著，傾聴・心理臨床学アップデートとフォーカシング，2016
25 Neff, *Self Identity*, 2003

どの親密な他者と行動をともにする時間が増えます。大人に言えない悩みを打ち明けたり，集団に受容されたりする経験を重ねるなかで，自己や他者についての理解を深めていきます。その反面，他者とのかかわりは悩みの種にもなります。小・中学生を対象とした調査[26]で，過去1年間の一番大きな悩みや不安について尋ねたところ，小学生の男女と中学生女子は，"友だちのこと"と回答した割合がもっとも多いことがわかりました。また，友人関係の質が低い青少年ほど，孤独感や抑うつ傾向が高いというメタ分析の知見もあります[27]。

▶ **友人関係** │ 表11-1 は，発達段階に応じた友人関係の特徴を示します。発達段階が進むにつれて，友人関係も，表面的・外面的なかかわりから内面的なかかわりに推移する傾向にあります。それに伴い，「本音を言えない」「付き合い方がわからない」など[28]，他者の存在を意識した悩みを抱えるようになっていきます。抽象的な思考が可能になり，自分の視点だけではなく，他者の視点も交差することで，「あの子は最近なんで素っ気ないんだろう…」「相

表11-1 友人関係の特徴

友人関係の プロセス	時期	特徴	具体例
ギャング集団 (gang-group)	小学校 高学年頃	外面的な同一行動による一体感（凝集性）を特徴とし，集団からの承認が重要。	・友だちとは悩みを語り合うより，わいわい騒ぐほうが多い。 ・追いかけたり，たたき合ったりして，ふざけ合うのが楽しい。
チャム集団 (chum-group)	中学生頃	内面的な互いの類似性の確認による一体感（凝集性）を特徴とする。興味やクラブ活動などで結ばれ，互いの共通点，類似性を言葉で確かめ合う。	・友だちとのメールや手紙のやりとりで，友だちの気持ちを知りたい。 ・友だちと意見や考え方が一緒だとほっとする。
ピア集団 (peer-group)	高校生以上	内面的にも外面的にも，互いに自立した個人としての違いを認め合いながら（また，そのことに意味を見いだしながら）共存できる状態。チャム集団的な関係に加え，価値観や生き方などを語り合う関係が生じる。	・友だちだからお互いの意見をきちんと言い合える。 ・他のグループの人たちとも，自然とつき合える。

（保坂・岡村，1992；中島・関山，2016をもとに作成）

26 下開, *LifeDesign REPORT*, 2008
27 Schwartz-Mette et al., *Psychol Bull*, 2020
28 稲垣ら, 上越教育大学研究紀要, 2015

手は自分のこと親友だと思ってくれているのだろうか…」というように，他者の思考や感情を過度に推測し，頭を抱えてしまいがちです。

また，発達に伴い，さまざまなタイプの関係が出現することでネットワークも複雑化し，集団内・集団間のいずれにおいても地位や名声が重要な要素になっていきます[29]。とくに，中学生頃は，自分がどのような集団に所属しているのかを強く意識する時期です。この時期には，より少人数のグループをつくり，他者を寄せつけない排他性が強まります[30]。また，孤立しないよう，自分が"浮かない・嫌われない"ことに必死になるのも特徴です。異質な存在にみられることへの不安は，大学生に比べ中学生のほうが高いという知見もあります[31]。そして，別の"異質な者"を仕立てあげ，その人を非難・攻撃するといった行為も，この時期に観察されます[32]。

▶ **友人の言動に敏感になる** ｜ インターネットが普及した現代においても，多くの子どもは"狭い人間関係の世界"で生きており，友人の一挙手一投足に敏感になります。9〜18歳の期間に，青少年を3年間隔で追跡調査したところ，他者の恐怖表情に対する左側坐核，悲しみ表情に対する左海馬の反応は，12〜14歳にかけてピークを示しました[33]。こうした結果は，テストステロンや思春期[34]特有の身体発育など，個々の生物学的変化の程度とは関係なく確認されたもので，**思春期中ほどの年齢だと，他者のネガティブな情動にとくに敏感になる**ことを示唆します。

また，ある実験では，平均13歳の青年が，複数人でおこなう課題で集団から除け者にされた際の前帯状皮質膝下部の活性を調べました。この脳部位の活性が高いほど，1年後の抑うつ症状がより増加していました[35]。この

....

29 Brown & Larson, In *Handbook of adolescent psychology: Contextual influences on adolescent development*, 2009

30 2010年代に，友人どうしで服やアクセサリーなどをお揃いにする双子コーデが流行りましたが，これも，興味や関心に基づく仲間意識の表れとみなすことができます。

31 髙坂，教育心理学研究，2010

32 "キャラ（例：陰キャ，陽キャ）"や"スクールカースト"という現象に，こうした構造を維持・強化する機能を見いだすこともできるでしょう。

33 Vijayakumar et al., *Cortex*, 2019。側坐核は報酬感受性と関連する領域ですが，特異的な嫌悪刺激への反応や情動制御（気持ちのコントロール）とも関連し，また，海馬もネガティブ刺激に対する情動制御に関与します。これらの脳の領域の変化は，情動刺激に対する反応の制御プロセスが，年齢とともに変化することを示唆しているのではないか，と考えられています。

34 どの時期を思春期とするかは研究者によりさまざまですが，第二次性徴の開始から骨端線（成長軟骨板）の閉鎖（17，18歳頃）までの生物学的変化が生じる時期を思春期と定義することがあります（笠井，思春期学，2015）。

35 Masten et al., *Dev Psychopathol*, 2011。サイバーボール課題では，参加者と同じ年齢の男女2名と，コンピュータ上でボールを投げ合うゲームをおこないます。除け者にされる条件では，参加者にだけボールが投げられないという設定です。前帯状皮質膝下部は，うつ病患者において，ネガティブな情動刺激に対してより強い反応を示すなど，うつ病を理解するうえで注目されている部位の1つです。

結果は，仲間からの拒絶に敏感であるほど，つらい青年期を過ごす可能性を示しています。この年代の子どもにとって，友人関係はよくも悪くも大きな存在であり[36]，他者の振る舞いに気を揉むことも珍しくありません。

▶ 恋愛 ┃ 多様なライフスタイルを選択できる時代ではありますが，青年～成人にとって，配偶・繁殖行動は主要な発達課題の1つです。これに備え，第二次性徴期を迎える児童期後期～思春期には，身体的・心理的に急激な変化が生じ，特定の他者に恋愛感情を抱いたり，その人と恋愛関係に発展したりします[37]。青年期には恋人も重要な他者となり，恋愛関係の質がネガティブであるほど，抑うつ状態や自傷行為の程度がやや高い，というメタ分析の知

表 11-2　恋愛の発達の特徴

段階	時期	特徴
青年期前期	12～14歳	思春期（第二次性徴等の生物学的変化が顕著な時期）を契機に恋愛に強い関心を抱くようになり，空想や友人との会話にもこのテーマが出現するようになる。異性も含めた交友グループが形成され，学外で行動（映画，スポーツ，パーティなど）をともにする機会が増える。そのかかわりを通じて恋愛感情を探ったり，ソーシャル・スキルを伸張させたりする。
青年期中期	15～17歳	交友グループ内に，恋人がいる者が増えたり，グループ・デートが顕著になったりする。カジュアルで短期的な交際が多い。情緒的な親密さより，ピア集団内の「特別な」交友関係という意味合いが強い。楽しさや仲間感情に，性的で情熱的な気持ちも混じっている。
青年期後期	18～20歳	ウマが合う相手と，強い情緒的な絆を形成することに重点がおかれる。真剣で排他的な交際もみられ，1年以上続くものもある。いっぽう，恋人とかかわりが深まるほど，独立した自己意識を維持することが課題となり，アイデンティティとのバランスの問題に悩むようにもなる。相違を真摯に吟味し，お互いのニーズのバランスをとることが重要である。
成人形成期	21～25歳	多くの若者が長期的な恋愛関係を築くためのスキルを身につけるが，未だ多くの面で不安定でもある。流動的なライフスタイル（さまざまな学校や仕事を転々とする）を反映してか，特定の長期的関係を築くことを先延ばしする者もおり，短期的な関係のなかで，さまざまな恋愛を試すことも一般的になりつつある。

（Connolly et al., 2014 をもとに作成）

36　なぜ，私たちは友人関係にとらわれるのでしょうか。ヒトの祖先は，集団を形成することで共同で外敵と戦い，食物を安定的に確保し，生き残りの可能性を高めてきたものと推察されます（Shatkin, *Born to be wild*, 2017（尼丁 訳，10代脳の鍛え方，2019））。その社会集団内で成功するには，仲間と友好な社会的関係を築き，名声を獲得することが重要になってきます。仲間に受容されることに必死になる背景には，進化の過程で受け継がれてきた性質の影響があるのかもしれません。

見もあります[38]。**表11-2**に，発達段階に応じた恋愛関係の特徴をまとめました。

　思春期には，**ピア集団内の人間関係**がきっかけとなり，恋愛関係に発展するケースもあります。そのような関係性のなかで，友人関係とは違った親密さを形成できるようになり，さらに年齢を重ねると，特定のパートナーとの将来について熟考するようにもなります。いっぽう，交際の過程で，「関係に対する不安感」，「相手の過干渉」，「自分の望まないことを要求される」といった恋愛関係や性に関する悩みを抱えることもあります[39]。

▶**恋と愛の狭間で悩む**｜思春期や青年期の恋愛の悩みを，**図11-2**のような"恋"と"愛"の揺れ動きという視点で考えてみましょう。このモデル[40]によれば，青年期の恋愛は，恋を表す三角形の頂点からスタートし，徐々に，3点は独立した動きをしながら右方向に移動することが想定されています。未熟な恋の特徴が強い関係性では，相手の短所や欠点に容易に幻滅し（**相対性**），常に自分だけを見てくれないことに不安になり（**所有性**），恋愛に一生

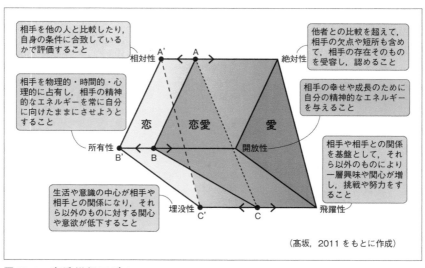

図11-2　恋愛様相モデル

<hr />

37　LGBTQ＋をはじめ，性愛スタイルの多様性を尊重する動向が徐々に見受けられるようになってきました。"年頃になれば異性を好きになる"というステレオタイプな見方が，一部の子どもを苦しめることにつながる，という自覚が求められます。

38　Mirsu-Paun & Oliver, *J Relatsh Res*, 2017

39　相羽，青年心理学研究，2011；相羽，青年心理学研究，2012

40　髙坂，和光大学現代人間学部紀要，2011。このモデルは，従来のさまざまな恋愛研究で論じられてきた，恋と愛の質的な違いを整理し，提案されたものです。

懸命になるあまり，自分のことや友人関係を疎かにしてしまいます（埋没性）。お互いに未熟なうちは，ワガママで依存的な恋愛に陥ることもあるでしょうし，片方のみが成熟した愛の特徴を示すなど2人の発達に違いがあれば，求めることにズレが生じ，悩みの種になる可能性もあります。このモデルに基づき開発された心理尺度を用いた調査では，交際中の考えや行動が愛の特徴を示す程度が高い人は，アイデンティティや恋愛関係満足度も高いことがわかりました[41]。

······ ス テ ッ プ ２ ······

他者に深く傷つけられる

　ここまでみてきた友情や恋愛で抱える悩みの多くは，当事者どうしが対話により相互理解を深め，自分の言動を改善するなどして乗り越えていくべきものです。いっぽう，人間関係のなかには，心身に深刻なダメージを与えてしまう問題もあります。こうした関係性に巻き込まれてしまった場合には，専門家の力も借りた，一刻も早い解決が望まれます[42]。

▶**いじめ**┃効果的ないじめ対策を促進することを目的に，2013年，いじめ防止対策推進法が公布されました[43]。この法律において，いじめは，「児童等に対して、当該児童等が在籍する学校に在籍している等当該児童等と一定の人的関係にある他の児童等が行う心理的又は物理的な影響を与える行為（インターネットを通じて行われるものを含む。）であって、当該行為の対象となった児童等が心身の苦痛を感じているもの」と定義されます。より具体的には，学内外で，冷やかしや脅し，身体的暴力を受ける，金品をたかられる，恥ずかしいことや危険なことをさせられるなどの行為を受け，**被害者にネガティブな影響がおよぶこと**がいじめです。

　いじめを認知した学校の割合（2020年度）は，小学校で86.4％，中学校で82.2％，高等学校で54.5％，特別支援学校で40.5％です。とくに小中学

41　髙坂・小塩，発達心理学研究，2015

42　誰かに助けを求めることを援助要請といいます。青年期では，「悩んでいることを知られるのが恥ずかしい」など，他者に相談することに抵抗を感じる人も少なくありません。近年では，アクセスのしやすさという利点をもつSNSカウンセリングも徐々に浸透しています。一人で抱え込み，悩みが深刻化する前に，必要な支援につながることが重要です。

43　当該法（文部科学省，2013）には，子どもたち自身でいじめを解決する力を育成する視点が欠けているという指摘もあります（村瀬，いじめの解決 教室に広場を，2018）。いじめは，加害者の道徳観の欠如で生じるのではなく，子どもなりの身勝手な"掟"に従って，違反者に罰あるいは制裁を加えるという"正義の意識"に基づいた行為である点に問題の本質があると考えると，"公共の法"に訴え解決する力を養うための教育が重要となります。

校において，いじめの認知件数の多さが目立ちます[44]。

◗ いじめの要因 ｜ いじめが生じる要因はさまざまですが，本章で概観してきた自分や人間関係の悩みとも無関係ではありません。たとえば，いじめ被害者の特性など（学業の出来不出来，気質，マイノリティ的な特徴など）に言いがかりをつけ，集団から孤立させようとするおこないは排他性の表れです。また，加害者には，誰かを傷つけても「これは遊び」と考えてしまうシンキング・エラーや，適切な問題解決の方法を知らないため力で相手を屈服させるスキル不足といった特徴が存在することが指摘されています[45]。さらに，いじめの被害経験が加害行為を誘発する要因となる可能性もあります。小中学生対象の調査で，自己像が不安定な中学生ほどいじめ被害にあっており，そのことが，その子自身のいじめ加害行為も高めることが示唆されました[46]。

いじめは，被害を受けた子どもに深刻な影響をおよぼし，不登校や自殺といった，子どもの学ぶ機会や，人生そのものを奪ってしまうことになりかねません。真剣に向き合わなければならない社会問題の1つです。

◗ デートDV ｜ 恋人や配偶者といった親密な関係内で生じる暴力をドメスティック・バイオレンス（DV）とよび，とくに，婚姻関係にない場合にみられる暴力をデートDVとよびます[47]。デートDVは，望まない妊娠や，交際相手等の性的な画像・動画をインターネット上に流出させる報復行為であるリベンジポルノをはじめ，被害者に重大なダメージを与える危険性もあります。そのため，デートDVの被害者あるいは加害者とならないよう，早期の予防や介入が必要です。

◗ デートDVの要因 ｜ 国内の複数の研究から，デートDVの内容としては精神的暴力が身体的暴力や性的暴力よりも多いことが明らかにされています[48]。さらに，関係への過剰なのめり込み，二者間のパワー・バランスの悪さなどがデートDVの誘発要因となることが示唆されています。また，メタ分析では，いじめ加害者はデートDV加害者になるリスクが高く，いじめ被

....

44　文部科学省，令和2年度 児童生徒の問題行動・不登校等生徒指導上の諸課題に関する調査結果について，2021

45　和久田，学校を変える いじめの科学，2019

46　原田ら，パーソナリティ研究，2020

47　2001年には「配偶者からの暴力の防止及び被害者の保護等に関する法律」（DV防止法）が施行されました。2020年度の被害相談件数は182,188件であり，ほぼ毎年増加しています（内閣府男女共同参画局，配偶者暴力相談支援センターの相談件数，2021）。DVには，殴る蹴る等の身体的暴力のほか，暴言，交友関係やメール等の監視を含む精神的暴力，働くことを妨害したりお金を勝手に使ったりする経済的暴力，避妊に協力しない・望まない性行為等の性的暴力が含まれます。

48　赤澤，福山大学人間文化学部紀要，2016

害者はデートDV被害者になるリスクが高いことが示されています[49]。

・・・・・・ ステップ 3 ・・・・・・

人間関係に関する悩みを支える

▶ **安心できる関係性を築く** | 人間関係の悩みを抱える子どもは，さまざまな理由により，他者をまったく信頼できなくなることもあります。それほど深くこころの痛みを抱えていなくとも，青年期は自立の必要性を意識し，「助けてほしいけど，甘えられない」といった具合に，大人との距離感が難しくなる時期でもあります。援助者には，こうした人間関係で傷ついた苦しみや，発達的な葛藤を理解しながら，「この人は自分に関心を示し受け容れてくれる。信頼してもいいのだ」と安心感を抱いてもらえるようなかかわりが求められます。

そのような関係性を築くにあたって，たとえば，侵入的になりすぎず，相手の状態によっては問題にあえて触れないような節度と思いやりのある態度で接すること，相手の興味・関心に援助者が積極的に関心を向けることなどが役に立つでしょう[50]。何気ない雑談のようなやりとりでも，支えになりたいという援助者の気持ちは子どもに伝わるものです。悩みが語られることがあれば，子どもの気持ちや個人的な意味合い（本当は伝えようとしていたこと）を"あたかも"自分（援助者）が体験しているように感じ取り，その理解を本人（子ども）に伝えていく共感的理解[51]を示すことも重要です。

▶ **他者とのかかわり方を見直せるようサポートする** | 苦しみの原因が相手にあったとしても，他人をコントロールすることは難しいものです。そのため，自分自身の言動を調整できるようになることが，悩みの軽減に役立ちます。たとえば，他者とのやりとりでつまずきがちな子どもには，適応的な対人関係の築き方のレパートリーを学習する心理教育的な支援が有効かもしれません。認知行動療法という心理療法では，悩みを抱える状況でしばしば観察される，ものの見方（認知）や振る舞い方（行動）のパターンに着目し改善を図ります[52]。

まず，認知面では，物事の受け止め方のクセが悩みを増幅させていないか

・・・・・・・・・・・・・・・・・・・・・・・・

49 Zych et al., *Trauma Violence Abuse*, 2021
50 李，ファーストステップ心理的援助，2011
51 池見 編著，傾聴・心理臨床学アップデートとフォーカシング，2016。無条件の肯定的関心（眼差し）（p.176）と共感的理解に，自己一致（誠実さ）を加え，これらを心理療法の中核3条件とよぶことがあります。
52 大野，はじめての認知行動療法，2011

振り返り，よりバランスの取れた考え方の練習をおこなう，という技法があります。たとえば，悪いことが起きるたびに「自分に非がある」と考えがちな人には，「仲のよい友人がこんなふうに考えていたら，どのように声をかけるだろう？」というように，自分が見落としている点がないか視点を変えて検討し，柔軟に現実を解釈できる方法を学んでもらいます。

また，行動面では，人付き合いの技術であるソーシャルスキルを練習することもあります。たとえば円滑な会話をするためのルールについて，ロールプレイングを通じて学んでいきます。

3 ## 悩みからこころの病へ

===== ステップ1 =====

心身の不調に潜む精神疾患

▶ **若年層の精神疾患の発症** ｜ 思春期や青年期は悩み多き年頃ともいわれますが，心身の不調が長引き，日常生活に支障をきたすような状態の場合，なんらかの**精神疾患（精神障害）**を発症している可能性もあります。若年層の精神疾患の発症は，決して稀なことではありません。約70万人を対象にしたメタ分析の結果，14.5歳で精神疾患を発症する人の割合がもっとも多く（中央値18歳），症状が最初に現れた年齢は14歳以前が34.6％，18歳以前が48.4％であることが明らかになりました[53]。約10万人規模の調査でも，男子13.6％，女子36.1％の割合で，12〜17歳の間にうつ病を発症していることが報告されています[54]。また，別のメタ分析では，4〜18歳の子どもの精神疾患の有病率は12.7％でした。しかし，精神疾患を抱える子どものうち，必要なケアを受けているのは44.2％に過ぎないことが明らかになりました[55]。

▶ **早期ケアの重要性** ｜ 厚生労働省は，精神疾患の重症化やそれに伴う諸能力の発達阻害を防ぐために，精神病未治療期間を短くすること，および早期治療が重要であることを呼びかけています[56]。ある研究では，19歳以前に内在

53　Solmi et al., *Mol Psychiatry*, 2021
54　Breslau et al., *Transl Psychiatry*, 2017。特定の期間（2009〜2014年）の新規患者の割合である累積罹患率が算出されています。
55　Barican et al., *Evid Based Ment Health*, 2022。有病率は精神疾患によって異なります。たとえば，特定の状況や環境，対象に過剰な不安や恐怖を抱く限局性恐怖症の有病率は3.4％，うつ病の有病率は1.8％でした。また，26.5％の子どもは2つ以上の精神疾患を抱えていました。

化障害を多く抱えていたほど，19歳の時点で，自殺念慮や自傷行為，孤独や睡眠の問題に悩んでおり，精神的な治療やケアをより多く受けていることがわかりました[57]。また，弱い関連ではあるものの，14〜16歳の時点で重いうつ病を患っていたほど，25〜35歳でなんらかの精神的な問題を抱えているという知見もあります[58]。いっぽう，**統合失調症スペクトラム障害**と診断された青年に対する早期介入プログラムの研究では，精神病未治療期間が短いほど，症状がより改善することが明らかになりました[59]。10代はただでさえ変化の激しい時期ですが，日頃の様子に異変が感じられる状態は，精神疾患の前兆である，という可能性も考慮することが重要です。

------ ステップ 2 ------

思春期に特有のこころの病

▶ **不安定な思春期**｜思春期や青年期ではとくに，①社会的状況における不安や，他者からの否定的な評価への恐怖などが続く社交不安症／社交不安障害，②体重のコントロールに強迫的になり，過食や拒食を通じて，身体的・心理社会的機能を損なう摂食障害[60]，③さまざまなことに対する過剰な不安や心配が続き，精神症状や身体症状をひき起こす全般性不安障害，さらには④うつ病等の精神疾患のリスクが高まります。これらは，ネガティブ感情の高まりや気分調整不全，あるいは人間関係の困難を特徴とするため social-emotional disorders（社会性－情動障害）と総称されることもあります[61]。

....

56　厚生労働省，精神疾患の早期発見・治療の重要性（https://www.e-healthnet.mhlw.go.jp/information/heart/k-08-002.html）

57　Ormel et al., *Psychol Med*, 2017。うつ病や不安障害等は，恐怖や不安等の不調を自己内に抱えることに特徴があるため，これらをまとめて内在化障害とよぶことがあります。いっぽう，アルコールや薬物の使用を続ける物質使用障害，ADHD（第13章），大人やルールに対する強い反抗や敵意の継続を示す反抗挑発症（p.212）等は，外的な環境での不適応行動の表出に特徴があることから，外在化障害とよばれます。

58　McLeod et al., *Psychol Med*, 2016

59　Chan et al., *Schizophr Res*, 2019。統合失調症スペクトラム障害には，妄想や幻覚，まとまりのない言動，感情の平板化や意欲の欠如等の持続を特徴とする統合失調症，うつ病のような感情症状が併発する統合失調感情症などが含まれます。

60　とくに10代女性にみられる強いやせ願望や，思春期やせ症（神経性食欲不振症）は公衆衛生の観点から注目され，厚生労働省等による調査がおこなわれてきました（井ノ口，慶應保健研究，2019）。摂食障害を患った当事者の手記（石井，思春期学，2015）では，雑誌で見たモデルや，自身の体型に対する周囲の何気ない一言がやせ願望を高める引き金になり，強迫的な運動や食事制限の末，入院治療に至った経緯が語られています。

61　Rapee et al., *Behav Res Ther*, 2019。精神疾患の公的な診断名ではないことに留意してください。なお，精神疾患の診断や分類にはDSMやICDが用いられます。また，これらのこころの病は，男子に比べ，女子により多くみられるという特徴もあります。

こうしたこころの病の発症には，思春期以前の**脆弱性**（リスク要因）が大きく関与するものの，思春期の発達的特徴がそのリスクをより高めるのではないかと考えられています（**図11-3**）。思春期の発達的特徴には，外見やホルモン等の形態学的・生理学的変化，自己概念の混乱，ピア関係における他者からの拒絶やネガティブな影響，気持ちの揺れ動きやすさ，睡眠パターンの変化などが含まれます。たとえば，悩みがちな気質をもった子どもが，同年代より早く身体が発育したことを契機に周囲と自分を比べ，ネガティブな自己概念が強くなり，こころの病のリスクが高まる，といったケースが想定されます。

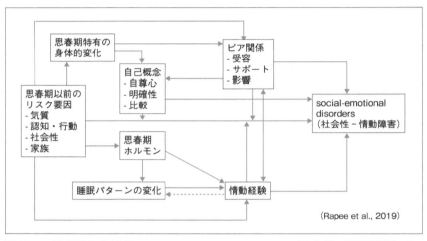

（Rapee et al., 2019）

図11-3　思春期における social-emotional disorders（社会性−情動障害）の発症モデル
実線の矢印は，始点の要因から終点の要因への影響関係を示す。双方向の矢印はそれぞれの要因が互いに影響し合うことを，点線の矢印は影響関係が部分的に存在することを示す。

┄┄┄ ステップ 3

こころの病を支える

▶ **チーム学校**　こころの病の早期発見・早期支援を実現するためには，保護者はもとより，学校関係者が子どもの異変に気づくことが重要です。近年，"チームとしての学校"という方針のもと，**スクールカウンセラー**（SC）や**スクールソーシャルワーカー**（SSW）などの専門スタッフが，養護教諭や

コーディネーター教員と連携し，子どもの成長を支えていくことが一層求められています[62]。気がかりなケースについては，関係者間で迅速・綿密な情報共有をおこない，医療機関などにつなげていくなど，学校での心理的支援が機能することが重要です。

▶ **支え合いの環境づくり** ｜ 子どもの異変に気づきやすいのは，友人や恋人のような身近な存在でもあります。そのため，こころの病に関する心理教育を学校でおこなうことも有効です。従来，日本の学校教育でも，精神疾患の発症を未然に防ぐことを目的とする予防教育が実施されてきました。こうした動向に加え，2022年度より改訂された高校の学習指導要領では，**保健体育**の学習内容として精神疾患を扱うことが明示されました。うつ病，不安症，摂食障害，統合失調症などの精神疾患や，予防と回復にかかわる機関・専門家について基礎的な理解を深めるとともに，**こころの病の有無によって，差別したり偏見（スティグマ）を抱いたりすべきではない**ということを学んでいきます[63]。

このような精神疾患の認識，管理，予防に役立つ知識や信念をメンタルヘルスリテラシーとよびます[64]。学校でメンタルヘルスリテラシーを高める取り組みをおこなうことで，子どものメンタルヘルスに関するスティグマが一時的に軽減することがわかっています[65]。

精神疾患からの回復には，専門的な治療だけではなく，本人を取り巻く環境の調整や周囲からの支援が欠かせません。ひとりひとりが精神疾患に対する理解を深めるとともに，お互いの心身の健康をあたり前のようにケアし合える環境の構築が期待されます。

....

62 文部科学省，児童生徒の教育相談の充実について，2017。SSW は，社会福祉士や精神保健福祉士の資格を有するなど，社会福祉の専門性を備えた人が担当します。課題を抱えた子どもを援助するにあたり，SC はおもに心理面に着目しますが，SSW は子どものおかれた環境の要因を重視します。具体的には，学校内での相談対応等の職務はもとより，家庭や地域，学外の関係機関（福祉関係機関，保健医療関係機関，教育関係機関等）との積極的な連携を通じて課題解決を試みます。また，各学校で指名されるコーディネーター教員（教育相談コーディネーター）には，学校全体の児童生徒の状況や支援状況の把握，SC や SSW，学校内および関係機関等との連絡調整，子どもの支援方針について検討するケース会議の開催等，教育相談体制の中心的な役割を担うことが期待されています。

63 文部科学省，改訂「生きる力」を育む高等学校保健教育の手引き，2021。なお，学校教育で精神疾患について扱うよう明文化されたのは約40年ぶりのことで，現在の教員のほとんどは，精神疾患に関する授業の実施経験がないのが現状です。近年では，精神医療の専門家が監修した教員向けの教材も開発されており，授業がスムーズに実施されるような取り組みも始まっています。児童生徒が精神疾患に対する適切な対処法を学べるよう，効果的な授業が学校で展開されることが期待されます（小塩ら，予防精神医学，2019）。

64 Jorm et al., *Med J Aust*, 1997

65 Ma et al., *Child Adolesc Ment Health*, 2022

第12章

発達障害1：自閉スペクトラム症

（辻田匡葵）

　先天的な脳機能の違いによって，認知，言語，行動，学習などの領域に偏りがある状態を発達障害といいます。本邦では，2004年に発達障害の定義や支援について定められた発達障害者支援法が制定されたことにより，発達障害が広く認知されるようになりました。発達障害には，自閉スペクトラム症／自閉症スペクトラム障害（autism spectrum disorder：ASD），注意欠如・多動症／注意欠如・多動性障害（attention-deficit/hyperactivity disorder：ADHD），限局性学習症，トゥレット症，吃音などさまざまなものがあります。これらの発達障害のうちASDとADHDの2つは，最新の知見に基づいて診断基準が頻繁に変遷していること，また医学的・心理学的な支援の実践とその効果検証が多くなされていることから，近年になって非常に注目を集めています。そのため，この2つの障害については独立した章内で扱うことにしました。本章ではASDを，次の第13章ではADHDをそれぞれ詳しく解説していきます。

1　ASDとは

ステップ1

ASDの定義と歴史

▶ **ASDの診断基準** ｜ ASDとは，対人関係やこだわりといった点で困難を抱える障害です。アメリカ精神医学会が出版するDSM-5では，おもに2つの特徴に分けて具体例が呈示されています（**表12-1**）[1]。1つ目が，言葉や表情，視線，ジェスチャーなどを使って他者と社会的なやりとりをする際，**定型発達者**とは異なる様式でおこなうという特徴です。2つ目が，同じ動作を何度も繰り返す，特定のものやことにこだわりや興味を強くもつ，感覚を感じやすかったり感じにくかったりするという特徴です。

1　ICD-11におけるASDの診断基準には，知的障害や機能的言語の障害の程度に基づいたより詳細な下位分類があります。

表 12-1　ASDのおもな特徴

特徴	特徴の具体例
社会的コミュニケーションや社会的相互作用の非定型性	社会的・情緒的な相互関係の非定型性
	社会的相互作用に用いられる非言語的なコミュニケーション行動の非定型性
	人間関係を発展させ，維持し，理解することの非定型性
行動・興味・活動の限局的・反復的な様式	常同的・反復的な運動動作や物体の使用，話し方
	同一性へのこだわり，日常動作への固執，儀式的な行動様式
	非常に限局的・執着的な興味
	感覚刺激に対する過敏や鈍麻

(American Psychiatric Association, DSM-5, 2013 をもとに作成)

自閉症の歴史｜ASDの診断基準や名称は，ASDに関する研究の歴史とともに変遷してきました。1943年に，アメリカの児童精神科医 L. カナー が初めて症例を報告し，**自閉症**（autism）という名称が使われはじめました。その後，1960年代までは自閉症は精神障害である統合失調症の一種とみなされていました[2]。しかし，1970年代になると，自閉症が統合失調症とは異なる障害であることや，**先天的な脳機能の障害**であることなどが明らかとなってきました[3]。1980年に出版されたDSM-3では，自閉症は精神障害のカテゴリから外れ，新しく誕生した広汎性発達障害（pervasive developmental disorders）というカテゴリのなかに位置づけられ，広く認知されるようになりました。しかし，DSM-3の診断基準は限定的すぎて，多様な特徴を適切にとらえられるものではありませんでした。いっぽうで，1987年に出版されたDSM-3-R（改訂版）では，逆に診断基準が広範的すぎるという問題点がありました。

　1994年に出版されたDSM-4では，自閉症の特徴を①社会的相互作用の非定型性，②言語などのコミュニケーションの非定型性，③行動・興味・活動の限局的・反復的な様式，という3つに分け，これらの特徴をどの程度有しているかに応じて分類するようになりました。3つの特徴すべてがみられる場合は**自閉性障害**，①や③はみられるが②はみられない場合は**アスペルガー障害**，①の特徴はみられるが自閉性障害やアスペルガー障害に該当しないよ

2　1960年代頃までは，まだASDに関する研究が進んでいなかったこともあり，子どもが自閉症を有するのは母親の養育の仕方が原因であるという誤った説が優勢でした。今ではこのような説は否定されています。

3　Folstein & Rutter, *Nature*, 1977

うな場合は特定不能の広汎性発達障害，と分類しました[4]。しかしその後の研究によって，この下位分類に基づいて脳構造や遺伝的背景を比較しても差がみられない[5]，下位分類の診断が専門家間でそもそも一致していない[6]といったことが明らかになりました。

▶ **スペクトラムというとらえ方** ｜ DSM-4のようにいくつかの種類に分類するようなとらえ方では自閉症を十分に説明できないことが明らかになったあと，研究者の間では，自閉症をカテゴリではなく連続体（スペクトラム）としてとらえようという見方が主流となりました。そこで2013年に出版されたDSM-5では，DSM-4の3つの下位分類をASDという多様性の大きな集団として一括りにすることになりました。これは，下位分類が連続体であるというだけでなく，**定型発達も含め，ASDの特徴の度合いがゆるやかに連続分布している**ことも意味します（図12-1）。他の変更点としては，それまで含まれていた発症時期の年齢制限が撤廃されました。また，ほかの発達障害との二重診断が認められるようになりました[7]。さらに，感覚過敏・鈍麻が

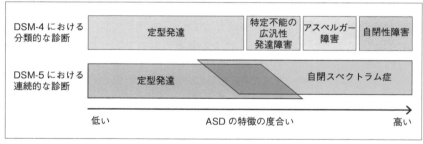

図12-1　DSM-4とDSM-5の診断の違い
DSM-4では自閉症に関する診断を下位分類に分けていたが，DSM-5では分類を撤廃し1つの連続体としてとらえるようになった。また，定型発達と自閉スペクトラム症とを分ける明確な境界線が存在しないことも強調された。

....

4　厳密には，1992年に出版されたICD-10で初めてアスペルガー症候群というカテゴリが設けられ，それにのっとる形でDSM-4にアスペルガー障害が設けられました。ちなみに，この名称のもととなっているオーストリアの小児科医H.アスペルガーはカナーとほぼ同時期に自閉症の症例を報告していました。しかし，その論文がドイツ語で書かれていたために，1980年代まで世界的に認知されていませんでした。また近年，アスペルガーはナチスの政策に積極的に協力していたことが発覚し，「アスペルガー」という名称はもはや使用するべきではないという意見が強くなっています。

5　Macintosh & Dissanayake, *J Child Psychol Psychiatry*, 2004

6　Lord et al., *Arch Gen Psychiatry*, 2012

7　ほかの発達障害，とくにADHDを併発しやすいことは1990年代の頃からすでに報告されていましたが，DSM-4まではほかの発達障害との二重診断が認められておらず，どちらか1つの診断しか下せませんでした。二重診断が可能になったことによって，状態により適した介入を選択できるようになりました。しかし，ASDの特徴とほかの発達障害の特徴を判別するのは簡単ではないので，過剰診断や過剰治療とならないよう慎重に診断をおこなう必要があります。

おもな特徴として初めて明記されました。

このように，ASDの診断基準や名称は更新され続けてきました。ASDが目に見えない脳機能の障害であること，世界的に注目を集めはじめたのが比較的最近であることを考慮すると，致し方ない部分もあるでしょう。今後も研究の発展とともに診断基準や名称が変化していくことが予想されます。

········ ステップ 2 ········

ASDにかかわる要因と発達的変化

本ステップでは，まず，ASDにかかわる要因を調べた研究の紹介を通して，ASDが**先天的な障害**であるということを確認します。次に，先天的な障害であるASDの特徴が，発達に伴ってどのように変化するのかを調べた研究を紹介します。

▶ASDにかかわる要因 ｜ これまでの研究から，ASDを有するか否かは**遺伝に強く影響を受ける**ことがわかっています。双生児を対象とした多くの先行研究を統合して分析した結果，**遺伝率**[8]は64～91％とかなり高いことがわかりました[9]。ただし，これまでの多くの遺伝子研究によって，ASDの有無を決定づけるような単一の原因遺伝子が存在するわけではなく，**さまざまな遺伝子がASDの特徴の発現に複雑に関与する**ことがわかっています。

また，ASDの発症には出生前後の環境要因，あるいは**環境要因と遺伝要因の相互作用**も少なからず関連しています。たとえば，出生時の親の年齢が10年増加するに従って，子どもがASDを有する確率が母親の場合18％，父親の場合21％高くなります。出生時に子どもが外傷を負ったり貧血や低酸素症となった場合も，ASDを有する確率が高くなります。いっぽうで，生殖補助医療による不妊治療（体外受精など），妊娠中の喫煙，幼少期のワクチン接種といった要因は，ASDを有するか否かとは無関係です。

ASDにかかわる要因を調べたこれらの研究から，ASDは先天的な障害であり，**出生後の養育方法**などが原因で発症するようなものではないことがわかります。

▶ASDの特徴の発達的変化 ｜ ASDの特徴は発達早期からみられ，多くの場合幼児期から児童期にかけてASDと診断されます。それでは，その後発達

··························

8 　遺伝率とは，たとえばASDの特徴が顕在化するか否かがどのくらい遺伝子によって決定されるのかを示す値です。ASDと診断されている親から生まれた子がどの程度の確率でASDと診断されるかを表すものではないことに注意してください。

9 　Tick et al., *J Child Psychol Psychiatry*, 2016

が進むにつれてどのようにASDの特徴は変化していくのでしょうか。一般的に発達的変化を調べる場合には追跡調査（**縦断研究**）をおこないますが，ASDに関する追跡調査はまだ十分に知見が積み上がっていません[10]。それをふまえたうえで，いくつかの追跡調査の結果を紹介します。

　ASDの特徴をもつ約300人の子どもを8〜10年の間追跡したアメリカの調査によると，発達が進むにつれてASDの特徴の減少がみられた割合は33％，特徴に変化がなかった割合は55％，特徴の増加がみられた割合は12％でした[11]。約15,000人（ASD児に限定しない）を7歳から25歳まで追跡したイギリスの大規模調査のデータを分析した研究では，89％が7歳から25歳までASDの特徴を示さず，5％が児童期にASDの特徴を示すものの歳を重ねるにつれて減少し，6％が児童期にはASDの特徴を示さなかったものの青年期になってから特徴を示すようになっていました[12]。

　これらの研究結果から第一にいえるのは，ASDが先天的な障害であるにもかかわらず，**発達に伴って次第に特徴がみられなくなる場合もある**ということです。これは，定型発達者向けの社会のなかでASD児が社会生活を快適に送るための対処法を学習することで特徴が目立たなくなったために生じたと考えられます。第二にいえるのは，先天的な障害であるにもかかわらず**あとから特徴が現れる場合もある**ということです。これは，青年期になって他者と深くかかわりをもつことで初めて本人や周囲の人がASDの特徴に気づく場合があるためだと考えられます。注意すべきなのは，ASDの特徴は発達段階の途中で完全になくなったり，あるいは後天的に顕現したりするものではないということです。この事実をふまえたうえで，ASD児やその周囲の人たちに対してどのような支援をおこなうべきなのかを考える必要があります。

····· ステップ 3 ·····

ASDを深く知る

　本ステップでは，ASDに関する大規模調査の結果から，ASDを有する人がほかの人と比べてどのような傾向をもつのかを紹介します。

10　ステップ1でみてきたように，自閉症に関する診断基準は過去から現在にかけて何度も更新されており，ASDという診断名は2013年頃から正式に使われはじめました。そのため，ASDという診断名を有している人の追跡調査はまだほとんどおこなえていないことになります。

11　Woodman et al., *J Autism Dev Disord*, 2015

　12　Riglin et al., *Am J Psychiatry*, 2021

ASDの有症率 ｜ 2018年にアメリカでおこなわれた8歳の児童を対象とした調査では，2.30％，つまり40〜50人に1人がASDと診断されていることが明らかとなりました[13]。2000年，2010年におこなわれた同様の調査ではそれぞれ0.67％，1.47％であったため，一見するとASD児が年々増加しているようにみえます[14]。しかし，ステップ1でみてきたように，ASDの診断基準は現在と過去で異なります。そのため，ASDの特徴をもった子どもが増えたのか，それとも単に診断基準が変更されたことでASDと診断される子どもが増えたのかを簡単に判断することはできません。ほかにも，保護者や小児科医がASDの存在を認知するようになったことで，ASDの特徴をもった子どもが診断を受ける機会が増えた，というような社会文化的な要因も指摘されています[15]。

ASDと性差 ｜ ASDの研究が始まった頃から，ASDは女性よりも男性のほうが多いということが報告されてきました。DSM-5には，ASDを有する男性と女性の割合は4：1であると記述されています。しかし，最近ではその通説を見直すような研究報告も増えてきています。ある研究では，「ASDは男性のほうが多い」という通説を保護者が見聞きすることによって，男児に対してより多くASDの疑いをかけるようになるため，医療サービスにも連れていきやすかった（その結果，男性がASDとして診断される割合も高くなった）という可能性を考えました。この仮説を検証するため，まず，これまでにおこなわれてきた多くのASDに関する調査研究のなかから，医療サービスでASDの診断を受けたかに関係なく，ランダムに選ばれた子どもに対して厳密なASDの診断をおこなった研究のみを抽出しました。そして，それらの調査研究に対してメタ分析をおこなった結果，ASDと診断された子どもの男女比率は3：1となりました[16]。これは，保護者が能動的に子どもを連れていく医療サービスにおいては，実際の比率よりも多く男性がASDと診断されていることを意味します。この結果は同時に，現状の医療システムでは女性のASDが見逃されてしまうバイアスが存在してしまっているという問題も明らかにしました[17]。

併発する困り事 ｜ ASDを有する人の多くは，ASDだけでなくほかの障害（併存症）も抱えています[18]。まず，ASDを有する人のうち33％が知的能力

---

13 Maenner et al., *MMWR Surveill Summ*, 2021

14 2000年や2010年はまだDSM-5ではなくDSM-4による診断がおこなわれていました。そのため，厳密にはASDではなく，自閉性障害やアスペルガー障害，特定不能の広汎性発達障害と診断された子どもの割合ということになります。

15 Liu et al., *Am J Sociol*, 2010

16 Loomes et al., *J Am Acad Child Adolesc Psychiatry*, 2017

障害を有しています。また，28％が発達障害の1つであるADHDを呈しています。ほかにも，さまざまな精神疾患を併発することが報告されています。ASDと診断された人のうち20％が不安症，13％が睡眠に関する障害，12％が反抗挑発症や素行症[19]，11％が抑うつ，9％が強迫症，5％が双極性障害，4％が統合失調症を呈しています[20]。

　これらの精神疾患は，ASDの特徴と関連して生じているだけでなく，**マイノリティとして社会で生きることのつらさ**が原因となって生じていると考えられます。ASDを有する成人は定型発達の成人と比べて**生活の質（QOL）**が低いことが報告されており[21]，併存症に対する社会全体での支援が必要であると考えられます。

2
ASDの特徴

ステップ1

　本節では，具体的なASDの特徴を，社会性，行動，感覚知覚といった観点から詳しく紹介します。また，それらの特徴がASD者の視点からどのようにとらえられているのかについても考察します。

非定型な社会性

　ASDのおもな特徴の1つが，**非定型な社会的コミュニケーションや社会的相互作用**です。たとえば，他者と社会的にかかわる際の距離のとり方が非定

17　ASDの特徴の1つに「非常に限局的・執着的な興味」がありますが，ASDと診断された女性にはこの特徴があまりみられないという結果が報告されています（Van Wijngaarden-Cremers et al., *J Autism Dev Disord*, 2014）。この結果は，本当にASDをもつ女性がこの特徴をもたない傾向にあるという可能性も考えられますが，単なるバイアスによってこのような結果になったとも解釈できます。つまり，非常に限局的・執着的な興味という特徴を医師や保護者が想定する際に，男性がよく興味をもつような事柄（たとえば電車や飛行機など）を想定しやすいというバイアスがかかってしまっている可能性が考えられます。

18　本邦の発達障害分野では，もとの障害に対する適切な支援がおこなわれないせいで生じた二次的な障害のことを"二次障害"とよぶことがあります。しかし，英語圏では二次障害という言葉が用いられることは稀で，併存症（comorbidity）という言葉がよく用いられます。ただし，併存症という言葉は，もとの障害が原因となって生じたというニュアンスを含まず，単に併発しているという意味で用いられます。ここでは，本邦でいう二次障害にあたるものも，英語圏にならって併存症という言葉で表しています。

19　反抗挑発症と素行症については，第13章で詳しく説明します。

20　Lai et al., *Lancet Psychiatry*, 2019

　21　Van Heijst & Barbara, *Autism*, 2015

型である，定型発達者とは異なるアイコンタクトやジェスチャーを用いる，興味や感情を読み取ったり伝えたりするのが苦手，人間関係の維持が苦手，言葉を文字どおりに理解する，などの特徴が挙げられます（**図12-2**）。このような ASD の非定型な社会性は，どのように形成され，発達段階のどの時点から定型発達者と異なっていくのでしょうか。第 5 章で紹介した，他者の心的状態を推論し理解する能力である心の理論の枠組みに沿って，ASD の非定型な社会性について解説していきます。p.82 第5章

図 12-2　ASD の非定型な社会性の例

● **社会性の獲得過程の非定型性**｜定型発達児の場合，生後 6 〜 18 カ月頃から，他者が視線を向けたり指さしをしたりした対象に対して自分も注意を向ける共同注意がみられます。共同注意は，言語で十分に意思疎通できない幼児であっても，他者の視線から注意という心的状態を推論し，その推論に基づいて自分も注意を向けている，という証拠として解釈することができます。そのため，共同注意は心の理論の形成に関連しているのではないかと考えられています。ASD 児の場合，共同注意の頻度が定型発達児と比べて少

ないことが多くの研究で報告されています[22]。p.112 第7章

　同様に心の理論の形成と関連していると考えられているごっこ遊び（pretend play）も，定型発達児とASD児では異なります。多くのおもちゃが用意されているなかで自由に遊ばせた場合，ASD児は自発的に何かのふりをして遊ぶ頻度が定型発達児と比べて少ないといわれています[23]。これらの知見は，心の理論に関連する行動がみられるようになる段階（生後6～18カ月頃）で，すでにASDと定型発達との間に違いが生じていることを示唆しています。

心の理論の非定型性｜心の理論を調べる課題の1つである誤信念課題を用いたASD研究も紹介します。1985年にイギリスの発達心理学者S.バロン＝コーエンらは，定型発達児とASD児で心の理論が異なるのか，誤信念課題を用いて調べました[24]。実験の結果，定型発達児のうち85％は誤信念課題に通過しました。しかし，ASD児の場合は通過したのは20％のみでした[25]。この結果は，ASD児が他者の心的状態を推論できていない，つまり心の理論を有していないという証拠として脚光を浴びました[26]。このような心の理論の非定型性が冒頭で紹介したような非定型な社会性の原因となっているのではないかと考えられます。p.83 第5章

社会性の"欠如"？｜ASD者の非定型な社会性を説明する際に，「ASD者は社会的コミュニケーションや社会的相互作用の能力が"欠如"している」とよく表現されます。しかし，これは定型発達者からみた一方的な視点です。学校や家庭でのASD児の様子をビデオで記録した研究では，ASD児の好むコミュニケーション様式（対面にならないような身体配置，やや早めの会話テンポなど）であればASD児もコミュニケーションがうまくいくということが報告されています[27]。また，ASD者を中心としたコミュニティで

....

22　Bruinsma et al., *Ment Retard Dev Disabil Res Rev*, 2004
23　自由に遊ばせるのではなく教示によってごっこ遊びを誘導するような状況下では，ASD児は定型発達児と同じくらいの頻度でごっこ遊びをすることも報告されています（Jarrold, *Autism*, 2003）。
24　Baron-Cohen et al., *Cognition*, 1985
25　この実験の参加者の年齢は，定型発達児では平均4歳5カ月，ASD児では平均11歳11カ月でした。大きな年齢差が生じた理由は，実験に参加したASD児の精神年齢が低く（非言語性テストで平均9歳3カ月，言語性テストで平均5歳5カ月），実年齢ではなく精神年齢を定型発達児と揃えたためです。ちなみに，この実験にはASD児よりも精神年齢の低いダウン症児も参加したのですが，誤信念課題の通過率は86％で定型発達児とほぼ同等でした。この結果は，ASD児が誤信念課題を通過しづらい原因は単に精神年齢の低さによるものではないことを示唆します。
26　ちなみに，統合失調症者，右脳損傷患者，ASDを有さない学習症児，聾ではない親をもつ聾児でもASD児と同様の回答をする傾向がみられます。そのため，誤信念課題が本当に他者の心的状態を理解する能力を測定しているのか，それとも何か別の能力を測定しているのかについてはさまざまな議論が続けられています。
27　Ochs & Solomon, *Ethos*, 2010

は，定型発達者とは異なる様式で，ASD者どうしでの快適なコミュニケーションをおこなっていることも知られています[28]。ASD者が幾何学図形を動かして制作した心的状態を表すアニメーションを，定型発達者が観察した場合，定型発達であるにもかかわらず心的状態の推測が困難となるという実験結果もあります[29]。これらの研究結果から，ASD者は社会的コミュニケーションや社会的相互作用の能力が欠如しているのではなく，**定型発達者とは異なる社会的コミュニケーションや社会的相互作用の様式を有している**，と解釈するほうが妥当であると考えられます。

····· ステップ 2 ·····

非定型な行動・興味・活動

　ASDのもう1つのおもな特徴が，行動・興味・活動の限局的・反復的な様式です。具体的には，自分で自分の身体を叩いたり噛んだり引っ張ったりする自傷行動，パチパチと手を叩いたり頭を左右に動かしたり飛び跳ねたりする常同行動，ものの全体ではなく部分に強く興味をもったり1つのテーマに没頭したりする限局行動，配置や順番にこだわったり完璧さを求める強迫的行動，物が常に同じ場所にあることや自分が同じ場所に座ることを求めたりするなど同様のやり方で日常生活をおこなうことに固執する儀式的・同一性行動，といった特徴が挙げられます（**図12-3**）。

▶ **非定型な行動＝問題行動？** ｜ これらの非定型な行動・興味・活動は，長い間問題のある行動としてみなされ，このような行動を修正するにはどうすればよいかという目的で研究が進められてきました。しかし近年，これらの行動はASD者にとっては大切なものであることが指摘されています。ASD者を中心とするコミュニティでは，**常同行動が相互作用的におこなわれている**，つまり社会的相互作用の1つとして扱われているという事例が報告されています[30]。ほかにも，ASD者に対しておこなわれたインタビューにおいて，大学の新しいクラスのなかにいるとき，学校のテストの出来を心配しているとき，たくさんの人の集まりのなかにいるときなどのような不安を感じる場面において，平静さを得るため，あるいは不安に対処するためにこれらの行動をおこなっていると主張されています[31]。ASD者の非定型な行動・興味・活動を問題行動とみなして修正したりするのではなく，周囲がそのよう

28 Bagatell, *Ethos*, 2010
29 Edey et al., *J Abnorm Psychol*, 2017
30 Bagatell, *Ethos*, 2010

図12-3　ASDの非定型な行動・興味・活動の例

な行動に理解を示す，あるいはそのような行動をひき起こす原因となっている不安を取り除くといった方向での支援が必要であるといえます。

ステップ3

非定型な感覚知覚

　2013年に出版されたDSM-5では，ASDの特徴である行動・興味・活動の限局的・反復的な様式のなかに，感覚過敏（刺激を過剰に感じてしまうこと）や感覚鈍麻（刺激があってもそれに気づかなかったり弱く感じてしまうこと）についての記述が初めて加えられました。実は，カナーが自閉症の症例を初めて報告した際に，感覚知覚の非定型性についてすでに言及していたのですが，中核的ではなく副次的な特徴として解釈され，その後も長らく，スポットライトが大きく当たることはありませんでした。近年になって**感覚刺激に対する過敏や鈍麻がASDの中核的な特徴である**ことがわかってきたため，ついにそれらがDSM-5に追加されたのです。

　五感に関する日常の困り事｜ASD児はさまざまな感覚において定型発達

31　実際に，非定型な行動・興味・活動の特徴を強く有するASD者ほど不安症状が強いという傾向がみられています（Joyce et al., *J Autism Dev Disord*, 2017）。

図12-4　ASDの非定型な感覚知覚の例

児とは異なる知覚を経験します（**図12-4**）。たとえば視覚においては，色や光，動きに敏感なため，ASD児はきれいな色のものやキラキラ光るもの，動くものに非常に興味を示します。いっぽうで，明るい光に対して眩しさを感じやすいといった困難を抱える場合もあります。聴覚においては，街や人混みなどの騒音に敏感です。そのため，他者と会話する際，定型発達児にとっては気にならない程度の騒音であっても，ASD児にとっては相手の声と同等な大きさで騒音が聞こえてしまい，聞き取りに困難を抱える場合があります[32]。触覚においては，肌が敏感なため服の着心地に強いこだわりをもったり，逆に傷を負ってもすぐに気づかなかったりします。味覚においては，特定の味を気に入ったり嫌がることが多いため偏食になりやすいです。嗅覚においては，においを強く感じてしまうため，定型発達児ならよい香りと感じる化粧品のにおいや柔軟剤のにおいも，ASD児にとっては不快なにおいと感じてしまう場合があります。ASD児をもつ親に対しておこなったインタビュー調査では，ASD児のなかで，少なくとも何か1つの感覚において

32　聞きたい音（会話など）に注意を傾け，それ以外の音（騒音など）を抑制する能力をカクテルパーティー効果といいます。ASD者はこのカクテルパーティー効果が定型発達者よりも弱いことがわかっています（Schwartz et al., *Autism Res*, 2020; Tomchek & Dunn, *Am J Occup Ther*, 2007）。

非定型性を有している割合は90％以上であることが報告されています[33]。

▶ **内受容感覚の非定型性** さらに，五感のような外界の刺激を感じとるための感覚だけでなく，身体の内側を感じとるための感覚である**内受容感覚**に関しても非定型性を有することが知られています。ASD者に対しておこなわれた質問紙調査では，空腹感や疲労感，喉の渇きといった**内受容感覚が定型発達者と比べて非常に鈍感**であることがわかっています[34]。なお，内受容感覚は自己の感情経験と深く関連しています。怒り感情を例に挙げると，心拍数や血圧などが上昇しているという自己の内部状態の知覚と，"怒り"にかかわるような状況の認識の2つが，「自分は今怒っている」という認知に寄与しています。そのため，内受容感覚が鈍感だと，**自分自身が今どういう感情なのかを認知することが難しく**なってしまいます。

ASD者のうち約50％は，自分の感情を認識することに困難を抱える**失感情**（alexithymia）という特徴を有するといわれています[35]。本節ステップ1では，他者の心的状態を推論できないことが社会的コミュニケーションや社会的相互作用の非定型性の原因であるという考えを紹介しました。しかし，他者の心的状態を推論できないのではなく，内受容感覚の鈍感さによって**自分自身の感情が認識できないせいで社会的コミュニケーションや社会的相互作用に困難を抱えている**という可能性も考えられます。内受容感覚とASDの関係については，最近になって研究が増えはじめてきたため，まだまだわからないことだらけです。ASD者の特徴解明のためだけに限らず，定型発達者においてどのように内受容感覚が日常生活において重要な意味をもつのかを知るためにも，今後のさらなる研究が期待されます。

3

ASDに対する支援

ステップ1

薬物療法とその是非

現在のASD者に対する薬物療法は，中核的な特徴に対してではなく，**併存症を緩和する目的**でおこなわれています。たとえば，不安症を併発している場合は抗不安薬が，睡眠障害を併発している場合は睡眠導入薬が処方され

33　Leekam et al., *J Autism Dev Disord*, 2007
34　Fiene & Brownlow, *Autism Res*, 2015
　35　Hill et al., *J Autism Dev Disord*, 2004

ることがあります。しかし，これらの薬物療法は併存症をなくすための根本的な解決策にはならないため，薬物療法をおこなうとともに，不安や不眠をひき起こさないような環境づくりや配慮をまずおこなう必要があります。

▶ **オキシトシン投与の効果は懐疑的**｜近年，オキシトシンを鼻腔から投与する方法でASDの中核的な特徴を治療する試みがおこなわれています。オキシトシンは神経伝達物質の一種で，ストレス軽減や授乳促進などの効果があるといわれています。マウスにオキシトシンを投与すると社会性行動が増加することから，ASDの治療薬として注目されるようになりました。ASD者にオキシトシンを投与する臨床試験がこれまでに多くおこなわれてきていますが，その効果は一貫していません。厳密に統制された臨床試験のみを集めておこなったメタ分析では，ASD者の非定型な社会性や行動・興味・活動に対して効果がないことがわかっています[36]。厳密に統制された最新の臨床試験においても，やはりASDの中核的な特徴に変化はみられていません[37]。今後のさらなる検討が必要ですが，現時点においては，オキシトシン投与の効果は懐疑的であると考えたほうがよさそうです。

---- ステップ 2 ----

発達早期からの心理的・教育的支援

薬物を用いない心理的・教育的な支援も盛んにおこなわれています。とくに，ASDを有する未就学児に対しておこなわれる心理的・教育的な支援のことを療育あるいは発達支援とよんでいます[38]。発達支援は，療育センターのような公的施設や，医療機関に併設された施設，民間の施設などで受けることができます。昨今ではさまざまな発達支援の理論や技法が開発，実践されています。

▶ **行動分析学を応用した発達支援**｜発達支援で中心的におこなわれているのが，応用行動分析学（applied behavior analysis：ABA）です。ABAは，アメリカの心理学者B.F.スキナーが提唱した行動分析学の知見を臨床や発達，教育などの分野に取り入れたもので，ASD児の行動を個人と環境の相互作用の枠組みのなかで分析し，問題行動を軽減したり，スキルの向上やコミュニケーションの増加を促したりする実践方法です。ABAでは，**先行事象**

---

36 Ooi et al., *Pharmacopsychiatry*, 2017
37 Sikich et al., *N Engl J Med*, 2021
38 療育という用語は日本で生まれた用語で，元々は肢体不自由児に対する支援のなかで生まれた概念です。海外では単に「介入」という意味をもつinterventionという言葉で表されることが多いです。

201

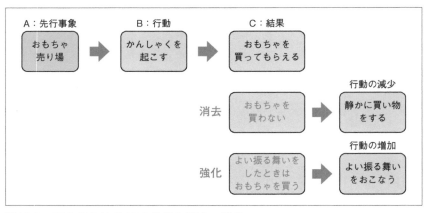

図12-5　ABAにおけるABC分析と消去・強化

（antecedent）・行動（behavior）・結果（consequence）という3つの分析
単位に分けて人間の行動を分析します（ABC分析，**図12-5**）。

　たとえば，ASD児がおもちゃ売り場でおもちゃを買ってもらえずかんし
ゃくを起こしている場面では，「おもちゃ売り場にいる」という先行事象に
おいて「かんしゃくを起こす」という行動をとると「おもちゃを買ってもら
える」という結果につながる，という分析ができます。この場面で実際にお
もちゃを買ってしまうと，かんしゃくを起こすことでおもちゃが手に入ると
学習してしまい，以降もかんしゃくを起こすようになってしまいます。
ABAの実践では，かんしゃくを起こしてもおもちゃを買わないことで「か
んしゃくを起こす」という行動を消去したり，よい振る舞いのご褒美として
おもちゃを買ってあげることでかんしゃくとは別の行動を強化したりするこ
とによって，問題行動を軽減しようと試みます。現在ではABAは，厳密に
構造化されたなかでおこなうものや，自然な生活環境のなかで実践するもの
など，さまざまな技法が開発されています。

● 何が問題行動か｜アメリカでは，ABAは多くの州で公費によってサービ
スを受けることができるため，広く実践されています。しかし，ASD者を
中心とするコミュニティからはABAに対する批判の声もあります[39]。なぜ
なら，ABAによっておこなわれる支援がASD児にとっては望ましくないこ
とがあるからです。ASD児にとっては不安を和らげるような重要な行動
（たとえば常同行動）であるにもかかわらず，定型発達者から問題行動とみ

なされ，それをなくすようにABAが実践されるのは，ASD児にとって苦痛です。また，定型発達者によっておこなわれるABC分析が，必ずしもASD児の行動を正確に分析できていない可能性もあります。たとえば，ASD児がおもちゃ売り場でかんしゃくを起こしているのは，おもちゃが欲しいからではなく，おもちゃ売り場の騒音の大きさや光の眩しさが耐えられないからかもしれません。ABAを実践する際には，ASD児のどの行動を問題行動ととらえ介入するのか，どのくらい行動を正確に分析できているのか，といった点を慎重に考慮したうえで実践する必要があります。

■ **医学モデルから社会モデルへ** ｜ オキシトシン投与やABAは，ASDの特徴を"治療"し，定型発達者に近づけるという方向性での支援です。障害が個人のなかにあり，それを取り除いて定型発達者に近づける必要がある，という障害のとらえ方を医学モデル（個人モデル）とよびます。医学モデルは，障害の克服の責任を，障害をもつ個人に負わせているとも解釈できます。いっぽう，障害は個人のなかにあるのではなく，多数派向けにつくられた社会によって障害が生まれる，そのため障害をなくすには社会を変える必要がある，という障害のとらえ方を社会モデルとよびます。第2節で述べたように，ASD者は社会性の能力が"欠如"しているのではなく，定型発達者とは異なる社会性の様式を有していると考えられます。そのため，オキシトシン投与やABAのような医学モデルの支援をメインとするのではなく，ASD者が自分らしく生きることのできる社会へと変えていく社会モデルの支援をもっと充実させていく必要があるでしょう。

········ ステップ 3 ········

環境・社会を変える必要性

本ステップでは，最近増えてきている社会モデルの考え方に基づいた支援について紹介します。

■ **環境を整理する発達支援** ｜ 1990年代頃から日本のASD児の発達支援として中心的に実践されているのが，TEACCH（treatment and education of autistic and related communication handicapped children）という理論的枠組みに基づく支援です[40]。TEACCHでは，"構造化"という考え方に基づいて，ASD児がより生活しやすくなるように環境を設定，調節する形で支

········

40 TEACCHは，元々はアメリカのノースカロライナ州で展開されている大規模な支援プログラムです。州政府の全面的なバックアップのもと，未就学児に対する発達支援だけでなく，職業訓練のような成人に対する支援なども含めた，生涯にわたっておこなわれる長期的なプログラムが実践されています。

援をおこないます。たとえば，ASD児の生活環境を物理的に整理することによって，不安を取り除き，快適に作業できるように促します（**物理的構造化**）。具体的には，勉強する場所と遊ぶ場所，食事する場所を同じ場所にせず明確に分ける，何か作業する際に仕切りを設けて周囲に気を取られないようにする，などのような実践がおこなわれています。

　ほかにも，口頭や文字で伝えられがちな抽象的なスケジュールや手順を，写真や絵などを用いて視覚的に表示したり（**スケジュールの視覚化**），誰が，何を，いつ，どこで，どのように，どのような理由でおこなうのかを明確にしたり（**ワークシステム**）することで実行しやすくします。同様に，会話ではなく実物や写真，イラストを用いることで，ASD児でも快適にコミュニケーションがおこなえるように支援します（**視覚的構造化**）。

▶ **ASD者がおこなう対処法への配慮** │ ASD者が日常の困り事に対しておこなっている対処法についても，社会が適切に配慮をおこなう必要があります。たとえば，第2節で述べた感覚過敏・鈍麻による日常の困り事を軽減するために，ASD者はさまざまな方法で対処しています（**図12-6**）。具体的には，眩しさを軽減するためにサングラスや遮光レンズメガネを着用したり，騒音が気にならないようにノイズキャンセリングヘッドフォンを装着したり，苦手なにおいへの対処として自分の好きなにおいのアロマオイルを持ち歩いたりしています。定型発達者がASD者の日常の困り事について知識をもっていない場合，このような対処法に対して不当な制限を加えてしまうか

サングラスで眩しさを軽減　　ヘッドフォンで騒音を軽減　　アロマオイルで不快なにおいを軽減

図12-6　非定型な感覚知覚への対処方法

もしれません。定型発達者がASD者のおこなう対処法を理解し，適切な配慮をおこなうことができるように，ASD者の日常の困り事を定型発達者に周知させていく取り組みが必要です。

▶ **困り事に対する社会の取り組み**｜ASD者の感覚知覚に対する困り事に対して，地域全体で支援する動きも活発になってきています。イギリスのスーパーマーケットのチェーン店では，毎週土曜日の朝9〜10時までの間，クワイエッターアワーズ（quieter hours）と称して，照明を暗くする，BGMや店内アナウンスを流さない，といった感覚過敏を有するASD者のための取り組みを全店舗で実施しています。また，海外の多くの映画館では，センソリーフレンドリー（sensory friendly）と冠した時間帯を設定し，映画の音量を小さくする，照明を暗くしすぎない，席を立ったり声を出したりしても構わないといったルールのうえで，ASD者でも映画を楽しめるような環境を提供しています。定型発達者だけでなくASD者にとっても快適な環境を構築し，ASD者の抱えている困難を取り除いていく，という取り組みが今後さらに広がっていくことが期待されます。

第13章

発達障害2：注意欠如・多動症

（辻田匡葵）

1 ADHDとは

…… ステップ1

ADHDの定義と歴史

▶ **ADHDの定義**｜前章では，発達障害の1つであるASDについて解説しました。本章では，もう1つの代表的な発達障害である注意欠如・多動症／注意欠如・多動性障害（ADHD）について解説します。DSM-5によると，**不注意や落ち着きのなさ，衝動性といった特徴を年齢・発達に不相応に有していて，その状態が6カ月続いていること**と定義されています。ADHDの特徴は"不注意"と"多動性・衝動性"という2つに大きく分けることができます（**表13-1**）。それぞれの特徴で6個以上（17歳以上の青年・成人の場合5個以上）の具体例に該当すること，それらの具体例が12歳よりも前から存在していること，社会や学業，職業において支障が出ていることなどが診断基準となっています。

▶ **ADHDの歴史**｜ADHDの歴史は意外と古く，18世紀頃からすでに創作物や医学書などでADHDの特徴と思われる記述が確認されています。しかし，症例数が少なくあまり注目されることはありませんでした。1902年にイギリスの小児科医G.F. スティルが43人のADHD児の症例について報告したことで，その詳細な特徴が医学分野で認知されるようになります。その後，1910年代から1960年代頃までは，ADHDの特徴は微細な脳損傷によって生じるものであるという間違った説が長らく定説となっていて，**微細脳損傷**（minimal brain damage）あるいは**微細脳機能障害**（minimal brain dysfunction）という名称が使われていました。

　1960年代に入った頃から，**ADHDの特徴は脳損傷による障害とは別物である**ことが提唱されはじめ，**多動**（hyperactivity）という独立した障害として焦点が当てられるようになります。そしてDSM-2（1968）のなかで，多

表13-1　ADHDのおもな特徴

特徴	特徴の具体例
不注意	学業・仕事中に不注意な間違いをする
	課題や遊びの活動中に，集中し続けることが難しい
	直接話しかけられたときに，聞いていないように見える
	指示に従わず，学業・職場での義務をやり遂げることができない
	課題や活動を順序立てることが難しい
	精神的努力の持続を要する課題を避ける，嫌う，またはいやいやおこなう
	課題や活動に必要なものをなくしてしまう
	外的な刺激によって気が散ってしまう
	日々の活動のなかで忘れっぽい
多動性・衝動性	手足をそわそわ動かしたり，いすの上でもじもじする
	席についていることが求められる場面で席を離れる
	不適切な状況で走り回ったり，高い所へ登ったりする
	静かに遊ぶことができない
	じっとしていられず，まるでエンジンで動かされているように行動する
	しゃべりすぎる
	質問が終わる前に答えはじめてしまう
	順番を待つのが苦手である
	他人を妨害し，邪魔してしまう

（American Psychiatric Association, DSM-5, 2013 をもとに作成）

不注意と多動性・衝動性という2つの特徴のうち，両方の特徴でそれぞれ6つ以上（17歳以上の青年・成人の場合は5つ以上，以下同じ）の具体例に該当する場合は"混在状態"，不注意の特徴のみ6つ以上該当する場合は"不注意優勢状態"，多動性・衝動性のカテゴリのみ6つ以上該当する場合は"多動・衝動優勢状態"と分けられる。

動という言葉が正式な診断上の用語として初めて定義されました。1970年代には多動性に関する研究が爆発的に増え，論文が2,000本以上も発表されたり多くの専門書が出版されたりしました。この頃に，不注意や衝動性を評価する実験的課題において，ADHDを有する子どもの成績が定型発達の子どもよりも低いという研究結果が報告され，多動性よりも不注意や衝動性に焦点が当てられるようになります。そして，ADHD児のもつさまざまな特徴が多動性よりも不注意や衝動性といった特徴で説明できることが研究者から提唱されるようになります[1]。

　このような経緯から，DSM-3（1980）では，**注意欠陥障害**（attention-deficit disorder）という診断名が採用されました[2]。多動性は診断に必須の特

1　Douglas, *Can J Behav Sci*, 1972
2　deficitの訳語として"欠陥"という言葉が用いられていましたが，2008年に"欠如"という言葉に変更されました。

徴ではなくなり，下位分類として"多動を伴うもの""多動を伴わないもの"の2つに分けるようになりました。しかし，多動を伴う場合と伴わない場合で特徴が質的に異なったため，多動の有無で分類することに懐疑的な見方が強まりました。その後のDSM-3-R（1987）では，DSM-3における多動を伴う注意欠陥障害のみを，多動性の特徴を含む診断名，つまり現在も用いられているADHDという名称で分類するようになりました。

DSM-4（1994）では，不注意，多動性，衝動性の3つを主症状ととらえるようになりました。また，ADHDを"不注意優勢型""多動・衝動優勢型""混在型"という3つの下位分類に分けるようになりました。DSM-5（2013）では，**子どもだけでなく成人にも適用できる**ような記述になりました。また，DSM-4の下位分類は生涯で変化しうることが明らかになったため，"型"ではなく"状態"という成長に伴って変更可能な分類に変わっています。さらに，ほかの発達障害との二重診断が認められるようになりました。

ADHDの特徴

▶ **不注意** | ADHDの主要な特徴の1つが，不注意です（**図13-1**）。たとえば，人の話を聞いていないように見える，持ち物をなくしたり忘れたりしてしまうことが多い，ケアレスミスが多い，ある活動が終わっていないのに別の活動に移ってしまう，などがあります。このような特徴がADHD者にみられるのは，注意を持続する能力が低かったり[3]，あるいは注意の**転導性**（distractibility，気が散ってしまうこと）が高すぎたりする[4]など，**注意機能のさまざまなプロセスが定型発達者と異なる**ためであると考えられています。

| 話を聞いていない | 忘れ物が多い | ケアレスミスが多い | 集中できない |

図13-1 不注意の例

3 　Huang-Pollock et al., *J Abnorm Psychol*, 2012
4 　Adams et al., *Psychol Assess*, 2011; Ross et al., *Psychiatry Res*, 2000

▶ **多動性・衝動性** ｜ ADHDのもう１つの主要な特徴が，多動性と衝動性です（図13-2）。多動性とは，身体運動や発声などが過剰になってしまうことです。たとえば，授業中に席を立って教室内を移動したり，作業中に落ち着きなく手足を動かしたり，しゃべりすぎたり，静かにしなければならない場面でも鼻歌や変な声を出したりしてしまいます。このような落ち着きのなさは，退屈だったり刺激が少ない状況下でより顕著に現れます。

| 授業中に席を立つ | 落ち着きなく手足を動かす | 順番待ちができない | 会話への割り込み |
| 多動性 | | 衝動性 | |

図13-2　多動性と衝動性の例

　衝動性とは，気まぐれや思いつきで衝動的に行動してしまうことです。具体的には，指示を最後まで聞かずに行動してしまったり，ゲームや遊びで順番待ちをするのが苦手だったりします。また，根気のいる作業や課題に直面した際には，先延ばしにしてしまいます。コミュニケーションの面では，他者の気持ちや社会的影響のことを考えずに軽率な発言をしてしまったり，相手の質問が終わる前に答えはじめたり，他者の会話に割って入ってしまったりすることがあります。

　多動性と衝動性は，密接に関連していることがわかっています。行動観察や客観的指標を用いた多くの研究において，多動的行動が多い子どもほど衝動的行動も多くなるという結果が報告されています[5]。そのため，DSM-4やDSM-5では**多動性と衝動性を同じカテゴリとして扱っています**。

▶ **高い創造性** ｜ 近年では，ADHDのポジティブな特徴に関する研究もおこなわれてきています。とくに，独創的で有益なアイデアや成果を生み出す能力である**創造性**（creativity）に焦点が当てられています。創造性は，自由回

5　Berlin & Bohlin, *J Clin Child Adolesc Psychol*, 2002; Willcutt et al., *J Abnorm Psychol*, 2012。これらの研究は，ADHD児に限らずさまざまな子どもを対象としておこなわれました。

答形式のような問題に対して多様な回答を次々に生み出す能力である**発散的思考**と，明確に定義された問題に対して最適な回答を生み出す能力である**収束的思考**の２つに分けることができます。ADHDと創造性に関する2020年のレビュー論文[6]によると，収束的思考に関する課題の成績はADHD傾向の高低との関連はみられないいっぽうで，**発散的思考に関する課題に関してはADHD傾向が高い人ほどその成績が高い**ことがわかっています。今後さらに研究が進み，ADHD者にとって何が苦手で何が得意なのかがより明らかになることが期待されます。

----- ステップ3 -----

ADHDを深く知る

▶ **診断の割合と発達的変化** | 2007年のメタ分析研究によると，**全世界でのADHD者の割合は5.2％**となっています。年代別の診断の割合については，小児期で約6％，青年期で約3％と，年齢が高いほど診断の割合も低いという傾向がみられています[7]。ただし，この割合は診断基準や情報源，国や地域によって大きく異なります。また，2014年におこなわれたメタ分析研究によると，30年間でADHD者の割合は増減しておらず一定の割合を保っています[8]。

　それでは，ADHDの特徴は発達に伴ってどのように変化していくのでしょうか。ADHD児を16年間継続的に追跡調査した2022年の研究[9]では，16年間のなかでADHDの特徴が**完全寛解**[10]した期間がある参加者は全体の30％でした。しかし，そのうちの60％は完全寛解後にADHDの特徴を再発していました。調査の最終年である16年目の時点で継続的に完全寛解していた参加者は，全体のわずか9％でした。16年間ずっとADHDの特徴が寛解せずに顕在化していた参加者は全体の11％でした。そのいっぽうで，ADHDの特徴の顕在化・寛解が16年の間で変動している参加者は全体の64％を占めていました。これらの研究結果からわかることは，**多くの場合ADHDの**

6　Hoogman et al., *Neurosci Biobehav Rev*, 2020
7　Polanczyk et al., *Am J Psychiatry*, 2007
8　Polanczyk et al., *Int J Epidemiol*, 2014
9　Sibley et al., *Am J Psychiatry*, 2022。調査1年目の参加者の平均年齢は10.43歳（標準偏差0.86）でした。そこから16年間の追跡調査なので，児童期から成人期の間の発達的変化を調べたことになります。
10　この研究における完全寛解とは，「ADHDの特徴が基準を下回っている」「社会や学業，職業において支障が出ていない」「薬物療法や行動療法を受けていない」といった条件をすべて満たしている状態のことを指します。

特徴は発達に伴って変動し，たとえ完全寛解したとしても再び顕在化する可能性が高いということです。

▶ **ADHD と性差** ｜長らく ADHD は男性が有する障害であると考えられてきましたが，現在は女性も ADHD を有することがあることがわかっています。前章の「ASD と性差」でも述べたように，保護者が能動的に子どもを連れていく医療サービスにおいては，「○○は男性のほうが多い」という通説に影響を受けて保護者が男児を医療サービスに連れていきやすくなる，というバイアスが含まれてしまいます。ADHD 児の男女比においても，医療サービスから得られたデータでは 10：1 であったのに対して，ランダムに選ばれた子どもに対して厳密な ADHD の診断をおこなった大規模調査の研究データでは 3：1 でした[11]。このような男女比の違いは，ASD 児の診断と同様に，保護者が女児よりも男児を医療機関に受診させやすかったり，医療従事者が女児よりも**男児に ADHD の診断をつけやすかったりするバイアスが存在する**ことを示唆しています。p.193 第12章

いっぽう，ADHD を有する成人の場合，男女比はおおよそ 1：1 から 2：1 までの範囲であることが多くの研究で示されています。つまり，小児期には女児よりも男児のほうが ADHD の診断がつきやすいのに対し，年齢が上がると男女比が同等に近づくということがわかります。このような傾向の理由として，小児期は女児よりも男児のほうが基本的な活動レベルが高く，さらに多動性・衝動性に関する項目（たとえば「不適切な状況で走り回ったり，高い所へ登ったりする」）にあてはまりやすいために，男児が過剰に ADHD と診断されている可能性が指摘されています[12]。

▶ **ADHD にかかわる要因** ｜双生児研究を対象としたメタ分析から算出された遺伝率は平均 76 ％とかなり高く，**ADHD の特徴が遺伝する**ことを強く示唆しています[13]。また，ADHD を有する母親から生まれた子どもが ADHD を有している割合（約 10 ％）は，ADHD を有していない母親から生まれた子どもが ADHD を有している割合（約 2 ％）と比べて 5 倍多いことが報告されています[14]。2019 年に発表された**ゲノムワイド関連解析**[15]のメタ分析研究では，ADHD に関連する 12 の遺伝子の位置が同定されています。しかし，それらの遺伝子による遺伝率は 22 ％ほどしかありませんでした[16]。つまり，

11 Biederman et al., *Am J Psychiatry*, 2002
12 Williamson & Johnston, *Clin Psychol Rev*, 2015
13 Faraone et al., *Biol Psychiatry*, 2005
14 Musser et al., *J Child Psychol Psychiatry*, 2009
15 ゲノムワイド関連解析とは，全遺伝情報のなかで個体間の形質（性質や特徴）の違いと関連する遺伝情報を統計的に調べる方法のことです。

同定された12の遺伝子だけでADHDの特徴が顕在化するか否かが決定づけられるわけではなく，影響は小さいけれどほかの多数の遺伝子もADHDの特徴の顕在化に関連している可能性が高いということです。

2 ADHDに併発する問題

反抗挑発症・素行症

　ADHDの代表的な併存症として，反抗挑発症／反抗挑戦性障害（oppositional defiant disorder）と素行症／素行障害（conduct disorder）が知られています（**図13-3**）。反抗挑発症とは，かんしゃくを起こしたりイライラしやすい，挑発的な行動を起こしやすく口論が好き，意地悪で執念深い，といったことを特徴とする障害です[17]。反抗挑発症がさらにエスカレートし，他者に攻撃を加える，破壊行為をおこなう，盗みや詐欺をおこなう，犯罪行為を起こす，といった問題行動に至った状態を素行症とよびます。ADHD児の約60％が反抗挑発症を，約15％が素行症を有しているといわれています[18]。

▶ **反抗挑発症・素行症が併発する理由** │ ADHD児に反抗挑発症や素行症が

| かんしゃくを起こす | 挑発的な行動 | 暴力を振るう | 犯罪行為を起こす |

反抗挑発症　　　　　　　　　　素行症

図13-3　反抗挑発症と素行症の特徴の例

16　Demontis et al., *Nat Genet*, 2019
17　正常範囲のかんしゃくやイライラ，挑発行動と反抗挑発症の区別は，持続性や頻度から判断されます。5歳未満の子どもについては，ほとんど毎日，少なくとも6カ月間にわたって特徴がみられることが反抗挑発症の基準となります。5歳以上の子どもでは，1週間に1回，少なくとも6カ月間にわたって特徴がみられることが基準となります。

　18　Biederman, *Biol Psychiatry*, 2005

併発しやすい理由として2つの説が提案されています。1つは，**共通の遺伝的あるいは環境的要因を有している**という説です。双生児研究においてこの説を支持する結果が得られています[19]。もう1つは，**ADHDの特徴が引き金となって反抗挑発症や素行症を有する**という説です。つまり，親や周囲の人間がADHD児の多動性や衝動性，不注意のような特徴に対してストレスを感じ，関係が悪化し，結果的に問題行動の発生につながってしまうというものです。この説を裏づける研究として，ADHD児の親は定型発達児の親と比べて養育上のストレスをより感じており，厳しいしつけや叱責が多い，という結果が報告されています[20]。ADHD児を追跡調査した最近の研究では，**これら両方の説を支持するような結果がみられています[21]**。

▶ **ADHDと犯罪行為** ｜ ADHD児は，成人になったときに犯罪行為を起こしてしまう割合が定型発達児よりも高いといわれています。ADHD児の追跡調査をメタ分析した研究によると，ADHD児が青年・成人期に逮捕される割合，有罪になる割合，懲役を受ける割合はいずれも対照群より約2〜3倍高いことがわかっています[22]。ただし，**ADHDの特徴そのものが犯罪行為に直接的に結びついているわけではなく，併発した反抗挑発症や素行症の結果として犯罪行為が生じている**ことが多くの研究で指摘されています[23]。ADHD児の犯罪行為を減らすためには，周囲の人間がADHDに対する理解を深めて適切な養育・教育をおこなう，ADHD児が生きづらさを感じず個性を発揮して活躍できるような社会を構築するといった支援が必要です。また，ADHD児に対する支援と並行して，養育上のストレスを抱えたADHD児の親に対しても支援をおこなう必要があると考えられます。

···· ステップ2 ····

依存症

▶ **さまざまな依存症** ｜ ADHD者は，さまざまなものに対して依存してしまう傾向にあります（**図13-4**）。たとえば1995年に発表されたアメリカの喫煙に関する調査では，定型発達の成人の喫煙率が28％なのに対してADHDの成人の喫煙率は40％でした[24]。また，アルコールや違法薬物に関しても

19　Rhee et al., *J Abnorm Child Psychol*, 2008
20　Johnston & Mash, *Clin Child Fam Psychol Rev*, 2001
21　Harvey et al., *J Abnorm Psychol*, 2016
22　Mohr-Jensen & Steinhausen, *Clin Psychol Rev*, 2016
23　たとえば，Mordre et al., *BMC Psychiatry*, 2011
24　Pomerleau et al., *J Subst Abuse*, 1995

ニコチン依存　アルコール依存　ギャンブル依存　インターネット依存　過食性障害

図13-4　さまざまな依存症の例

ADHD者は依存しやすいことがわかっています[25]。物質依存だけでなく，そのほかさまざまな依存症も報告されています。たとえば，ADHD者はギャンブル依存に陥りやすいことがわかっています[26]。また，**インターネット依存**にも陥りやすく，最近ではスマートフォンへの依存による睡眠の質の悪化も危惧されています[27]。さらに，**過食性障害（食物依存症）**を経験しやすく[28]，定型発達者よりも肥満の割合が高いです[29]。

▶ **依存症が併発する理由**｜ADHD者が定型発達者よりも依存症を有しやすい理由は複数考えられます。1つ目は，**ADHDの特徴の1つである衝動性が依存症に結びついている**可能性です。たとえばギャンブルやゲームなどの短期的に報酬を得られるものに対して，欲求をコントロールできないことが，依存的な行動につながってしまいます。2つ目は，**ADHDの特徴そのものではなく，ADHDの併存症が依存症に結びついている**可能性です。たとえば，ADHDの併存症である反抗挑発症や素行症によって家族や周囲の人との関係が悪化し，非行の一環として喫煙や違法薬物に手を出し，依存してしまう場合があります。また，ADHDの併存症であるうつ病や不安症が過食性障害をひき起こす場合もあります。3つ目は，**ADHDの特徴を和らげるような働きをするものを頻繁に使用する結果，依存症になる**という可能性です。たとえば，喫煙行動（ニコチンの摂取）は神経伝達物質である**ドーパミン**の分

25 Charach et al., *J Am Acad Child Adolesc Psychiatry*, 2011
26 Theule et al., *J Atten Disord*, 2019
27 Becker & Lienesch, *Sleep Med*, 2018
28 Kaisari et al., *Clin Psychol Rev*, 2017。過食性障害とは，自分ではコントロールできないほど食べ過ぎてしまい，自己嫌悪や罪悪感を抱くような状態を指します。類似した障害に神経性過食症がありますが，過食性障害は神経性過食症と違って嘔吐や下剤の使用といった代償行動がみられないのが特徴です。ちなみに，ADHD者は神経性過食症の割合も高いことがわかっているため，ADHD者の摂食に関する問題は食べ物への依存だけが原因ではなく，さまざまな原因が複合的にかかわっていると考えられます。
29 Cortese et al., *Am J Psychiatry*, 2016

泌を促進します。ADHDの特徴の1つである不注意はドーパミンの伝達機序の異常によってひき起こされると考えられています。そのため，喫煙行動によってドーパミンの伝達機序を正常に戻し，不注意の症状を緩和して作業や課題に集中できるようにしている可能性があります[30]。

······ ステップ 3 ······

事故や怪我

▶ **自動車運転** ｜ ADHDを有する人は，定型発達者と比べて自動車運転での事故を起こしやすいことが知られています（**図13-5**）。ADHD者の自動車事故に関する研究をメタ分析した結果では，ADHD者は定型発達者と比べて**自動車での衝突事故を起こすリスクが約1.9倍高い**ことが報告されています[31]。また，自動車運転シミュレータを用いた実験的研究では，ADHD者は定型発達者よりも道路標識などの情報の見落としやスピード違反が多い[32]，急に現れた障害物に衝突しやすい[33]，といった結果がみられています。さらに，ADHD者は定型発達者と比べて運転中の怒りや敵意，攻撃性が高いことも知られています。ADHD者が自動車運転事故によって支払った損害額は定型発達者より多いことも報告されており[34]，ADHD者がより深刻な事故を起こしやすいことがわかります。

| 注意の散漫 | スピードの出しすぎ | 怒りやすく攻撃性が高い |

図13-5　ADHD者の自動車運転時の特徴

30　van Amsterdam et al., *Subst Use Misuse*, 2018
31　Jerome et al., *J Can Acad Child Adolesc Psychiatry*, 2006。ただし，反抗挑発症や素行症を併発していないADHD者のみに限った場合，定型発達者と比べた衝突事故を起こすリスクは約1.2倍にまで下がります（Vaa, *Accid Anal Prev*, 2014）。
32　Classen et al., *Open J Occup Ther*, 2014
33　Biederman et al., *Ann Gen Psychiatry*, 2007
34　Fischer et al., *Accid Anal Prev*, 2007

▶ **怪我のリスク** ｜ 自動車運転だけでなく，日常生活のさまざまな場面においても事故や怪我のリスクを抱えています。アメリカにおける大規模な調査は，ADHD児は定型発達児よりも大きな外傷を経験する割合が高い（ADHD児59％，定型発達児49％）ことを明らかにしています[35]。ADHDを有する成人においても，職場において事故や怪我を起こしやすいといわれています[36]。このようなADHD者の事故や怪我は，後述する薬物療法によって緩和されることも示されています[37]。

ADHDに対する支援

------ ステップ1

ADHDの症状を緩和する薬物療法

▶ **薬物療法の意義** ｜ ADHDは，生まれつきもっている脳機能の特徴であるため，ADHDの特徴を根本的に治療することはできませんし，しようとするべきではありません。しかし，ADHDの特徴によって日常生活や他者との関係がうまくいかず自己嫌悪に陥ったり，素行症や依存症のような併存症に苦しんだりして，生活の質（QOL）を損ねてしまうのは，ADHD者にとって好ましくないでしょう。そのため，ADHD者に対する支援の1つとして，薬物療法によって症状を緩和するという方法があります。

▶ **コンサータとストラテラ** ｜ ADHDへ処方される代表的な治療薬は，コンサータ（一般名：メチルフェニデート塩酸塩）とストラテラ（一般名：アトモキセチン塩酸塩）の2つです（**表13-2**）。コンサータは，2007年まで治療薬として使われていたリタリンという薬と同じ成分で，効き目がゆっくり長時間持続するように加工されたものです。投与回数は1日1回で，内服後30〜60分で効果を発揮し，12時間効果が持続します。ストラテラは，2009年に新たに承認された薬です。投与回数は1日1〜2回で，安定した効果が得られるまでに数週間薬を飲み続ける必要があります。どちらの薬も承認当初は18歳未満への処方に限られていましたが，現在では18歳以上の場合でも処方が可能になっています[38]。第一選択としてコンサータが処方され，コンサータで症状の緩和がみられなかったり副作用が強すぎる場合には，ストラ

....
35　Leibson et al., *JAMA*, 2001
36　Gaudet et al., *Occup Med*, 2019; Kessler et al., *Psychol Med*, 2009
37　Ruiz-Goikoetxea et al., *Neurosci Biobehav Rev*, 2018

表13-2 ADHDの治療薬

商品名	コンサータ	ストラテラ
一般名	メチルフェニデート塩酸塩	アトモキセチン塩酸塩
作用する神経伝達物質	ドーパミン，ノルアドレナリン	ノルアドレナリン
薬の種類	中枢神経刺激薬（神経伝達物質の放出促進と再取り込み阻害）	非中枢神経刺激薬（再取り込み阻害）
投与回数	1日1回	1日1～2回
効果の発現	投与後すみやか，遅くとも1，2週以内	投与開始から早くて2週，安定した効果が得られるのは6～8週
効果の持続	約12時間	有効血中濃度に達すれば途切れることなく持続する
処方の条件	承認を受けた医師のみ処方できる	どの医師でも処方できる

テラが第二選択として処方されることが多いようです[39]。

■ **薬物療法による症状緩和のしくみ**｜コンサータやストラテラはどのようなしくみでADHD症状を緩和するのでしょうか。ADHD症状の原因は，ドーパミンやノルアドレナリンといった脳内の神経伝達物質が十分に働かず，脳内の神経細胞どうしの連絡が滞ってしまうためであると考えられています。具体的には，以下のとおりです。脳には，神経細胞どうしの接合部分であるシナプスに隙間（シナプス間隙）があります。片方の神経細胞から神経伝達物質がそのシナプス間隙に放出され，もう一方の神経細胞の受容体に結合することで情報の伝達がおこなわれます。このとき，神経細胞の受容体に結合されなかった神経伝達物質を神経伝達物質トランスポーターが再取り込み（reuptake）して，神経伝達物質を再利用するしくみがあります。ADHDの場合，この再取り込みが過剰に働いてしまい，放出された神経伝達物質が受容体に結合される前に神経伝達物質トランスポーターでほとんど再取り込みされて，神経細胞間で神経伝達が十分にできなくなってしまいます。コンサータやストラテラは，**神経伝達物質トランスポーターに結合することで再取り込みを阻害することができます**。これにより，放出された神経伝達物質が

....

38 薬の処方が18歳未満に限られていた理由は，2007年頃に本邦でリタリンの大量処方や乱用が問題となったためです。一部の医師が依存性の高いリタリンをADHDを有する大人の患者へ大量に処方していたことがニュースで話題となり，その後リタリンはADHDの治療薬として用いることができなくなりました。現在では，大量処方や乱用が起きないようにリタリンと同じ成分であるコンサータの流通が厳密に管理されています。特別な承認を受けた医師のみがコンサータを処方することができます。また，処方の際には患者情報の登録も必要となります。

39 最近では，2017年にインチュニブ（一般名：グアンファシン塩酸塩）が新たに18歳未満のADHD者に対する治療薬として認可され，2019年からは18歳以上にも処方できるようになりました。コンサータやストラテラとは異なる作用機序をとるため，治療薬の新たな選択肢として期待されています。

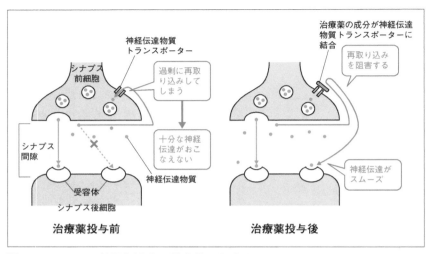

図13-6　ADHDの神経伝達と，治療薬のしくみ

受容体に結びつきやすくなり，神経伝達がスムーズにおこなわれるようになります[40]（図13-6）。 p.38 第3章

▶ **薬物療法の効果と副作用** ｜ コンサータとストラテラはどちらもADHDの症状に対して十分な緩和効果があることが確認されています。1万人以上のADHD児の服薬を約3カ月間追跡したデータをメタ分析した研究では，医師と教師の両方が，コンサータとストラテラのどちらについても緩和効果を実感したと回答しています[41]。いっぽうで，食欲不振，不眠症，体重減少，頭痛，吐き気などの副作用も確認されています。副作用が現れた場合はすぐに医師に相談し，投薬のメリットと副作用によるデメリットとを比較しながら投薬を継続するかどうか検討する必要があります。**決して自己判断で服薬を増減したり中止したりしないように，ADHD児やその家族に対して十分に服薬指導をおこなうことも重要です。**

40　コンサータについては，再取り込みの阻害だけでなく，神経伝達物質が神経細胞から放出されるのを促進する作用もあります。そのため，コンサータは中枢神経刺激薬，ストラテラは非中枢神経刺激薬に分類されています。

41　Cortese et al., *Lancet Psychiatry*, 2018

······ ステップ 2

ペアレント・トレーニング

▶ **ペアレント・トレーニングとは** ┃ 薬物療法のほかにも，学習やトレーニングによって問題行動を変容させる**行動療法**を用いた支援がおこなわれています。ここでは，ADHD児をもつ保護者に対する行動療法であるペアレント・トレーニング（parent training：PT）を紹介します。PTでは，発達障害を有する子どもの育て方について困り事を抱えている保護者を対象として，子どものほめ方，子どもが暮らしやすい環境の整え方，子どもの不適切な行動への対応等を身につけるトレーニングを実施します。ADHDの特徴が顕在化するのは，保護者の育て方が原因ではありません。しかし，ADHDの不注意や多動性・衝動性といった特徴によって，子育てに困難さを感じ，保護者がストレスを抱えてしまう場合があります。そのようなストレスが原因でADHD児と保護者との関係が悪化してしまうと，子どもの反抗挑発症や素行症，うつ病といった併存症を誘発あるいは増悪させてしまう可能性があります。PTの実施によって，保護者がADHDの特徴を理解し，適切な対応方法を身につけることは，**保護者はもちろんADHD児の健全な発達を促すことにもつながります**。

▶ **PTの実践方法** ┃ PTは多くの場合，個別におこなうのではなく，ADHD児をもつ複数の保護者のグループでおこないます。グループ単位でのトレーニングは，複数人を一度にトレーニングできるという効率性だけでなく，同じような困り事を抱えている保護者どうしで互いに励まし合い情報を共有することができるという点においても優れています。PTのプログラムでは，週に1回あるいは2週に1回程度の頻度で，60〜120分程度のセッションを合計6〜12回程度おこないます。参加者は原則としてすべての回に出席し，講義や演習，ロールプレイ，家庭での取り組みの振り返りなどをおこないます。すべてのセッションが終了したあと，数カ月後にフォローアップ回を設けて身につけたことの再確認をおこなうこともあります。

　日本でおこなわれている多くのPTでは，プログラムの核となる6つの共通の要素（**コアエレメント**）に基づいておこなわれています（**表13-3**）[42]。このコアエレメントをどのように組み合わせるか，どのような順序で実施するかは，自治体や医療機関等の実施機関によって異なります。PTを実施する

42　一般社団法人日本発達障害ネットワークJDDnet事業委員会，ペアレント・トレーニング実践ガイドブック，2020

表13-3　PTのコアエレメント

コアエレメント	内容
子どものよいところ探し＆ほめる	子どもの特性に応じたほめ方やかかわりができるようになることを目指す。
子どもの行動の3つのタイプ分け	子どもの行動を「好ましい行動」「好ましくない行動」「許しがたい行動」の3つに分け，それぞれの行動に対する対応方法を学ぶ。
行動理解（ABC分析，p.202）	応用行動分析学の理論に基づいて，子どもの行動を「先行事象」「行動」「結果」の3つに分けて分析する。
環境調整（行動が起きる前の工夫）	周囲の環境を整え，子どもが適応的な行動をとりやすくなるための工夫を考える。
子どもが達成しやすい指示	子どもへの声かけやかかわり方の工夫を考える。苛立ちや怒りといった否定的な感情を抑え，穏やかに子どもの近くに行き，落ち着いて静かな声で指示をおこなうことを学ぶ。
子どもの不適切な行動への対応	不適切な行動に注目しすぎず，子どもの行動を客観的に観察し，落ち着いて対処できるようになることを学ぶ。

（一般社団法人日本発達障害ネットワークJDDnet事業委員会，2020をもとに作成）

ためには，多くの専門的なスキルが必要となります。そのため，PTのトレーナーになるためには，PTの実施機関等でおこなわれている養成研修を受ける必要があります。

……… ステップ3 ………

ソーシャルスキル・トレーニング

　本ステップでは，ADHD児に対しておこなう行動療法であるソーシャルスキル・トレーニング（social skill training：SST）を紹介します。SSTとは，対人関係や日常生活に関するさまざまなスキルを獲得・向上させる支援方法です。基本的にグループ単位でおこなわれるトレーニングで，ソーシャルスキルに関する講義，ゲーム，ディスカッションやロールプレイなどをおこないます。

▶ **従来のSSTの問題点**｜従来のSSTは，医療機関などでおこなわれ，プログラムに保護者や教師は参加しませんでした。このようなSSTは，残念ながら，ADHD児に対する支援として有効であるという証拠が乏しいことが

多くの研究で指摘されています[43]。2017年に発表されたレビュー論文[44]では，従来のSSTの問題点を2つ挙げています。1つ目は，**従来のSSTにはソーシャルスキルを日常生活で実践するにはどうすればよいかという視点が欠如している**という点です。すなわち，従来のSSTは，"どのように振る舞えばいいのかがわからない子どもに対してソーシャルスキルを教えること"を目指していました。しかしながら，ADHD児はどのように振る舞えばいいのかを頭でわかっていても，衝動性や不注意のためにソーシャルスキルを実生活で実践することができないことに困っています。そのため，医療機関という特殊な環境下だけでなく，実生活に近い環境下でソーシャルスキルをトレーニング，および実践する機会を設ける必要があります。2つ目は，**従来のSSTでは保護者や教師，クラスメートといった周囲の人々のもつADHD児に対する印象にまでは介入できない**という点です。どんなにADHD児のソーシャルスキルが向上しても，周囲の人々のもつADHD児に対する印象がネガティブな方向に偏ったままだと，結局対人関係は改善しません。ADHD児に対してだけでなく，周囲の人々にも直接的に影響をおよぼすことのできるような介入をおこなう必要があります。

▶ **発展的なSST** ｜ 現在では，このような問題点を改善するため，従来のSSTを発展させたさまざまなSSTがおこなわれています。1つ目の問題点の改善策の例として，アメリカでは**サマートリートメントプログラム**という，数週間にわたるキャンプ方式のSSTが，夏休みの間にさまざまな州でおこなわれています。医療機関ではなく，さまざまな人と交流する環境下で長期間にわたっておこなわれるため，ソーシャルスキルをただ学ぶのではなく，**実際の社会的な場面でどのようにソーシャルスキルを実践するのかを身につける**ことができます[45]。2つ目の問題点の改善策の例としては，ADHD児だけでなく親にとってのPTの機会にもなるような内容の親子参加型SSTの実施や，教師やクラスメートのもつADHDへのネガティブな印象への介入をSSTとともにおこなう，などがあります。このような発展的なSSTの効果検証が今後さらに進み，ADHD児に対する有効な支援の1つとして普及していくことが期待されます。

43 たとえば，Pelham & Fabiano, *J Clin Child Adolesc Psychol*, 2008
44 Mikami et al., *Curr Psychiatry Rep*, 2017
45 日本でもサマートリートメントプログラムが取り入れられはじめており，その有効性が実証されています（山下ら，予防精神医学，2019）。

第 14 章

神経関連疾患

(板口典弘)

1 脳における遺伝と環境

…… ステップ1 ……

遺伝子と染色体

　私たち生物は遺伝子によってその特徴を次世代へと受け継いでいきます。遺伝子とは，長く連なるDNA（デオキシリボ核酸）のなかで，特定のたんぱく質の設計情報が記録された一部分を指します（**図14-1a**）。ヒトのあらゆる細胞には23対（計46本）の染色体が含まれています（**図14-1b**）。1対の染色体のうち，片方は母親，もう片方は父親由来です。1本の染色体には数百から数千個（平均で約1,000個）の遺伝子が含まれており，ヒトの遺伝子の総数は約25,000個になります[1]。

　染色体は大きさの順に番号が振られており，1～22番までを常染色体，23番の染色体を性染色体とよびます（図14-1b）。ヒトの性染色体にはXとYという2種類の染色体があり，Xが2本（XX）だと女性，XとYが1本ずつ（XY）だと男性に性別が決定されます[2]。

遺伝と形質

　形質とは，生物の性質や特徴を指します。とくに遺伝によって子孫に伝えられるものを遺伝形質とよびます[3]。また，形質が実際に形となって発現したものを表現型とよびます。たとえば"髪の色"は遺伝形質であり，"黒い髪の毛"は表現型にあたります。上述したとおり，ヒトの染色体の片方は母

1　遺伝子の長さ（1つの遺伝子に含まれるDNAの数）は，遺伝子の種類ごとに異なります。染色体はたくさんのDNAが連なったものですが，全DNA（ゲノムとよばれる）の5％程度しか遺伝子としては働いていません。

2　性染色体の数に異常をもつ（1本しかなかったり，3本あったりする）人の性別特徴に基づくと，Y染色体（厳密にはその一部）が"男性をつくる"ことが示唆されています（たとえば，XX→女性，XY→男性，X→女性，XXY→男性，となります）。ちなみにY染色体はX染色体と比較すると非常に小さく，生命維持に必要な遺伝子をもちません。

3　形質という際には一般的に遺伝形質を指すことが多いため，本書でも形質と書いた場合には遺伝形質を意味します。

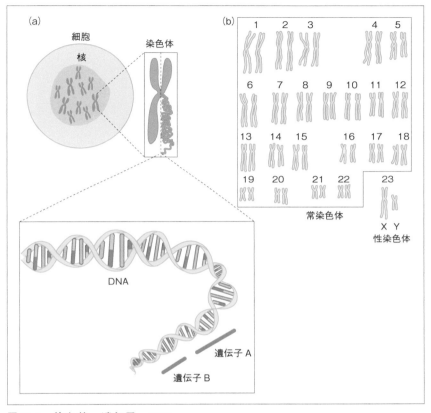

図14-1 染色体，遺伝子，DNA

親，もう片方は父親譲りです。すなわち，私たちは2種類の形質を受け継いでいます。そのため，これら2つの形質のどちらか，あるいは入り混じった**表現型**が子どもに発現します。

　ここで注意しなくてはならない点は，両親から2つの競合する形質を受け継いだ場合に，必ずしも「どちらかの形質だけが表現型となって現れる」わけではない点です。上述のカギ括弧内の文言は日本では"**優性の法則**"とよばれてきた法則です[4]。この法則はオーストリアの植物学者G.メンデルが

4　歴史的には，人為的に"健康・優良"な子孫を優先して残そうとする"優生政策"が世界各地で実施されてきました。日本でも1940年に不妊手術と中絶に関する"国民優生法"が制定され，これを原型とした"旧優生保護法"が1948年からなんと1996年まで存在していました。この法律では，障害児や成人した精神障害者や知的障害者に対して，本人の同意なしに強制不妊手術をおこなうことを認めていました。

1865年の論文で提唱しました[5]。この論文で，彼は**分離の法則**，**独立の法則**，**優性の法則**という3つの法則を提唱しています[6]。しかし上述したように，彼の提唱した"優性の法則"に関しては，完全に一方の形質だけが表現型となって現れること（完全顕性）はむしろ例外的であるため，法則とはみなせない，というのが現代の共通見解となっています。

また，2021年に適用された中学校の新しい学習指導要領から，「優性・劣性」という言葉の代わりに「顕性・潜性」という用語が用いられることになりました[7]。これは，「優性・劣性」という用語が強い価値観を含んでおり，とくに「劣性」のもつネガティブなイメージは臨床的にもふさわしくないという判断によります。本書でも以降，「優性」を「顕性」，「劣性」を「潜性」と置き換えて表記しますので，注意してください。

······· ステップ2 ·······

遺伝性疾患

遺伝性疾患（遺伝子疾患）とは，遺伝子の異常が原因となって生じる疾患全般を指します。遺伝子の異常は，親から遺伝する場合と，変異によって生じる場合の2通りがあります。そのため，遺伝性疾患といったときには，**必ずしも遺伝子異常を親から受け継いでいるものだけを指すわけではない**ことに注意が必要です。遺伝性疾患は**染色体異常症**，**単一遺伝子疾患**，**多因子遺伝疾患**の3種類に大きく分類されます。

染色体異常症

染色体全体あるいは染色体の一部に含まれる複数の遺伝子の変異が原因です。染色体異常のパターンはさまざま存在します。たとえば，2本セットであるはずの染色体が1本になってしまうモノソミーや，3本になってしまう

······

5　遺伝の性質を統計学的に検討・記述した研究はそれまでになく，非常に画期的な研究でしたが，メンデルの存命中はあまり評価されませんでした。

6　分散分析などで有名な統計学者のR.フィッシャーが1936年に発表した論文において，メンデルのデータが理論に合致しすぎていることを指摘しました。その後この問題に対して長い論争が続いていますが，未だ決着がついていません（Fairbanks & Schaalje, *Genetics*, 2007; Weeden, *J Hered*, 2016）。

7　日本遺伝学会が2017年に用語を見直し，日本学術会議の分科会は2019年に同様の見直しをするべきだという報告書をまとめました。これらを受けて，高校の理科の教科書においても2022年度から用語が改訂されました。また，同学会は，「突然変異」という用語も「変異」とするべきだと提案しています。これは，「mutation」の訳であるはずの当該用語には"突然"のニュアンスはまったく含まれていないためです。

トリソミーが挙げられます。また，2本とも片方の親の染色体になってしま
う場合もあります（片親性ダイソミー）。21番染色体がトリソミーになった
ものがダウン症候群です。ダウン症候群については次節で詳しく解説しま
す。

単一遺伝子疾患

1つの遺伝子の変異により発症する疾患の総称です。この疾患はさらに常
染色体遺伝疾患とX連鎖遺伝疾患に大きく分類されます。常染色体遺伝疾患
は常染色体に含まれる遺伝子にかかわる疾患，X連鎖遺伝疾患は性染色体の
X染色体にかかわる遺伝性疾患です。それぞれに顕性遺伝，潜性遺伝の場合
があります。

▶ **常染色体遺伝疾患**｜まず常染色体の疾患を説明しましょう。顕性遺伝で
は，**親が疾患を発症している場合の遺伝性疾患であり**[8]，子どもにその疾患
が現れる確率は50％です[9]。ただし上述したとおり，完全顕性は稀であり，
両親の遺伝子の影響を受けるため，多くの場合では両方の親が遺伝子異常を
もっていると子の症状はより重篤となります。**図14-2a**に常染色体遺伝疾患
のパターンを示します。図中の▲を顕性の遺伝子異常とするならば，50％
の確率（2/4）で子に遺伝子異常が引き継がれるのがわかると思います。い
っぽう，潜性遺伝の場合（▲）は，**両親が同じ遺伝子異常を有している場合**
にのみ，25％の確率（1/4）で子が発症する可能性があります[10]。**図14-2a**
の場合は，両親はそれぞれ片方の染色体にしか潜性の遺伝子異常をもってい
ないため，疾患を発症していません。顕性・潜性遺伝疾患ともに発症率に男
女差はありません。

▶ **X連鎖遺伝疾患**｜X連鎖遺伝疾患はもう少し話がややこしくなります（**図**
14-2b）。まず，女性は2本（両親由来），男性は1本（母親由来）のX染色体
をもつことを思い出してください。顕性遺伝では，遺伝子異常の保有者が母
親である場合（★）は50％の確率（2/4）で子に遺伝し，父親の場合（▲）
は娘には遺伝しますが息子には遺伝しません[11]。潜性の場合にも同様に，父
親が保有者の場合（▲）は息子には遺伝しません。また，母親が保有者の場
合（★）は，息子は50％の確率（1/2）で発症します。なぜなら，変異した

----

8 ただし，症状が軽いために疾患として認知されていない場合もあります。
9 片方の親が遺伝子異常をもっている場合です。
10 遺伝子異常というと大ごとのように聞こえますが，私たちは"誰でも"なんらかの遺伝子異常をもっ
ています。それが潜性のために（もう1対の染色体に存在する正常の遺伝子にカバーされて）疾患が
発現していないだけです。
11 父親XY→娘X（＋母親のX），父親XY→息子Y（＋母親のX）

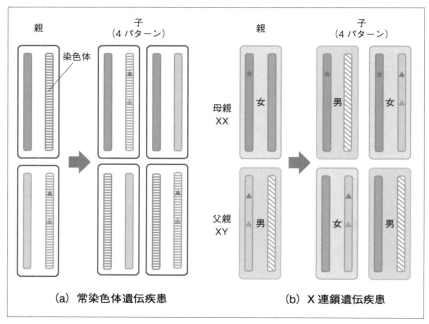

図14-2　遺伝のパターン
子は両親から1本ずつの染色体を受け継ぐため，計4パターンの染色体の受け継ぎ方がある。性染色体の場合には，受け継ぐパターン（XX，XY）によって性別が決定される。▲は顕性の遺伝子異常，▲は潜性の遺伝子異常を示す。

X染色体を受け継いだ場合，その異常をカバーするもう1つのX染色体がないためです。いっぽうで，遺伝子異常を保有するのが女性の場合には両方のX染色体の遺伝子が変異していないと発症しません。そのため，発症率は女性よりも男性のほうが高くなります[12]。

多因子遺伝疾患

　多くの遺伝子と環境要因の相互作用によって生じる疾患を多因子遺伝疾患とよびます。このように書くと難しく思えますが，つまり高血圧，糖尿病，がん，アルツハイマー病など，**私たちが人生で経験するほとんどの病気**（とくに生活習慣病）は多因子遺伝疾患です。遺伝により特定の疾患になりやすい傾向は確かに存在しますが，多くの場合で，適切な予防（バランスのよい食事，適度な運動など）をすれば発症を遅らせたり防いだりすることができ

　　12　ただし，女性はどちらか片方のX染色体は不活化されるため，実際の話はもう少し複雑です。

ます。

········ ステップ3 ·········

神経科学研究の功罪

さまざまな発達障害に対して，遺伝子研究や脳画像研究を含め，多くの神経科学（脳科学）的研究がなされています。これらの研究は多くの発見をもたらし，学術的・臨床的に素晴らしい成果を残してきました。さらにそれらに加えて，神経科学研究は社会にも大きな影響を与えています。たとえば現在では，**自閉スペクトラム症**（第12章）や**トゥレット症候群**（p.234）などの発達障害が環境要因（親のしつけの悪さなど）ではなく，遺伝的要素が強く寄与する疾患であるという認識が社会に浸透してきました。このような社会変容は研究者や教育・医療等の関係者の地道なアウトリーチ活動や，各種メディアの報道の成果が実ったものだと考えられます。

しかしながらいっぽうで，神経科学的研究が誤って社会に広まることも少なくありません。これには，マスメディアの報道姿勢や近年のSNS社会が大きく影響しています。まず，ほとんどの新聞やテレビなどのメディアは自身の主張に都合のよいデータしか紹介しませんし，"わかりやすさ"を盾に**研究の詳細，とくに研究の限界（適用範囲）を省略**してしまいます。SNSでも同様に，正しい知識よりも"自分の感覚に合った情報"が一次文献[13]の引用情報なしに拡散されます[14]。また，"影響力の強い人"や"声の大きい人"が発信した情報は吟味されることなく加速度的にシェアされていきます。

さらに，研究者でも，問題を簡単にある特定の"神経システム"に還元して説明してしまう人も少なくありません[15]。そのようなシステムが関与する可能性は否定できませんが，実態のない理論による，その場限りの説明になっていることも多くあります。情報が簡単に手に入る社会だからこそ，情報の信頼性や価値を吟味するスキルが必要となってきます。また，神経科学を推進する側は，事実と示唆（仮定）を明確に区分し，科学として誤解の生じ

························

13 その情報を提供するもともとの情報資源（論文など）のこと。

14 自身の信念に従う情報のみを選び，信じる傾向を"確証バイアス"とよびます。これにより，偏った（自身にとっては心地よい）意見が醸成されて，時にはエスカレートしていきます。とくにInstagramやTwitterといったSNSは，嫌いなものを排除しやすいシステムであるため，現実社会よりも確証バイアスが形成されやすい土壌となっています。

15 たとえば，10年ほど前であればなんでも"ミラーシステム"で説明するという時期がありました。最近は"デフォルトモードネットワーク"による説明を簡単に持ち出す傾向があります。

ないようなコミュニケーションを心がけなければなりません。

遺伝性疾患

ステップ1

遺伝性の発達障害

　遺伝性の発達障害はその原因も症状もさまざまです。本ステップでは発達
にかかわる遺伝性疾患のうち，**知的障害あるいは学習障害**を示す5つの症候
群（ダウン症候群，レット症候群，ウィリアムズ症候群，アンジェルマン症
候群，プラダー・ウィリー症候群）をそれぞれ簡単に紹介します。

▶ **ダウン症候群**｜21番染色体が余分に複製され計3本になる（トリソミー）
ことで発症します。ヒトにおいてはもっとも一般的な遺伝性疾患です。身体
的発育の遅れ，軽度〜中等度の知的障害がみられ，吊り上がった小さい目な
どの特徴的な顔つきを示します（**図14-3a**）。多くの場合では，**先天性心疾患**
を伴います。遺伝要因は基本的にはなく，**高齢出産**が強いリスク因子となり
ます[16]。ダウン症候群という用語は，この症状を1866年に初めて詳細に報
告したイギリスの医師J.ダウン（John Langdon Down）に由来しています[17]。

▶ **レット症候群**｜遺伝子の変異による進行性の疾患です。基本的に女児のみ
が発症し，男児の発症は稀です[18]。生後約6カ月までは一見正常な発達を示
しますが，運動機能の遅れや言語発達の停滞が顕著になったあと，手もみ動
作（**常同運動**），歩行障害やコミュニケーション障害（**自閉症状**）が出現し
ます。また，てんかん，過呼吸，不眠なども併発することがあり，症状が進
行すると運動機能も大きく低下します。

▶ **ウィリアムズ症候群**｜7番染色体の遺伝子欠損による神経発達障害です。
長く尖った耳など独特の顔つきを示します（**図14-3b**）。軽度〜中等度の知的
障害があり，とくに図形描画や構成課題など視空間認知において顕著な機能

16　両親の染色体に異常がない場合でも，ダウン症児の生まれる確率は母親の年齢とともに上昇していき
　　ます（25歳：0.1%以下，30歳：0.1%，35歳：0.25%，40歳：0.9%，45歳：3.3%，49歳：9%
　　(Hook, *Obstet Gynecol*, 1981)。また，母親が35歳以上の場合にはとくに，父親の加齢も同時に大
　　きなリスクとなります（Fisch et al., *J Urol*, 2003）。

17　ダウンは当初，黄色人種の遺伝子が症状に関連すると考えており，この症状をMongolism（蒙古症）
　　とよびました。しかしながら，1950年代に染色体異常が原因であることが明らかとなりました。
　　1965年にWHOがMongolismではなくDown's syndromeという名称を使用することを推奨しまし
　　たが，実際には1980年代初期までMongolismの使用が続いていました。

　18　男児の場合には成長できず死亡してしまうと考えられています。

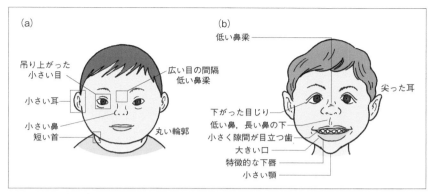

図14-3 （a）ダウン症候群と（b）ウィリアムズ症候群の典型的な顔つき
ただし，これらの特徴がすべて現れるわけではない。また，当たり前かもしれないが両親の顔の特徴を受け継ぐ。

低下を示します。そのいっぽうで言語や音楽能力は比較的良好であり，絶対音感を保有する者も多く，人見知りしない明るい性格が多いといわれています。

▶ **アンジェルマン症候群** ｜ 母親由来の15番染色体上の遺伝子の欠損または機能不全によって発症します。遺伝の場合もありますが，変異によるものが一般的です。重度の知的障害，てんかん，運動障害，不眠を呈します。また，多幸感を呈し，何もないときでも笑うことや，腕を上げながら歩くことなどが特徴的です。発症率に男女差はありません。

▶ **プラダー・ウィリー症候群** ｜ 父親由来の15番染色体の遺伝子の欠損または機能不全によって発症します[19]。この症候群の発症には，アンジェルマン症候群の原因遺伝子と同じ遺伝子が関与しています。しかし2つの症候群の症状は大きく異なり，プラダー・ウィリー症候群では筋緊張低下，性腺発育不全，知的障害，肥満[20]を4大徴候とします。発症率に男女差はありません。

······ ステップ 2 ······

対症療法と支持療法

本ステップでは遺伝性疾患の支援と治療を紹介します。遺伝性疾患は誕生

19 ゲノム刷り込みという，両親から受け継いだ2本の遺伝子のうち，片方のものを選択的に発現するシステムが関与します。ゲノム刷り込みが生じると，片親から正常な遺伝子を受け継いでいたとしても，もう一方の親の遺伝子異常が発現し，正常なたんぱく質をつくることができないことがあります。
20 幼児期以降は食欲が抑制できず過食になる傾向が強いため，家庭内での食事療法が重要となります。

時にはすでに発症しているものであることから，本人が予防することはできず，さらに現段階では根本的な治療方法もありません。そのため，基本的に対症療法および支持療法がとられます。対症療法とは，症状の原因を根治するためではなく，**現在出現している症状を軽減する**ためのアプローチです。支持療法とは，患者の**生活の質（QOL）を改善する**ためのアプローチです。一般的には，症状そのものや治療（対症療法を含む）の副作用，およびそれらに関係する心理社会的な問題を軽減することを目的とします[21]。

さまざまな支援方法

　個別の症状には薬物が有効な場合も多いため，必要な場合には薬物療法も併用されます。とくに遺伝性疾患をもつ子どもは，知的障害や精神症状だけでなく，身体的な疾患も併発する場合が多いため，投薬は欠かせません。ほとんどの場合で運動機能もある程度低下するため，作業療法や理学療法によって機能維持や改善に取り組みます。歩行異常がある場合などは，装具の装着も有効です。言語機能に問題がある場合には言語療法もおこなわれます。さらに，家族に対するカウンセリングや子どもの養育に関するアドバイスも大切な支援となります。

　発達障害児に限らず，支援において忘れてはならない大事な点は，**個々の疾患および個々人の特性に合った支援方法を模索する**ことです。たとえばウィリアムズ症候群をもつ者は社交性が高い反面，対人トラブルに巻き込まれやすいため，そのようなトラブルに対応するためのスキルをつけさせる必要があります。また，音楽に対して興味をもちやすい特性を利用して，音楽を通した不安軽減アプローチも有効でしょう。さらに一般的には，発達障害児がある程度成長したあとには**性教育**も必要となりますし[22]，その後の人生を生きるためには**就労支援**も欠かすことはできません。

─────── ステップ3 ───────

出生前診断

　出生前診断とは，妊娠中の赤ちゃんの発育や異常の有無などを調べ，その

21　たとえば，不眠に対して眠れるようにする薬を処方するのが対症療法，それによる副作用（たとえば頭痛）を軽減する薬を処方するのが支持療法です。

22　男女ともに発達障害を有する人々はそうでない人々よりも性被害に遭いやすいことが知られています（Platt et al., *J Interpers Violence*, 2017; 岩田・中野，東洋大学社会学部紀要，2019）。そのため，当事者を性被害から守る観点からも性教育は重要です。

表14-1　出生前診断の種類

種類	侵襲性	流産・死産の リスク	実施可能時期 （妊娠週数）	精度
絨毛検査	あり	0.1%	10〜14週	確定
羊水検査	あり	0.3%	15週〜	確定
超音波マーカー検査	なし	なし	11〜13週	非確定
母体血清マーカー検査	なし	なし	15〜21週	非確定
NIPT	なし	なし	10週〜	非確定

結果をもとに医師がおこなう診断です。**表14-1**に，代表的な出生前診断の種類と特徴を示します。ダウン症候群をはじめとする染色体異常は絨毛検査，あるいは羊水検査[23]によって100％の精度で検出が可能です（確定診断）。しかし絨毛検査や羊水検査は，検体採取時に母体の腹部に針を刺すため，流産や死産のリスクがあります。**超音波マーカー検査**や**母体血清マーカー検査**などの非侵襲検査もありますが，検査精度は高くはありませんでした。

　このような背景のなか，日本では2013年からNIPT（無侵襲的遺伝学的出生前検査）[24]とよばれる血液検査が実施されるようになりました。NIPTは非確定診断ながら99％以上の精度といわれ[25]，さらに妊娠期の比較的早い段階から実施可能です。このような母体へのリスクが低い検査が登場することは非常に喜ばしいことです。

出生前診断の諸問題

　しかしながら，このような出生前診断には倫理的な問題も付きまといます[26]。すなわち，「胎児が障害を有していると判明した場合に，それを理由に中絶することは許されるか」という問題です。このような"命の選別"問題に加え，現在生活している，障害を有する人々への社会的排除（差別）の

23　羊水検査は染色体異常全般を検査することが可能です。

24　一般的には，新型出生前診断とよばれます。調べることが可能なのはダウン症候群（21トリソミー），エドワーズ症候群（18トリソミー），パトー症候群（13トリソミー）です。ほかの非侵襲検査も同様に染色体異常全般の検査ではありません。18・13トリソミーは流産・死産となる確率が高く，生後の生存率も低いことが21トリソミーと大きく異なります。

25　NIPTコンソーシアムの2013〜2020年のデータによると，21トリソミーがNIPT陽性であり，かつ真陽性であった割合は97.2％でした。ただし，この数字を解釈する場合には，検査を受ける集団がハイリスク群（おもに高齢出産者）であることも考慮する必要があります。ちなみに同データベースによると，超音波マーカー，母体血清マーカー陽性後にNIPT陽性であった割合はそれぞれ14.7％，4.1％です。

26　論点のまとめには，野崎，京都薬科大学紀要，2020を参考にしました。

増長に意識せずともつながる可能性もあります。また，出生前に診断可能な疾患は非常に限られており，たとえば自閉スペクトラム症（ASD）などの診断は不可能です。これらの問題以外にも，検査実施の地域格差問題やそれに伴う無認可施設の登場なども大きな社会問題となっています[27]。

　NIPTコンソーシアムの研究によると，NIPTによる検査結果（21トリソミー）が陽性判定であった者の**87.5％が妊娠中絶を選んだ**とされています。研究者が取り組む医療技術の向上[28]も，当事者が下す判断も，誰かが批判できるものではありません。日本では2016年に障害者差別解消法が施行され，多様性を保ち誰もが生きやすい社会を目指すことが法のなかに明文化されました。そのようななかで私たちは，心理学研究で得られた知見をもとに，出産や育児の問題を，個々人の倫理の問題から社会システムのなかで解決できる問題へと置き換える手助けをしていかなくてはなりません。

▶ **遺伝カウンセリング**｜このような出生前診断に際して重要となるのが，遺伝カウンセリングです。遺伝カウンセリングは「疾患の遺伝学的関与について，その医学的影響，心理学的影響および家族への影響を人々が理解し，それに適応していくことを助けるプロセス」であると定義されます[29]。被検査者とその家族ができるだけ後悔のない選択をするために必須なプロセスであるため，的確な情報と専門的なケアを提供できる担当者の養成も急務となっています。このような場でも，心理士の活躍が求められています。

3　その他の疾患

………… ステップ1 …………

運動機能にかかわる疾患

　本節では，これまでの章で扱えなかった発達にかかわる疾患を紹介します。ステップ1では運動機能の低下あるいは異常を主たる疾患とする脳性麻痺，筋ジストロフィー，ハンチントン病を，ステップ2では発達障害の1つであるトゥレット症候群を紹介します。

………………………………

27　直近では，厚生労働省によって全4回の「母体血を用いた出生前遺伝学的検査（NIPT）の調査等に関するワーキンググループ」（2019年10月〜2020年7月）が開催され，現状の問題点や今後の方向性がまとめられました。

28　医療技術の発達によって，なんらかの障害をもっていたとしても死亡せずに生存する確率が上がっています。そのため，"医療技術の発達が障害児を増やしている"ことも事実です。

　29　日本医学会，医療における遺伝学的検査・診断のガイドライン，2011

▶ **脳性麻痺**｜受精から生後4週までに受けた脳損傷によって生じる運動機能障害を主とする症候群[30]であり，症状は進行しません。脳損傷の原因は酸素欠乏や感染症（たとえば風疹）などさまざまです。運動症状は，四肢にぎこちなさを感じる程度の軽度のものから，腕や脚がねじれ，車椅子などが必要になる重度のものまで幅広くみられます。多くの場合，知的障害，視聴覚障害，てんかんなどを併発します。脳性麻痺は痙直型，アテトーゼ型，運動失調型，混合型の4つに分類され，痙直型がもっともポピュラーです[31]。これらの症状の違いは，損傷された脳部位が異なるために生じます（**図14-4**）。

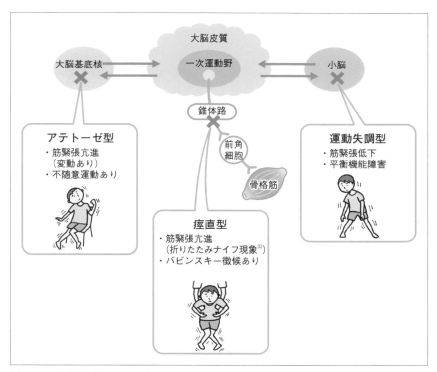

図14-4 脳性麻痺のタイプ

....

30 似た名前の"小児麻痺"はポリオウイルスの感染によってひき起こされる疾患です。5歳以下がかかることが多いため小児麻痺とよばれますが，成人でも罹患する可能性があり，その場合は死亡率も高くなります（15〜30%）。現在は世界中でワクチン接種が進み，根絶まであと少しとなっています（2020年の段階で残りあと2カ国）。

31 痙直とは筋肉がこわばること，アテトーゼとはゆっくりと身体をよじらせる不随意運動，運動失調とは運動協調と微細運動の顕著な機能低下を呈する症状です。

32 折りたたみナイフ現象とは，四肢の関節を他動的に動かそうとするとはじめは強い抵抗が生じるものの，その後急に抵抗が消える現象です。

▶ **筋ジストロフィー** ｜ 遺伝性筋疾患（筋肉の病気）[33]の総称であり，進行性の疾患です。運動機能障害だけでなく，呼吸機能障害，心筋障害，中枢神経障害など多くの疾患を合併する場合もあります。筋ジストロフィーには多くの型があり，もっとも多い[34]**ディシェンヌ型**は2〜3歳で歩き方の異常が目立ち，階段を上ることに困難をみせはじめます。また，**顔面肩甲上腕型**は7〜10歳から顔面と肩の筋肉に異常が出はじめます。出生直後から筋力低下を認めるものも存在し，それらはとくに**先天性筋ジストロフィー**とよばれます。日本においてもっとも頻度が高い先天性筋ジストロフィーである**福山型**の場合，通常は10歳代，長くても20歳代までしか生きられません。

▶ **ハンチントン病** ｜ 常染色体顕性遺伝が原因で生じる進行性の疾患です。線条体尾状核（p.42）の神経細胞が変性・脱落していきます。成人になってから（35〜44歳）発症することが一般的であるものの，幼年期から老年期まですべてのタイミングで発症する可能性があります。不随意運動，認知力低下，情動障害等の症状を示し，発症から10〜15年で死に至るケースが多い疾患です。ハンチントン病の不随意運動は，短い運動が不規則に生じることが特徴的です。ただし，同じ運動がリズミックに繰り返されるわけではありません。多くの場合，運動は身体のある部位から，ほかの部位へと移っていきます。この運動は，ダンスのようであることから，**舞踏運動**ともよばれます。またしばしば，ゆっくりとした不随意運動である**アテトーゼ**も併発します。

⋯⋯ ステップ 2

トゥレット症候群

トゥレット症候群は，重いチック症状をおもな特徴とする発達障害です。チック症状とは，突発的に生じる非律動的かつ常同的な運動（**運動チック**）あるいは発声（**音声チック**）を指します。運動チックとは，たとえばまばたきや顔しかめ，ジャンプ，人や物に触れるなどの行為です。音声チックには咳払い，鼻すすり，叫び声，または不謹慎な言葉の発声（汚言症）[35]や他者の発した言葉を繰り返す**エコラリア**（反響言語）などが含まれます。チックは

33　ALSとして知られる筋萎縮性側索硬化症も似たような症状を呈しますが，こちらは症状の原因が筋（末梢神経）ではなく，中枢神経（脊髄の二次運動ニューロン）にある点が大きく異なります。

34　ディシェンヌ型は男児では0.016〜0.03％，女児では5千万分の1（Nozoe et al., *Sleep Sci*, 2017），顔面肩甲上腕型は0.006〜0.012％の発症率であるといわれています（Wagner, *Continuum*, 2019）。

不随意運動ではなく，ある程度随意的に抑制することが可能です[36]。しかしながら，"抑えがたい衝動"によって生じるものであるため，むやみに抑制することは症状の悪化を招く可能性があります。

　トゥレット症候群は4～11歳に発症することが多く，軽快と増悪を繰り返しながら慢性に経過します。トゥレット症候群の約半数は18歳までにチックが消失し，予後は良好とされます。発症率は約1％と決して珍しくない疾患であり，男児が女児に比べ約3～4倍多く発症することが知られています。ADHDや強迫性障害，学習障害（限局性学習症），ASDを併発することがあります。トゥレット症候群をもつ子どもは認知機能が高く，知能指数や運動機能，言語能力も高いという報告もなされています。 第12章 第13章

　ドーパミンD2受容体遮断作用の強い抗精神病薬がチック症状に有効であることから，ドーパミン系の異常が疑われています。治療には薬物療法に加えて，**認知行動療法**が用いられます。とくに，チック症状に対してはハビット・リバーサル法（HRT）[37]が推奨されています。HRTを含んださらに広汎な支援パッケージとして，"**チックのための包括的行動的介入**"（CBIT）も提案されています。どちらの技法もランダム化比較試験（RCT）によりその有効性が確認されています[38]。

------ ステップ 3 ------

リハビリテーションを支える専門職

　最後に，障害をもつ者および周りの人々をサポートする重要ないくつかの職業を紹介したいと思います。具体的には，言語聴覚士，理学療法士，作業療法士，精神保健福祉士，公認心理師の5つのリハビリテーション[39]に関係

----

35 "トゥレット症候群といえば汚言症"のようなイメージが流布されてきましたが，症状のなかでは非常にマイナーであり，汚言症を呈さない患者も多いです。ちなみにトゥレットとは，1885年にこの疾患を発表したフランスの神経科医G. ジル・ドゥ・ラ・トゥレットの名前です。

36 そのためチックは半随意（semi-voluntary, unvoluntary）とよばれることがあります（Jankovic, *Neurol Clin*, 1997; Robertson, *Brain*, 2000）。

37 "習慣逆転法"とも訳されます。Azrin & Nunn（*Behav Res Ther*, 1973）が提唱した技法で，症状への気づき・対処・行動の汎化などをステップ化しています。比較的大きな治療効果が報告されています（効果量 $d = 0.8$; Bate et al., *Clin Psychol Rev*, 2011）。効果量とは，ばらつきを考慮して効果の大きさを標準化した統計指標です。効果量 d はその一種であり，$d = 1$ のとき，標準偏差1つ分の差（効果）があることを示します。

38 Fründt et al., *Neurol Clin Prac*, 2017

39 リハビリテーションは，re（再び）＋habilis（適した）状態にすることを意味します。WHOによると，「能力低下やその状態を改善し，障害者の社会的統合を達成するためのあらゆる手段を含む」と定義されます。ここでいう「あらゆる手段」とは，当事者だけでなく周囲が変わることも含意していることに注意しましょう。

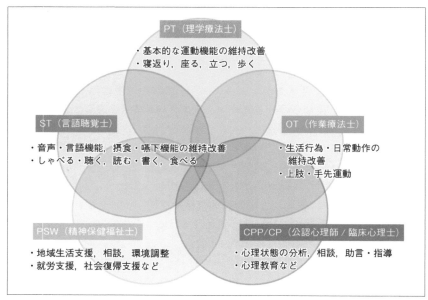

図14-5　リハビリテーションを支える専門職

する国家資格を紹介します（**図14-5**）。

言語聴覚士｜音声・言語機能または聴覚に障害のある者に対してその機能の維持改善を図るための訓練や検査・援助をおこなう者を言語聴覚士（speech-language-hearing therapist：ST）とよびます。アメリカでは，speech-language pathologistとaudiologistは区別されていますが，日本では一緒に扱われています[40]。**しゃべること・聴くことに対する支援**に加えて，**摂食と嚥下機能のケア**もおこないます。喉にモノを詰まらせずに食べることは，生きるうえで非常に重要な能力です。

理学療法士｜PT（physical therapist）とよばれ，**理学療法**を実践します。理学療法とは，運動機能が低下した人々に対する，**運動機能の維持改善**を目的としたさまざまな物理的手段[41]を用いた治療法を指します。運動機能のなかでも，とくに寝返りを打つ，起き上がる，座る，立つ，歩くなどの基本動作をサポートします。

作業療法士｜OT（occupational therapist）とよばれ，**作業療法**を実践します。作業療法とは，とくに**生活行為（作業）に焦点を当てたアプローチ**で

....

40　speech-language pathologyは言語病理学，audiologyは聴覚学という意味です。

　41　エクササイズ，マッサージ，電気，熱，超音波など，本当になんでも使います。

す。生活行為には，トイレや着替え，食事に代表される日常動作から，娯楽や仕事といった社会活動まで含まれます。作業へのアプローチが中心であるため，どちらかというと，下肢や体幹よりも上肢の運動を扱うことが多くなります。

▶ **精神保健福祉士** │ PSW（psychiatric social worker）とよばれ，精神障害を有する者の**社会復帰**に向けた**指導や支援**をします。精神科病院，保健所，精神障害者福祉施設などにおいて，日常生活や社会生活をスムーズに過ごせるようにアドバイスをしたり，就労支援をおこなったりします。

▶ **公認心理師** │ おそらく本書を読んでいる皆さんには一番馴染み・関心のある資格かと思います。英語表記はcertified public psychologistであり，CPPと略されます。国家資格でない臨床心理士はCP（clinical psychologist）です。公認心理師は，心理に関する支援を要する者の心理状態の分析をおこない，これに基づき当事者およびその関係者に対する相談に応じ，助言・指導をおこないます。また，こころの健康に関する情報（心理学研究の成果を含む）を地域社会に伝えていくことは，人々のこころの健康の維持・促進につながるだけでなく，発達障害当事者や関係者の社会生活をより快適なものにするうえでも重要な業務の1つといえます。

図版引用文献一覧

図1-2 Baltes P. B., Reese H. W., & Lipsitt L. P. (1980). Life-span developmental psychology. *Annual Review of Psychology, 31,* 65-110.

図1-3 Scammon, R. E. (1930). The measurement of the body in childhood. In Harris, J. A., Jackson, C. M., Paterson, D. G., & Scammon, R. E. (Eds.), *The measurement of man.* Minneapolis: University of Minnesota Press, FIG. 73.

図1-6 岡田敬藏 (1954). 遺傳と環境. 井村恒郎・懸田克躬・島崎敏樹・村上仁 編, 異常心理學講座 第1巻 第5冊. みすず書房.
Luxenburger, H. (1937). Eugenische prophylaxes. (Kurzerabrissder psychatrischen erblehreunderbgesundheits pflege). In Eugen Bleuler (Eds.), *Lehrbuch der psychitrie.* Berlin: J. Springer, 130-178.

図1-7 Jensen, A. R. (1968). Social class, race, and genetics: Implications for education. *American Educational Research Journal, 5*(1), 1-42.

図1-8 安藤寿康 (2014). 「心は遺伝する」とどうしていえるのか：ふたご研究のロジックとその先へ. 創元社

図1-9 鵜木元香・佐々木裕之 (2020). もっとよくわかる！エピジェネティクス. 羊土社, p.161.

図2-1 Moore K.L., & Persaud T.V.N. (1973). *The developing human: Clinically oriented embryology.* Philadelphia: W.B. Saunders.

図2-2 Levinson, D. J., Darrow, C. N., Klein, E. B., Levinson, M. H., & McKee, B. (1978). *The seasons of a man's life.* New York: Knopf.
ダニエル・レビンソン 著, 南博 訳 (1992). ライフサイクルの心理学（上）. 講談社.

表2-2 大川一郎・土田宣明・宇都宮博・日下菜穂子・奥村由美子 編著 (2011). エピソードでつかむ老年心理学. ミネルヴァ書房.

図2-3 Kahn R. L., & Antonucci T. C. (1980). Convoys over the life course: Attachment, roles, and social support. In Baltes P. B., & Brim O. (Eds.), *Life-span development and behavior* (Vol. 3, pp. 254-283). New York: Academic Press.

図3-1 Wikipedia「ゴルジ染色」; https://ja.wikipedia.org/wiki/%E3%82%B4%E3%83%AB%E3%82%B8%E6%9F%93%E8%89%B2

図3-6 奈良隆寛 (1968). 神経系の発達と発達神経解剖学. *BME, 12*(7), 20-29, 図3.

図3-7 Leisman, G., Machado, C., Melillo, R., & Mualem, R. (2012). Intentionality and "free-will" from a neurodevelopmental perspective. *Frontiers in Integrative Neuroscience, 6,* 36, Fig.4.

図3-8 奈良隆寛 (1968). 神経系の発達と発達神経解剖学. *BME, 12*(7), 20-29, 図6.

図4-1 Fantz, R. L., & Yeh, J. (1979). Configurational selectivities: Critical for development of visual perception and attention. *Canadian Journal of Psychology, 33*(4), 277-287, Fig.1.

図4-3 a: Campbell, F. W., & Robson, J. G. (1968). Application of Fourier analysis to the visibility of gratings. *The Journal of Physiology, 197*(3), 551-566, Fig.4.
b: Kiorpes L. (2016). The puzzle of visual development: Behavior and neural limits. *Journal of Neuroscience, 36*(45), 11384-11393, Fig.3.

図4-4 Wiesel, T. N., & Hubel, D. H. (1963). Single-cell responses in striate cortex of kittens deprived of vision in one eye. *Journal of Neurophysiology, 26*(6), 1003-1017.

図4-10 McCleery, J. P., Allman, E., Carver, L. J., & Dobkins, K. R. (2007). Abnormal magnocellular pathway visual processing in infants at risk for autism. *Biological Psychiatry, 62*(9), 1007-1014, Fig.1, Fig.3.

図5-1 Kuhl, P. K., Stevens, E., Hayashi, A., Deguchi, T., Kiritani, S., & Iverson, P. (2006). Infants show a facilitation effect for native language phonetic perception between 6 and 12 months. *Developmental Science, 9*(2), F13-F21.

図5-3 Rovee-Collier, C. K. (1999). The Development of Infant Memory. *Current Directions in Psychological Science, 8,* 80-85.

図5-6 Kuhl, P. K., Tsao, F. M., & Liu, H. M. (2003). Foreign-language experience in infancy: Effects of short-term exposure and social interaction on phonetic learning. *Proceedings of the National Academy of Sciences of the United States of America, 100*(15), 9096-9101, Fig.2.

図5-7 Gibson, E. J., & Walk, R. D. (1960). The "visual cliff." *Scientific American, 202*(4), 64-71.

図6-2 Clement, J. (1982). Students' preconceptions in introductory mechanics. *American Journal of Physics, 50*(1), 66-71.

図6-3 Gick, M. L., & Holyoak, K. J. (1980). Analogical problem solving. *Cognitive Psychology, 12*(3), 306-

355.

図6-6 Baillargeon, R.（1987）. Object permanence in 3½- and 4½-month-old infants. *Developmental Psychology, 23*(5), 655-664.

図6-8 Salthouse, T. A.（1984）. Effects of age and skill in typing. *Journal of Experimental Psychology: General, 113*(3), 345-371.

図7-1 Bleses, D., Vach, W., Slott, M., Wehberg, S., Thomsen, P., Madsen, T. O., & Basbøll, H.（2008）. Early vocabulary development in Danish and other languages: A CDI-based comparison. *Journal of Child Language, 35*(3), 619-650.
a: Fig.1, b: Fig.4.

図7-6 島村直己・三神廣子（1994）. 幼児の平仮名の習得：国立国語研究所の1967年の調査との比較を通して. 教育心理学研究, *42*, 59-69.

図7-7 総合初等教育研究所（2005）. 教育漢字の読み・書きの習得に関する調査と研究：第3回調査2003年実施.

図8-3 Verhage, M. L., Schuengel, C., Madigan, S., Fearon, R., Oosterman, M., Cassibba, R., Bakermans-Kranenburg, M. J., & van IJzendoorn, M. H.（2016）. Narrowing the transmission gap: A synthesis of three decades of research on intergenerational transmission of attachment. *Psychological Bulletin, 142* (4), 337-366, Fig.2.

図9-2 久保隆彦（2015）. 妊産婦のメンタルヘルスの実態把握及び介入方法に関する研究：平成26年度総括・分担研究報告書：厚生労働科学研究費補助金成育疾患克服等次世代育成基盤研究事業（健やか次世代育成総合研究事業）.

図9-3 総務省（2016）. 社会生活基本調査.
Bureau of Labor Statistics of the U.S（2018）. *American time use survey.*
Eurostat（2004）. *How Europeans spend their time everyday life of women and men.*

図10-1 厚生労働省（2021）. 令和2年度　児童相談所での児童虐待相談対応件数.

表10-2 Brown, J., Cohen, P., Johnson, J. G., & Salzinger, S.（1998）. A longitudinal analysis of risk factors for child maltreatment: Findings of a 17-year prospective study of officially recorded and self-reported child abuse and neglect. *Child Abuse and Neglect, 22*(11), 1065-1078.

表10-3 Counts, J. M., Buffington, E. S., Chang-Rios, K., Rasmussen, H. N., & Preacher, K. J.（2010）. The development and validation of the protective factors survey: A self-report measure of protective factors against child maltreatment. *Child Abuse and Neglect, 34*(10), 762-772, Table 3.

図11-1 Ogihara, Y.（2016）. Age differences in self-liking in Japan: The developmental trajectory of self-esteem from elementary school to old age. *Letters on Evolutionary Behavioral Science, 7*(1), 33-36, Fig.1.

表11-1 保坂亨・岡村達也（1992）. キャンパス・エンカウンター・グループの意義とその実施上の試案. 千葉大学教育学部研究紀要, *40*, 113-122.
中島浩子・関山徹（2016）. 中学生における仲間関係の発達と受容感およびネット利用との関連. 鹿児島大学教育学部教育実践研究紀要, *25*, 203-215.

表11-2 Connolly, J., McIsaac, C., Shulman, S., Wincentak, K., Joly, L., Heifetz, M., & Bravo, V.（2014）. Development of romantic relationships in adolescence and emerging adulthood: Implications for community mental health. *Canadian Journal of Community Mental Health, 33*(1), 7-19.

図11-2 高坂康雅（2011）. 青年期における恋愛様相モデルの構築. 和光大学現代人間学部紀要, *5*, 79-89.

図11-3 Rapee, R. M., Oar, E. L., Johnco, C. J., Forbes, M. K., Fardouly, J., Magson, N. R., & Richardson, C. E.（2019）. Adolescent development and risk for the onset of social-emotional disorders: A review and conceptual model. *Behaviour Research and Therapy, 123*, 103501.

表12-1 American Psychiatric Association（2013）. *Diagnostic and statistical manual of mental Disorders*（5th ed.）. Arlington: American Psychiatric Association.
アメリカ精神医学会 編, 髙橋三郎・大野裕 監訳（2014）. DSM-5精神疾患の診断・統計マニュアル. 医学書院.

表13-1 American Psychiatric Association（2013）. *Diagnostic and statistical manual of mental Disorders*（5th ed.）. Arlington: American Psychiatric Association.
アメリカ精神医学会 編, 髙橋三郎・大野裕 監訳（2014）. DSM-5精神疾患の診断・統計マニュアル. 医学書院.

表13-3 一般社団法人日本発達障害ネットワークJDDnet事業委員会（2020）. ペアレント・トレーニング実践ガイドブック.

事 項 索 引

人名索引

編著者紹介

相馬　花恵　博士（文学）
2013 年　早稲田大学大学院文学研究科博士後期課程修了
現　在　駿河台大学心理学部　准教授

板口　典弘　博士（文学）
2013 年　早稲田大学大学院文学研究科博士後期課程修了
現　在　慶應義塾大学文学部　助教

NDC 140　255 p　21 cm

ステップアップ心理学シリーズ
発達心理学　こころの展開とその支援

2022 年 9 月 20 日　第 1 刷発行
2023 年 9 月 14 日　第 2 刷発行

編著者　相馬花恵・板口典弘
発行者　髙橋明男
発行所　株式会社　講談社
　　　　〒 112-8001　東京都文京区音羽 2-12-21
　　　　　　販　売　（03）5395-4415
　　　　　　業　務　（03）5395-3615

編　集　株式会社　講談社サイエンティフィク
　　　　代表　堀越俊一
　　　　〒 162-0825　東京都新宿区神楽坂 2-14　ノービィビル
　　　　　　編　集　（03）3235-3701
印刷・製本　株式会社 KPS プロダクツ

KODANSHA